I0876065

Kohlhammer

Religionspädagogik innovativ

Herausgegeben von
Rita Burrichter
Bernhard Grümme
Hans Mendl
Manfred L. Pirner
Martin Rothgangel
Thomas Schlag

Band 27

Die Reihe „Religionspädagogik innovativ“ umfasst sowohl Lehr-, Studien- und Arbeitsbücher als auch besonders qualifizierte Forschungsarbeiten.
Sie versteht sich als Forum für die Vernetzung von religionspädagogischer Theorie und religionsunterrichtlicher Praxis, bezieht konfessions- und religionsübergreifende sowie internationale Perspektiven ein und berücksichtigt die unterschiedlichen Phasen der Lehrerbildung. „Religionspädagogik innovativ“ greift zentrale Entwicklungen im gesellschaftlichen und bildungspolitischen Bereich sowie im wissenschaftstheoretischen Selbstverständnis der Religionspädagogik der jüngsten Zeit auf und setzt Akzente für eine zukunftsfähige religionspädagogische Forschung und Lehre.

Manfred Riegger

Handlungsorientierte Religionsdidaktik

Teil 1: Haltungen, Wirkungen, Kommunikation

Verlag W. Kohlhammer

1. Auflage 2019

Gesamtherstellung: W. Kohlhammer GmbH, Stuttgart

Print:
ISBN 978-3-17-034958-2

E-Book-Formate:
pdf: ISBN 978-3-17-034959-9

Inhaltsverzeichnis

Einleitung

„Wie muss man im Religionsunterricht handeln, damit er für die Schülerinnen und Schüler interessant ist?“ So fragen viele Studierende, Referendare und Referendarinnen, aber auch erfahrene Lehrpersonen und vielleicht auch Sie, die Sie diesen Band 1 der Religionsdidaktik in der Hand halten. Diese Frage wird in der vorliegenden handlungsorientierten Religionsdidaktik beantwortet.

Allerdings gilt es gleich zu Beginn auch Missverständnissen vorzubeugen. Manche meinen, Handeln sei mit Unterrichtsmethoden gleichzusetzen, die zentrale Instrumente zum Transport von Inhalten darstellen, welche mehr oder weniger wertneutral und in jeder Situation anwendbar sind. Doch nicht jede Unterrichtsmethode eignet sich für jeden Inhalt, jedes Ziel, jede Kompetenz, jede Lerngruppe oder jede Situation.

Ein Beispiel zur Veranschaulichung: Ja, eine Autobahn verhilft einem schnell ans Ziel zu kommen. Aber vielleicht führt sie auch zu Stress und wahrscheinlich sieht man von der schönen Landschaft wenig. Und wenn man Pech hat, steckt man auf der Autobahn fest. Gründe gibt es viele: die Witterung, hohes Verkehrsaufkommen im täglichen Berufsverkehr oder Gaffer, die den Unfall auf der Gegenspur höchst interessant finden. In diesen Fällen sind andere Routen – oder sogar Umwege – nicht nur schöner, sondern auch noch angenehmer und schneller. Zurück zum unterrichtlichen Handeln.

Um unterrichtliches Handeln planen und gestalten zu können, dabei aber unnötige Irr-, Ab- und Holzwege im Unterricht zu vermeiden, sind vielfältige Kenntnisse nötig, die in diesem Buch thematisiert werden. Grundsätzlich sind dabei zwei Arten des Wissens zu unterscheiden:

Einmal gibt es theoretisches Wissen, das man gelernt hat, welches sich aber nicht aktivieren lässt, wenn man es braucht. Seit *Whitehead* (1929) wird dieses Phänomen als träges Wissen (engl. „*inert knowledge*“) bezeichnet. Ich versuche mit Ihnen einen anderen Weg einzuschlagen.

Mit diesem Buch soll anwendbaren Wissens erworben werden. Dabei darf man sich Wissen nicht als Substanz im Kopf vorstellen. Es entsteht vielmehr in der Koordination zwischen einer Person und einer Situation. Daher biete ich theoretisches Wissen handlungsorientiert, erfahrungsgebunden und situationsspezifisch an, damit es in der Praxis handelnd umgesetzt werden kann. Regeln, Prinzipien, Unterrichtsmethoden usw. werden mit Situationen aus der Praxis verknüpft, offen für persönliche, erfahrungsbezogene Reflexion. Dadurch wird zu eigenem Handeln reflexiv beigetragen – ohne simple Rezeptologie! Das reflexive Handeln wird durch spezifische Aufgabenangebote auf unterschiedlichen Ebenen angeregt:

Arbeitshinweise zielen vorwiegend auf die kognitive Ebene. Reproduktion und Reorganisation von Wissen wird möglich. *Selbstbesinnungen* rufen ei-

gene Erfahrungen wach und *Denk-Anstöße* regen dazu an, abstrakte Begriffe mit konkreten eigenen Vorstellungen in Verbindung zu bringen. *Vergleiche* zwischen alltäglichen Erfahrungen und didaktischen Sachverhalten erfolgen, damit nicht lediglich leere didaktische Begriffe, d.h. Begriffe ohne Anschauung (Kant) erlernt, sondern Begriffe mit (ansatzweisen) Vorstellungen entwickelt werden können (vergleiche das Autobahnbeispiel). *Fallbeispiele* sind keine ideale Meisterlehre, sondern regen zur konkreten Auseinandersetzung an, damit Lesende didaktische Handlungssituationen begründet planen, wahrnehmen, gestalten und evaluieren können. Da wir alle selbst schon in der Schule waren, zumindest als Schüler bzw. Schülerin, können so Variationen von Vorstellungen entstehen. Die einzelnen Aufgabenstellungen stoßen an, handlungs- und wirkungsorientiert sowie reflexiv begründ- und belegbar in unterschiedlichen religionsdidaktischen Kontexten zu denken und nachhaltig zu handeln. Trotz großer Variabilität in der Wirklichkeit, wird so immer professionelleres religionsdidaktisches und methodisches Handeln möglich. Wie im Alltag gilt nämlich: klare Vorstellungen hinter Begriffen, Konzepten und Handlungen sind trotz großer Variabilität in der Wirklichkeit möglich. Denn jede und jeder hat eine klare Vorstellung von Stuhl und Sitzen, obwohl es in Wirklichkeit sehr unterschiedliche gibt: Hocker, Küchenstuhl, Bischofssitz u.v.a.m., Po auf dem Stuhl, beide Füße auf dem Boden, ein Fuß auf der Sitzfläche.
Aus den skizzierten Gründen thematisiere ich in diesem Band 1 in drei Kapiteln folgende Themen:
Was ist handlungs- und wirkungsorientierte Religionsdidaktik? (Kapitel 1)
Wie ist die Unterrichtsdramaturgie zu gestalten? (Kapitel 2) Und
Was versteht man unter Sozialformen und wie gestaltet man sie? (Kapitel 3)
Einzelne Inhalte können hier nur angedeutet werden:

Neben Begriffsklärungen wird Korrelieren, Unterrichtsplanung und -vorbereitung sowie Evaluation handlungsleitend erörtert. Als phasenübergreifende Prinzipien werden erläutert: Atmosphäre, Motivation, Denkfähigkeit der Lernenden, schulbezogene Theologie und Feedback. Der zeitliche Aufbau von Unterricht wird anhand folgender Phasen beispielhaft dargestellt: Vorbereitung, Einstieg, Ziele bzw. Kompetenzerwartungen, Erarbeitung, Verarbeitung und Ausstieg. Mit Hilfe von unterschiedlichen Perspektiven werden Ziele, Kompetenzen, Anforderungssituationen und Lernaufgaben konkretisiert. Sozialformen wie Frontalunterricht, Gruppenunterricht, Partnerarbeit und Einzelarbeit ermöglichen das soziale und kooperative Miteinander im Unterricht.

Zuletzt bleibt mir nur noch ein Wunsch: Viel Freude beim Lesen und Erarbeiten dieses Buches!

Danksagung
An dieser Stelle möchte ich mich bei Theologie im Fernkurs bedanken, in dessen Lehrbriefprogramm Teile des Manuskripts veröffentlicht wurden und bei den Kolleginnen und Kollegen des Projektbeirats Religionspädagogik, die diese Lehrbriefe kommentierten. Außerdem danke ich Prof. Dr. Georg Langenhorst für die kollegiale Zusammenarbeit an seinem Lehrstuhl, sowie den studentischen Hilfskräften Rahel Blick und Tobias Sieber für Formatierungen und Korrekturen. Dank schulde ich den Herausgeberinnen und Herausgebern in die Aufnahme dieser Reihe sowie dem Cheflektor, Herrn Dr. Stefan Weigert, für seine Sorgfalt und Vorschläge und der Lektorin Julia Zubcic für die präzisen Hinweise zur Drucklegung.

Herzlich bedanken möchte ich mich auch bei den vielen ehemaligen Kolleginnen und Kollegen, namentlich Dieter Gemmel, den Schülerinnen und Schülern, die mich lehrten und mir eine Ahnung davon vermittelten, was guter Unterricht aus Schüler- und Lehrerperspektive sein kann. Und nicht zuletzt danke ich meiner Frau Eva Riegger-Kuhn sehr herzlich für ihre stets ermutigenden Hinweise und ihre unermüdliche Geduld.

In diesem Buch werden möglichst durchgehend die männliche und die weibliche Form verwendet. Wenn das Lesen sehr erschwert wird, ist zuweilen nur eine Form verwendet worden. Die jeweils andere Personengruppe ist dann eingeschlossen.

1. Grundlegung: Was ist handlungs- und wirkungsorientierte Religionsdidaktik?

Nach grundlegenden Begriffsklärungen (1.1) werden erste religionsdidaktische Konturen aufgezeigt (1.2), das Methodenverständnis konkretisiert (1.3 und 1.4), didaktische Positionen dargestellt (1.5) und religionsdidaktisches und methodisches Handeln spezifiziert (1.6).

1.1 Begriffserklärung

1.1.1 Handeln

Denkanstöße
Jeder Mensch „handelt" immer schon.

- Was ist eigentlich „Handeln"?

Kuchen backen und Möbelstücke schreinern sind Formen des Handelns.

- Ist auch die gedankliche Vorbereitung dazu Handeln?

Definition von Handeln

In der Wissenschaft gibt es höchst unterschiedliche Auffassungen darüber, welche Aspekte und Faktoren das individuelle Handeln jeweils erklärt und wie Handeln verstanden werden kann.[1] Im Folgenden wird deshalb eine das hier vertretene Grundverständnis skizziert.

- Handeln im engen Sinn

Handeln im engen Sinn ist das „Verändern eines Zustandes, einer Situation [...] eines Sachverhaltes durch unser Eingreifen, durch unsere Hand (daher eben „handeln")."[2] Eine Handlung (griech. *praxis*, lat. *actio*, engl. *action*) ist also eine „bewusste, auf ein bestimmtes Ziel hin orientierte (menschliche) Tätigkeit". Diese unterscheidet sich vom *Verhalten*, das „oft nur eine automatische oder ‚instinktive' Reaktion auf äußere Einwirkungen oder gar nur ein ‚Reflex' wie das Atmen" ist. Damit ist klar: Backen und Schreinern sind

1 Vgl. z.B. Bloß, W. u.a., Handlungstheorie. Eine Einführung, Bielefeld 2013.
2 Seiffert, H., Einführung in die Wissenschaftstheorie. Bd. 3, 3. Aufl. München 2001, 15 (H. i. O.) und die folgenden Zitate.

Handlungen. Niesen, beispielsweise beim Backen oder Schreinern z.B. durch Mehl oder Sägespäne ausgelöst, ist Verhalten.

- Handeln im weiten Sinn

Wem schon einmal beim Backen eine Zutat – z.B. das Backpulver – oder beim Schreinern ein Teil – z.B. ein Scharnier – gefehlt hat, weiß: Zum Handeln gehört mehr als die bloß praktische Ausführung, denn Handeln beinhaltet auch Nach-Denken. Handeln im weiten Sinn ist ein menschliches Existential und umfasst grundsätzlich den Bezug zur Umwelt und zu sich selbst.[3] Damit schließt Handeln i.w.S. nicht nur Verhalten ein, sondern auch Erlebnisformen wie das Wahrnehmen. Deshalb gilt: Auch durch Wahrnehmen verändert man die Welt.[4]

Formen des Handelns

Es lassen sich unterschiedliche Formen des Handelns identifizieren.

Technisches Handeln (griech. *poiesis*), wie beispielsweise das Backen oder Schreinern, richtet sich auf die „Veränderung natürlicher Gegebenheiten: […] um eine bestimmte Wirkung zu erreichen, muss eine bestimmte Ursache bzw. ein Bündel von Ursachen entsprechend zweckmäßig arrangiert werden."[5]

Beim *sozialen Handeln* strebt man die „Veränderung von Menschen bzw. von menschlichen Verhältnissen und Bedingungen" an. Formen des sozialen Handelns sind beispielsweise politisches, medizinisches, bürokratisches, ökonomisches, aber auch beruflich-pädagogisches bzw. didaktisches Handeln. Da Kuchen und Möbelstücke Dinge und keine Menschen sind, handelt es sich im Beispiel nicht um soziales Handeln – es sei denn, man lehrt anderen Menschen backen oder schreinern. Religionsdidaktisches Handeln ist schließlich eine Form sozialen Handelns.

Soziales Handeln im Allgemeinen und religionsdidaktisches Handeln im Besonderen sind immer wechselseitig, d.h. „am Handeln anderer orientiert." Die anderen sind – im Unterschied zum technischen Handeln – keine „tote Materie, mit der sich beliebig umspringen ließe", da sie sich handelnd auch gegen meine Ziele wenden können, selbst wenn es nur hinter meinem Rücken oder unter dem Schülertisch erfolgt.

Von *instrumentellem Handeln* spricht man, wenn der Handlungszweck nicht in der Handlung selbst liegt, wohingegen kommunikatives Handeln

---

3 Vgl. Waldenfels, B., Sozialität und Alterität. Modi sozialer Erfahrung, Frankfurt a.M. 2015, 15.

4 Vgl. Brieden, N. / Heger, J., Handlungswissenschaft, in: WiReLex (2018), 2 (https://www.bibelwissenschaft.de/stichwort/200258/, letzter Zugriff 06.02.2018).

5 Giesecke, H., Pädagogik als Beruf. Grundformen pädagogischen Handelns. 7. Aufl. Weinheim / München 2000, 21 und die folgenden Zitate.

(*Habermas*) aus wechselseitigem Interesse an den Beteiligten der Kommunikation als offener, freiheitlicher Prozess erfolgt.

Wirksames Handeln wird umgangssprachlich mit instrumentellem oder technischem Handeln gleichgesetzt. Vielleicht steht dahinter die Annahme, dass Wirksamkeit leicht überprüfbar sein muss: Ein Produkt wurde (mehr oder weniger) funktionsfähig hergestellt oder der Zweck des Handelns wurde (teilweise oder ganz) erreicht. Doch jede/r kann selbst nachvollziehen, dass ein solches Verständnis zu kurz greift: Die Schönheit der Natur, eine unverhoffte Begegnung oder ein Gottesdienst hinterlassen einen tiefen, bleibenden Eindruck. Wirksames Handeln kann also auch soziales, kommunikatives und darstellendes Handeln umfassen. Ein solches Verständnis überschreitet zudem rein sozialwissenschaftliche Handlungsverständnisse und knüpft an ein phänomenologisches Handlungsverstehen als antwortendes Handeln an.

Antwortendes Handeln geht grundsätzlich auf etwas ein.[6] „Dem Anspruch auf etwas korrespondiert die Antwort (*answer*), die erteilt wird."[7] Sprechakttheoretisch verstanden, „handelt es sich um einen passenden Antwortgehalt, der die Leerstellen im propositionalen Gehalt der Frage oder der Bitte ausfüllt." Diese Antwort lässt sich registrieren und behebt einen Mangel. Von *answer* ist Antwort als *response* zu unterscheiden.[8] Im responsiven Sinn füllt man nicht bloß Wissens- und Handlungslücken, sondern entspricht dem „Anspruch, der sich fordernd an mich richtet. […] Ein solches Antworten gibt nicht, was es schon hat, sondern was es im Antworten erfindet."[9] Insofern ist es ein kreativer Prozess.

Angemessenes religionsdidaktisches Handeln

Festzuhalten ist: Es gibt kein „ideales", kein einzig „richtiges" religionsdidaktisches Handeln in dem Sinne, dass „man nur so und nicht anders agieren könne"[10], vielmehr vermögen wir jeweils nur ‚angemessen' zu handeln, weil wir immer mehrere Möglichkeiten zur Verfügung haben, je nachdem, wie die andere Seite handelt. Vorstellungen, welche diese Möglichkeiten auf nur eine „richtige" didaktische Handlung reduzieren – so genannte Unterrichts- bzw. Sozialtechnologien – degradieren Lernende zu Marionetten, die – auch

---

6 Vgl. Feiter, R., Antwortendes Handeln. Praktische Theologie als kontextuelle Theologie (Theorie und Praxis 14), Münster u.a. 2002 und Riegger, M., Resilienzsensible Bildung. Resilienz als Response-Strategie durch Professionelle Simulation (ProfiS) entwickeln, in: Karidi, M. / Schneider, M. / Gutwald, R. (Hg.), Resilienz: Interdisziplinäre Perspektiven zu Wandel und Transformation. Wiesbaden 2018, 203-225, bes. 215f.

7 Waldenfels, B., Grundmotive einer Phänomenologie des Fremden, 5. Aufl. Frankfurt a.M. 2016, 60 und das folgende Zitat.

8 Vgl. zum Ganzen auch Kaspari, T., Das Eigene und das Fremde. Phänomenologische Grundlegung evangelischer Religionsdidaktik, Leipzig 2010, 200ff.

9 Waldenfels, Grundmotive, 2016, 60.

10 Giesecke, Pädagogik als Beruf, 2000, 22.

ohne sichtbare Fäden – im von Lehrpersonen gewünschten Sinne reagieren müssen, selbst aber nicht denken und agieren dürfen.

Denkanstoß
„Es hat alles so funktioniert, wie ich wollte!“ Diesen Satz hört man oft von Anfängerinnen und Anfängern nach gehaltenem Unterricht.

- Warum ist dies kein sinnvolles Ziel religionsunterrichtlichen Handelns?

1.1.2 Vollständiges religionsdidaktisches Handeln

Was ist vollständiges religionsdidaktisches Handeln?

Aspekte vollständigen religionsdidaktischen Handelns

Beim Backen oder beim Schreinern gipfelt das gesamte Handeln zwar im wahrnehmbaren Ausführungshandeln, doch ist es von der Idee über die Bestandsaufnahme der Zutaten bzw. Einzelteile zur Planung und Umsetzung ein langer Weg, der erst mit dem Aufräumen und Reflektieren über das Gelingen bzw. Misslingen des gesamten Prozesses abgeschlossen ist.

Ähnlich verhält es sich mit dem Begriff „religionsdidaktisches Handeln“. „Vollständiges“ religionsdidaktisches Handeln umfasst mehr als nur den Unterrichtsvollzug. Im Mittelpunkt steht zwar der Lehrvollzug, das Unterrichtshandeln im engen Sinn, aber das ist nur ein Teil des gesamten Handlungsprozesses. Hinzukommen muss das Entwickeln einer Idee, die Analyse der (Rahmen-)Bedingungen und die Planung der Umsetzung, die Gestaltung, sowie die Kontrolle bzw. Evaluation,[11] was in Abb. 1 verdeutlicht wird.

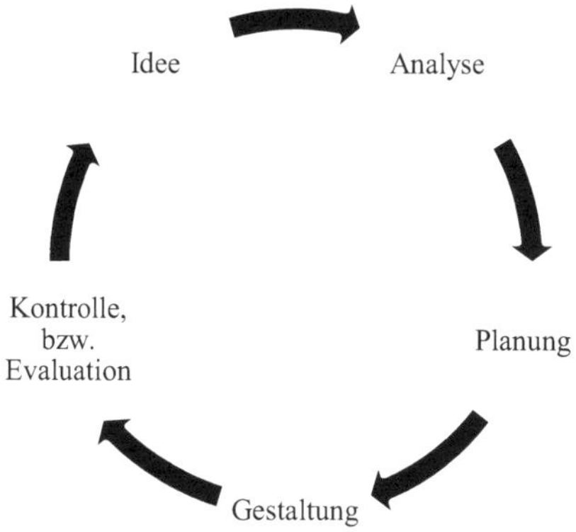

Abb. 1: Vollständiges religionsdidaktisches Handeln

[11] Vgl. Peterßen, W. H., Lehrbuch Allgemeine Didaktik, 6., völlig veränderte, aktualisierte und stark erweiterte Aufl. München 2001, 243.

Enttäuscht sind Praktikerinnen und Praktiker manchmal, wenn in der Didaktik kaum Aussagen zur Gestaltungsphase gemacht werden, da sie oft allein hierin ihr eigentliches Handeln sehen. Sie erwarten Hinweise, was sie im Unterrichtsverlauf zu tun haben und wie sie es zu tun haben. Doch wenn schon beim Backen und Schreinern Rezepte und Gebrauchsanleitungen noch kein Gelingen garantieren, dann umso mehr beim Umgang mit Menschen. Deshalb verweist die Didaktik zum einen auf die „Notwendigkeit situativen didaktischen Handelns“[12] und fordert von Lehrenden „selbstständiges Handeln“. Zum anderen geht es der Didaktik vor allem um die „Legitimation didaktischen Handelns“, die nicht zuletzt in der Unterrichtsplanung ihren Ort hat. Eine weitere Unterscheidung ist ferner von Bedeutung.

Denken und Handeln

„Denken und Handeln hängen nicht nur eng zusammen, Denken und Handeln im engen Sinn sind bloß Teil-Handlungen des umfassender aufgefassten vollständigen didaktischen Handelns.“ Damit wird klar: Reale Aktionen sind immer gedanklich (mit)bestimmt. Umgekehrt sind beispielsweise Planen und Kontrollieren nicht bloß gedanklicher Natur, da sie immer auch in reale Aktionen einmünden (sollten). Deshalb wird hier eine Unterscheidung vorgenommen in „regulatives“ und „operatives“ Handeln: Regulatives Handeln vollzieht sich (weitestgehend) in nicht wahrnehmbaren Gedanken und operatives Handeln in wahrnehmbaren Operationen. Ein solches Verständnis lässt sich auch auf die katholische Theologie beziehen, wie es in der Einleitung zur Konstitution *Veritatis gaudium* anklingt, wenn dort Theologie als „Handeln und Denken aus dem Glauben heraus“[13] verstanden wird.

Theorie und Praxis

Analog zu Denken und Handeln ist zwischen Theorie und Praxis zu unterscheiden:

„Theorie“ – hergeleitet vom griechischen Wort *theoria* (Schau, Wahrheitsschau) – ist ein „Entwurf von Wirklichkeit, den sich Menschen ausgedacht haben, um die Welt zu verstehen und um Handlungsperspektiven zu entwickeln.“[14]

„Praxis“ – hergeleitet vom griechischen Wort *praxis* – heißt so viel wie Handeln oder Tun. Von Praxis wird überall dort gesprochen, „wo Menschen schöpferisch oder reproduzierend tätig werden.“ Damit ist – im Unterschied zum umgangssprachlichen Gebrauch – Theorie nicht das Gegenteil, sondern

---

[12] Ebd., 245 und die folgenden Zitate.

[13] Papst Franziskus: Apostolische Konstitution. Veritatis gaudium. Über die kirchlichen Universitäten und Fakultäten, Rom 27.12.2018, 2.

[14] Meyer, H., Schulpädagogik. Bd. 1, Berlin 1997, 224 und das folgende Zitat.

ein Aggregatzustand von Praxis, so wie Wasser nicht das Gegenteil seiner Aggregatzustände fest, flüssig und gasförmig ist. Aus diesem Grund schließt Praxis Theorie nicht aus, sondern gerade ein.

1.1.3 Wirkung

Handeln im Allgemeinen und religionsdidaktisches Handeln im Besonderen sind immer – mehr oder weniger bewusst – ziel- bzw. kompetenzorientiert, d.h. intentional. Insofern kann gefragt werden, ob eine Intention – mehr oder weniger – erreicht wurde, oder: Bewirkte das Handeln, was es bewirken wollte? Darüber hinaus kann aber Handeln vielfältig wirksam sein, beispielweise in Form von nicht beabsichtigten Wirkungen. Was versteht man nun unter Wirkung?

Definitionen

Wirkung kann sehr unterschiedlich verstanden werden, beispielsweise das Ergebnis, das angezielt und erreicht wurde, der Einfluss, den etwas auf jemanden oder auf etwas hat oder der Eindruck, den jemand oder etwas hinterlässt usw. Notwendig sind also klärende Definitionen:

Während *Output* die Arbeitsleistung ist, versteht man unter *Input* den Beitrag von außen, der etwas bewirken soll. Output sind beispielsweise die an einer Schule durchgeführten Unterrichtsstunden, für die in der Schulverwaltung bestimmte Ressourcen eingesetzt wurden. Wenn Politikerinnen und Politiker stolz verkünden, dass sie die Bildungsausgaben gesteigert hätten, dass mehr Geld in Bildung geflossen sei, sind vielleicht nur die Gehälter für Lehrende erhöht oder mehr Lehrende eingestellt worden, aber der Unterricht, die Unterrichtsqualität blieb – trotz Mehrausgaben – gleich. Das nennt man input-orientierte Bewertung. Eine solche Bewertung gibt es zuweilen auch auf der Ebene der Lehrpersonen. Die intensiv vorbereiteten und durchgeführten Unterrichtsstunden (Input) werden mit der Wirkung auf Seiten der Lernenden (Output) gleichgesetzt. Doch oft zeigt sich: (von der Lehrkraft) durchgenommen heißt nicht unbedingt (bei den Lernenden) angekommen! Deshalb sind in der Didaktik präzisere Wahrnehmungen und Begrifflichkeiten notwendig.

Outcomes sind Resultate des – i.d.R. intendierten – Lehrens und Lernens in Unterricht bzw. Schule (meist Veränderungen; auch Stabilisierungen) bei Lernenden und Lerngruppen.[15] Welche Outcomes angestrebt werden, ist in (Lehr-Lern-)‚Zielen‘ oder Kompetenzbeschreibungen festzuhalten.
Impact ist der Einfluss, der bei den Outcomes i.d.R. positive Folgen zeitigt.[16]

---

15 Vgl. Hattie, J., Lernen sichtbar machen für Lehrpersonen, Baltmannsweiler 2014, 3.
16 Vgl. ebd., IX.

Effizienz (engl. *efficiency*) hat das Kosten/Nutzen-Verhältnis, die Wirtschaftlichkeit von Bildung im Blick. Effizienz nennen Ökonomen die Maximierung einer Leistung bei Minimierung der eingesetzten Mittel. Wer nicht auf den absoluten Erfolg, sondern auf ihre Effizienz schaut, fragt: Wie viele eingesetzte Euros lässt eine Bildungsmaßnahme wie erfolgreich sein? Im Fußball ist z.B. jene Mannschaft am effizientesten, die mit dem wenigsten Geld die meisten Tore oder die meisten Siege einfährt. Die Kosten pro geschossenem Tor entscheiden über die Effizienz, bestimmen, wer der Beste ist. In dieser Sicht kann der kleine FC Augsburg in der Fußball-Bundesliga effizienter sein, als die großen Bayern in München, wenn der FCA zwar weniger Tore als die Bayern schließt, aber pro Tor weniger Geld in Stürmer investiert. Dennoch spielen die Bayern i.d.R. effektiver, sie schließen die meisten Tore.

Effekte (engl. *effects*) sind Wirkungen, die auch negative Folgen umfassen können.[17] Nach *John Hattie* kommt es in schulischen Lehr-Lern-Prozessen v.a. darauf an, dass „Lehrpersonen über eine Geisteshaltung verfügen, die sie veranlasst, ihre Wirkung auf das Lernen zu evaluieren."[18] Zu beachten ist allerdings: Fast jede Intervention, d.h. fast jede Maßnahme in Schule und Unterricht zur Erreichung der festgelegten Ziele bzw. Kompetenzen, führt zu einer Steigerung der schulischen Leistung.[19] Deshalb ist nach erwünschten Effekten zu fragen. Diese sind größer, als der durchschnittlich in einem Schuljahr erzielte Lernzuwachs.[20] Damit sind nicht lediglich Effekte, sondern Effektstärken entscheidend.

Effektstärke ist ein statistisches Maß, das „relative Vergleiche über verschiedene beitragende Faktoren zur Schülerleistung ermöglicht."[21] „Im Allgemeinen gibt es *zwei Haupttypen von Effektstärken*: *Vergleiche zwischen Gruppen* (z.B. der Vergleich zwischen denen, die Hausaufgaben erhalten haben, und denen, die keine Hausaufgaben erhalten haben) oder *Vergleiche über einen Zeitraum* (z.B. Resultate einer Ausgangserhebung im Vergleich zu den Resultaten vier Monate später)."[22] Erwünschte Effekte werden ab einer Effektstärke von 0,4 angesetzt.[23] Als *Entwicklungseffekte* bezeichnet man jene Effekte, die Lernfortschritte allein durch das Älterwerden ermöglichen. Diese werden zwischen 0 und 0,2 angenommen. Die Werte zwischen 0,2 und 0,4 sind gewöhnliche *Schulbesuchseffekte*, die eintreten in einer durchschnittlichen Schule, bei einer durchschnittlichen Lehrperson, in einer durchschnittlichen Klasse und bei einem durchschnittlichen Elternhaus. Negative Werte werden als Umkehrwerte bezeichnet.

---

17 Vgl. ebd.
18 Ebd., 17.
19 Vgl. ebd., 3.
20 Vgl. ebd.
21 Ebd., 3.
22 Ebd., 11, Hervorh. M.R.
23 Vgl. Hattie, J. / Zierer, K., Kenne deinen Einfluss! Baltmannsweiler 2016, 11 und das Folgende.

Evidenz (engl. *evidence*) ist der durch systematische empirische Untersuchungen bestätigte Effekt, der Zusammenhang zwischen einem Faktor und der Lernleistung.[24] Faktoren, die zur Lernleistung beitragen, sind identische oder ähnliche Variablen, die einen Einfluss (engl. *contribution*) auf die abhängige Variable „Lernleistung" nehmen.[25] Die Evidenz wird aber möglicherweise noch durch Moderatoren beeinflusst, d.h. Variablen, welche die Beziehung(en) zwischen zwei (oder mehr) Variablen verstärkt oder abschwächen: „Unterscheiden sich beispielsweise die Effekte der Hausaufgaben zwischen Altersklassen, Fächern, Arten von Hausaufgaben, der Qualität"[26] usw.? Weil nun in der Wirklichkeit einzelne Faktoren selten allein identifiziert werden können und viele Faktoren und Moderatoren wechselseitig aufeinander bezogen sind, ist es entscheidend, dass Lehrpersonen und Lernende die Wirkungen einer kritischen Beurteilung unterziehen.[27] Dazu will eine wirkungsorientierte Religionsdidaktik beitragen.

Effizienz und Erfolg sind theologisch nie Maßstäbe für gelingende religiöse Bildungsprozesse! Und doch: Von vielen Seiten werden Nachweise der Wirtschaftlichkeit und des Erfolges eingefordert. Um auch über solche Aspekte begründet ins Gespräch kommen zu können, scheint die Erweiterung der Perspektive auf weitere Wirkungsmöglichkeiten hin sinnvoll zu sein.

Wirkungsorientierung im schulischen Kontext

Spätestens mit Large-Scale-Assessment-Studien (z.B. PISA) wird mit wissenschaftlich-empirischen Messverfahren nach Wirksamkeit gesucht. In Anlehnung an das Vorbild der Medizin diskutiert man Evidenzbasierung auch in Pädagogik und Didaktik.[28] Unter *Evidenzbasierung* wird ein Vorgehen verstanden, bei dem die Wirksamkeit von Bildungsprozessen auf der Basis einer Wirkungsmodellierung plausibilisiert sowie empirisch nachgewiesen wird, und zwar auf Grundlage theoretischer bzw. durch Forschung begründeter Konzepte (z.B. Lernkonzepte) in Verbindung mit strengen Erhebungsdesigns (z.B. randomisierte Erhebungsdesigns mit Kontrollgruppen). Die Wirksamkeitsbestimmung setzt hier die Messung der Zielerreichung voraus. Während man es in der Medizin oft mit relativ klar abgrenzbaren Handlungen (z.B. mit einer bestimmten Operation) und weitgehend eingrenzbaren Variablen zu tun bekommt, ist die Ausgangslage in der Pädagogik häufig unüber-

---

24 Vgl. Hattie, Lernen sichtbar machen für Lehrpersonen, 2014, IX.
25 Vgl. ebd., VII.
26 Ebd., 11.
27 Vgl. ebd., 4
28 Vgl. z.B. Hartmann, U. / Decristan, J. / Klimme, W., Unterricht als Feld evidenzbasierter Bildungspraxis? In: Baumert, J. / Tillmann, K.-J. (Hg.), Empirische Bildungsforschung. Der kritische Blick und die Antwort auf die Kritiker (ZfE Sonderheft 31), Wiesbaden 2016, 179-199 und Gogolin, I. / Hannover, B. / Scheunpflug, A. (Hg.), Evidenzbasierung in der Lehrkräftebildung (Edition der Zeitschrift für Erziehungswissenschaft), Wiesbaden 2018.

sichtlicher. Nicht nur einzelne Handlungen, sondern auch die Variablen variieren häufig so stark, dass keine eindeutigen Muster oder Erfolgskriterien aus der Empirie erhoben werden können. Damit scheint mir eine – mit der Schulmedizin vergleichbare – Evidenzbasierung in Pädagogik und Didaktik (noch) in weiter Ferne zu liegen.

Nicht erst seit der Hattie-Studie werden in Pädagogik und Didaktik die Wirkungen didaktischen und methodischen Handelns möglichst exakt und unter vollständiger Erfassung der Einflussfaktoren von Bildungsprozessen zu erfassen versucht. In Zahlen ausgedrückte Wirkungen scheinen dabei auch über engere Fachkreise hinaus eine gewisse Faszination auszulösen. Die Problematik besteht in meinen Augen jedoch oft darin, dass in Pädagogik und Didaktik empirisch erhobene Wirkungen zu wenig zielorientiert erfasst werden (können). Während man in der Medizin immer eine mehr oder weniger klare Zielorientierung (z.B. Wiederherstellung eines gebrochenen Beines) vor Augen hat, sind die mit unterschiedlichen Handlungen zu erreichenden Ziele in Pädagogik und Didaktik vielfältig. Wenn also *John Hattie* für Simulationen und Simulationsspiele in seiner Metaanalyse nur geringe Effekte ausmacht, dann offenbart ein zweiter Blick, wie unterschiedlich die Verständnisse und zu erreichenden Ziele sind, auf denen seine Bewertung basiert.[29]

Wirkungsorientierung im Religionsunterricht

Lehren und Lernen im schulischen Religionsunterricht strebt Ziele bzw. Kompetenzen an. Dies impliziert: Religionsdidaktik zeitigt Wirkungen. Auch didaktischen Positionen liegt die Annahme der Wirksamkeit zugrunde. Es gilt: Religionsdidaktik ohne Wirkung ist nicht denkbar. Wirkungsorientierung versucht dabei unterschiedliche Formen von Wirksamkeit in den Blick zu nehmen.

- Tausend Stunden Religion und nichts bleibt?

Tausend Stunden Religion – und was bleibt?[30] Nicht viel! Das belegt diese Studie und viele weitere. Ist die fehlende Nachhaltigkeit nur ein Problem des Religionsunterrichts? Nein, denn anderen Unterrichtsfächern ergeht es nicht viel anders.[31] Auch in außerschulischen Feldern religiöser Bildung sieht es

[29] Vgl. Hattie, J., Lernen sichtbar machen. Überarbeitete deutschsprachige Ausgabe von Visible Learning besorgt von W. Beywl und K. Zierer, Baltmannsweiler 2013, 271f.

[30] Vgl. zur empirischen Forschung: Rothgangel, M. / Pirner, M. L. (Hg.), Empirisch forschen in der Religionspädagogik. Ein Studienbuch für Studierende und Lehrkräfte, Stuttgart 2018; Gärtner, C. (Hg.), Religionspädagogische Entwicklungsforschung. Lehr-Lernprozesse im Religionsunterricht initiieren und erforschen, Stuttgart 2018.

[31] Vgl. Proske, M., Das soziale Gedächtnis des Unterrichts. Eine Antwort auf das Wirkungsproblem der Erziehung? In: ZfP 55 (5/2009), 796-814.

nicht gut aus.[32] In einer explorativen Studie wurden aus 14 Interviews für nachhaltige religiöse Bildung die Wirksamkeitsfaktoren Person, Methode und Inhalt herausgearbeitet.[33] Die wichtige Perspektive der Wirkung aus der Sicht der Teilnehmenden, ist sicher um die Perspektive der Lehr-Lern-Forschung in Bezug auf Professionalisierung zu ergänzen.

- Empirische Interventionsstudien

Empirische Interventionsstudien scheinen vielversprechend: Ein oder mehrere Unterrichtsstunden fungieren als Intervention. Mittels Fragebogen wird vor der (ersten) Unterrichtsstunde der Ist-Stand und danach – ggf. zu unterschiedlichen Messzeitpunkten – der Jetzt-Stand ermittelt. So findet man heraus, ob und ggf. welcher Wissenszuwachs erfolgte. Sicher sind solche Untersuchungsdesigns sehr löblich. Bisher gibt es aber kaum welche. In Bezug auf die Untersuchung von Kirchenraumerkundungen ist anzumerken, dass diese Methode nicht der Normalfall von Religionsunterricht ist.[34] Die Untersuchung zum Religionsunterricht an berufsbildenden Schulen zum Thema Interreligiöses erbrachte zwar eine zeitliche befristete Zunahme an religionsbezogenem Wissen, aber zeigte keine Effekte in Bezug auf religionsbezogene Einstellungen.[35] Obwohl im Religionsunterricht oft so viel Wert auf Werthaltungen und Einstellungen gelegt wird, gibt es keine Untersuchung, die eine Änderung in diesem Bereich nachweisen konnte. Erreicht Schule möglicherweise tendenziell nur Kompetenzen als Oberflächenphänomene? Ist also fehlende Nachhaltigkeit ein Kennzeichen dieser Institution? Verhalten sich Lernende in schulischen Kontexten taktisch so, dass sie machen, was von ihnen erwartet wird und sich ansonsten nicht weiter von Themen, Personen oder Methoden betreffen lassen? Vielleicht muss man aber auch andere Blickweisen prüfen?

- Soziales Gedächtnis und (religiöse) Praktiken einer Lerngruppe

Kann für den Wissenserwerb in der Schule nicht auch das soziale Gedächtnis einer Lerngruppe von Bedeutung sein?[36] In dieser Perspektive ginge es we-

[32] Vgl. zur Erstkommunionvorbereitung: Forschungsgruppe „Religion und Gesellschaft": Werte – Religion – Glaubenskommunikation. Eine Evaluationsstudie zur Erstkommunionkatechese, Wiesbaden 2015.

[33] Vgl. Könemann, J. / Sajak, C. P. / Lechner, S., Einflussfaktoren religiöser Bildung. Eine explorative Studie, Wiesbaden 2017, bes. 192-194.

[34] Vgl. z.B. Riegel, U. / Kindermann, K. Why leave the classroom? How field trips to the church affect cognitive learning outcomes, in: Learning & Instruction 41 (2016), 106-114.

[35] Vgl. z.B. Schweitzer, F. / Boschki, R., Zur Bedeutung der Befunde – Konsequenzen für religionsdidaktische Forschung und religionspädagogische Theoriebildung, in: Schweitzer, F. / Bräuer, M. / Boschki, R. (Hg.), Interreligiöses Lernen durch Perspektivenübernahme. Eine empirische Untersuchung religionsdidaktischer Ansätze, Münster u.a. 2017, 133-138.

[36] Vgl. Proske, Das soziale Gedächtnis des Unterrichts, 2009.

niger um isolierte Kompetenzziele, sondern darum, dass Religionsunterricht gemeinsam geteilte (religiöse) Praktiken von Lernenden im Blick hat, beispielsweise als Licht-Praxis zu Beginn der Unterrichtsstunde, die stark über die interobjektive Praxis mit dem Anzünden einer Kerze und dem Sprechen von Sätzen (z.B. „Geborgen ist mein Leben in Gott.") zu tun hat.[37] Solche Praxen dürfen aber nicht verzweckt werden (z.B. „Das Licht steht für…! Es wird in der Klausur abgefragt."), sondern bildet für die Lernenden erfahrbare Praxis, auf die im späteren Unterricht durchaus diskursiv Bezug genommen werden kann.

- Raum für Haltungen der Teilnehmenden

Die bereits beschriebenen Praktiken könnten so gestaltet sein, dass sie den Teilnehmenden Raum lassen und ihnen Räume öffnen – methodisch natürlich die Persönlichkeitsrechte wahrend – um habitualisierte Werte und Einstellungen einbringen zu können. Diese individuellen und im Lernverband heterogenen Werte und Einstellungen dürfen sein, werden gewürdigt und reflektiert. Angestrebt wird aufgeklärte Heterogenität, die kognitive Leistungsfähigkeit (Intelligenz, fachliche Leistung, aber auch Lernbehinderung) ebenso berücksichtig wie soziale Herkunft (soziales Milieu, Familienstruktur, Migrationshintergrund, religiöse Einbindung), Gender und Alter.[38] Diese Perspektive konkretisiere ich mit einer wahren Geschichte:

> Der Australier *Tony Rinaudo* erhielt 2018 den alternativen Nobelpreis für sein erfolgreiches Wirken bei der Bewaldung in der Sahel-Zone Afrikas. Was war die Ausgangslage und was bewirkte er?[39] Wie viele andere Entwicklungshelfer war *Rinaudo* überzeugt, dass es das Beste für Mensch und Natur in der Sahel-Zone wäre, wenn wieder mehr Bäume vorhanden wären. Wie viele initiierte er Aufforstungsprogramme, bei denen junge, teure Baumsetzlinge angepflanzt wurden. Setzlinge, die das Vieh nicht fraß, verdorrten während der Regenzeit oder wurden wenige Jahre später von der hungernden Bevölkerung als Brennholz verbraucht. Viel Arbeit und Geld wurden regelrecht in den Sand gesetzt. Eine Wirkung war letztlich nicht erkennbar. *Rinaudo* war verzweifelt. Doch wenig später studierte er die kümmerlichen Pflänzchen in der Halbwüste genauer und bemerkte: Bei den grünen Tupfern in der öden Landschaft handelte es sich nicht, wie er bisher angenommen hatte, um irgendein Kraut, sondern um die Triebe früher gefällter Bäume, die im Boden unter dem Halbwüstensand ein Geflecht an Wurzeln hinterlassen hatten. Der zerstörte Wald war in den Untergrund abgetaucht. Nach jedem Regen schlug das Wurzelgeflecht Triebe, die aber vom hungrigen Vieh rasch verschlungen wurden: Nie konnten die Sprösslinge zu richtigen Bäumen heranwachsen. *Rinaudo* erkannte, dass man den Wurzeltrieben eine Chance geben musste. Neue Bäume zu pflanzen, war überflüssig. Die

37 Vgl. Büttner, G. / Reis, O., Welche (religiösen) Praktiken erzeugt der RU? In: KatBl 143 (4/2018), 313-317.

38 Vgl. Grümme, B., Heterogenität in der Religionspädagogik. Grundlagen und konkrete Bausteine, Freiburg i.B. 2017, 247.

39 Vgl. zum Folgenden: Tony Rinaudo – der Waldmacher, hg. v Dieterich, J., Zürich 2018.

> Bauern müssen lediglich ihre Ziegen fernhalten und zwischen den Beeten Bäumchen wachsen lassen. Die Methode heißt „Farmer Managed Natural Regeneration“ (FMNR). Früher dachten die Bauern, dass die Bäume dem Gemüse die Nahrung wegnähmen. Das Gegenteil ist aber richtig. Die vielen Million – auf diese Weise wachsenden – Bäume zeugen von der Wirksamkeit dieses Vorgehens.

Ein Vergleich scheint mir naheliegend: Im klassischen Schulsystem verfährt man oft wie bei der misslungenen Wiederaufforstung. Neues wird eingepflanzt. Wenig Wert wird auf Vorhandenes gelegt. Der Ertrag ist gering, wenig nachhaltig.

Die Veränderung der Perspektive des Protagonisten zeitigt Wirkung. Verborgenes wird wertgeschätzt, darf sein, wird sogar geschützt, gepflegt und gehegt. Es werden sowohl die Voraussetzungen – auch die der Teilnehmenden – ernst genommen und im Prozess berücksichtigt.

Wirkungsorientierte Religionspädagogik hätte diese Perspektive bei Planung und Gestaltung im Blick zu behalten. Dabei sollten die Wirkungen des Handelns in der Praxis religiöser Bildung forschungsfundiert evaluiert werden.

Thesen

Da sich eine wirkungsorientierte Religionsdidaktik erst im Aufbau befindet, skizziere ich diese in Thesenform:

These 1: Grundlage für wirksame religiöse Bildungsprozesse ist eine wirksame Lehrerbildung.[40] In dieser wird für die Wirksamkeit in religiösen Bildungsprozessen sensibilisiert.

These 2: Ein religiöser Bildungsprozess ist wirksam, zeitigt Wirkung, wenn die angestrebten Ziele bzw. Kompetenzen nachprüfbar erreicht werden.

These 3: Wendet man sich den Wirkungen eines religiösen Bildungsgeschehens zu, sollte man nicht nur die angezielten Wirkungen erfassen wollen, sondern auch Nichtwirkungen, Nebenwirkungen und Einwirkungen schlechter Wirkbedingungen. Damit sind auch die Auswirkungen einer Wirkungsorientierung auf religiöse Bildungsprozesse (z.B. aufgrund von Wirkungswissen) präsent zu halten.

These 4: Die Untersuchung von Wirkungen ist normativ voraussetzungsreich. Wird das Was oder Wie forschend in den Blick genommen, liegen solchen Entscheidungen normative Setzungen zugrunde.

These 5: Das bisher in der Religionspädagogik erarbeitete globale Wissen um (mögliche) Wirkungen religiöser Bildungsprozesse, muss weiter ausgebaut werden. Zentral scheint der Blick auf und in eine Lerngruppe, auf und

---

[40] Vgl. z.B. Terhart, E., Wie wirkt Lehrerbildung? Forschungsprobleme und Gestaltungsfragen, in: Zeitschrift für Bildungsforschung 2 (1/2012), 3-21.

in gemeinsam geteilte Handlungssituationen, Handlungsmuster, die mit Zielen, Kompetenzen, Sozialformen, Inhalten, Personen und Institutionen in Beziehung stehen. Um solche Zusammenhänge reflexiv zu erhellen, wurde die Religionsdidaktik verfasst.
These 6: Zu bedenken ist: Mögliche (Nicht-)Wirkungen religiöser Bildungsprozesse könnten auch mit den Haltungen, dem Habitus der Beteiligten zusammenhängen. Wie an den Habitus institutionenadäquat angeknüpft werden könnte, muss stärker in den Blick genommen werden.
These 7: Nicht zuletzt: Es darf nicht aus dem Blick verloren werden, was allen Wirkungen entzogen ist und bleiben muss: Gott.

1.1.4 Habitus

Pierre Bourdieus (1930-2002) praxeologisches Habituskonzept wird im Folgenden rezipiert und pädagogisch sowie religionspädagogisch als professioneller Habitus weiterentwickelt.

Verständnis

Das Habituskonzept ist zwischen den Polen Struktur und Handeln aufgespannt und gilt als Korrektiv von Handlungstheorien, die soziales Handeln vereinseitigend als rational oder wertgebunden gesteuert konzeptualisieren.[41] Dabei steht der Habitusbegriff „für eine gesellschaftlich vermittelte Erfahrungspraxis der Individuen“[42].

Grundsätzlich bedeutet Habitus äußere Gestalt, Aussehen, aber auch Eigenschaft oder Eigentümlichkeit.[43] Damit ist das Äußere Ausdruck des Inneren, und das Innere bestimmt das Äußere. Dies wird nach *Bourdieu* als „strukturierte und strukturierende“[44] Funktion des Habitus bezeichnet. Der Habitus wurde geprägt und prägt das Handeln. Habitus ist die grundgelegte und grundlegende, aber auch veränderbare und bewegliche innere Haltung bzw. Grundhaltung, die den Zusammenhang der eigenen Lebensführung mit dem Repertoire an gesellschaftlich akzeptierten Haltungen ebenso hervorbringt, wie des eigenen Handelns in der Zeit. Handeln ist damit einerseits in soziale Strukturen eingebettet und strukturell bedingt, aber andererseits gibt

41 Vgl. Reuter, A., Praxeologie: Struktur und Handeln (Pierre Bourdieu), in: Pollack, D. u.a. (Hg.), Handbuch Religionssoziologie, Wiesbaden 2018, 171-202, 184.
42 Bloß, Handlungstheorie, 2013, 240.
43 Vgl. zu diesem Abschnitt v.a.: Heil, S., Der professionelle religionspädagogische Habitus, in: Ders. / Riegger, Der religionspädagogische Habitus. Professionalität und Kompetenzen entwickeln – mit innovativen Konzepten für Studium, Seminar und Beruf, Würzburg 2017, 9-32.
44 Bourdieu, P., Entwurf einer Theorie der Praxis auf der ethologischen Grundlage der kabylischen Gesellschaft, Frankfurt a.M. 1976, 165.

es durch kreatives Handeln Möglichkeiten, die sozialen Strukturen zu gestalten und zu verändern.

Professioneller Habitus

Der Habitus ist geeignet, das Handeln von Profis zu beschreiben. Der professionelle Habitus setzt sich zusammen aus

a) dem fachspezifischen Repertoire aus einer Domäne (z.B. Medizin, Recht, Bildung, Kriminalistik, Religion, Theologie[45]),
b) der Transformation auf einen lebenspraktischen Fall, d.h. auf ein Problem aus der Lebenswelt des Profis, das dieser lösen muss (z.B. Unterrichtsvorbereitung, Diagnose[46]) und
c) dem Arbeitsbündnis zwischen dem Profi und einem oder mehreren Menschen (Personen) im Rahmen der Falllösung innerhalb einer Institution.

Wenn dem religionspädagogisch modellierten Habituskonzept vorgeworfen wird, dass es beispielsweise die Milieuabhängigkeit zu wenig in den Blick bekommt,[47] gilt dies für den professionalisierten Habitus sicher nicht (vgl. 1.2.5).

1.1.5 Grundbegriffe

Selbstbesinnung
Die Begriffe „Bildung", „Erziehung", „Sozialisation", „Lernen und Lehren", „Didaktik", „Methode" und „Medium" haben Sie sicher schon gehört.

- Notieren Sie – bevor sie weiterlesen – in Stichworten was Sie unter diesen Begriffen verstehen.

Bildung

In Anlehnung an *Wilhelm von Humboldt* kann Bildung – jenseits aller Unterschiede – verstanden werden als die „differenzierte, gedanklich und sprachlich vermittelte Auseinandersetzung von Menschen mit sich, mit anderen und mit der Welt"[48]. Allgemeine Bildung schließt damit „alle unterschiedlichen

---

45 Vgl. z.B. Brieden, N. / Reis, O. (Hg.), Glaubensreflexion – Berufsorientierung – theologische Habitusbildung. Der Einstieg ins Theologiestudium als hochschuldidaktische Herausforderung, Berlin u.a. 2018.

46 Vgl. z.B. Reis, O. / Schwarzkopf, T. (Hg.), Diagnose im Religionsunterricht. Konzeptionelle Grundlagen und Praxiserprobungen, Berlin u.a. 2015.

47 Vgl. den Hinweis bei: Altmeyer, S. / Grümme, B., Unentdeckte Potentiale. Zur Bourdieu-Rezeption in der Religionspädagogik, in: Kreutzer, A. / Sander, H.-J. (Hg.), Religion und soziale Distinktion. Resonanzen Pierre Bourdieus in der Theologie, Freiburg i.B. 2018, 248-267, 254.

48 Dörpinghaus, A. / Poenitsch, A. / Wigger, L., Einführung in die Theorie der Bildung, 5. Aufl. Darmstadt 2013, 10.

Formen des Weltverstehens und des Weltumgangs"[49] ein und gilt als der Prozess, in welchem „Individualität und vielgestaltige Weltbezüge wechselseitig vermittelt werden"[50]. Grundlegend ist also ein medialer Prozess der Vermittlung, nicht im Sinne einer Weitergabe vorher festgelegter Inhalte, im Menschen, zwischen Menschen und der Welt, der auch zwischen Subjekten und Inhalten verläuft. Allem zu Grunde liegt – im religiösen Verständnis – Gott, weshalb der Prozess der Vermittlung mit, in und durch Gott als vorgängig erachtet wird[51], ohne das allgemeine Bildungsverständnis zu beeinträchtigen. „Religiöse Bildung impliziert Selbstbildung aus dem Glauben und freiheitliche Mündigkeit in Solidarität und Verantwortung gegenüber benachteiligten Menschen innerhalb und außerhalb unseres Kulturkreises."[52]

Für Bildung ist ein Paradox wesentlich: Bildung kann „nur dann funktional sein [...], wenn sie nicht nur funktional ist"[53]. Neben (angestrebten) Intentionen und Funktionen treten Unintendiertes und Nichtfunktionales. Letztere erweisen sich möglicherweise als nachhaltiger und funktionaler als Intentionen und Funktionen[54]. Bildungserfolge sind „an der Erwartung zu messen, wie es gelingt, Menschen zu stärken, indem ihre Urteilskraft und Handlungsfähigkeit auf allen Feldern des Zusammenlebens entwickelt wird"[55]. „Bildung ‚stärkt die Menschen', indem sie ‚die Sachen klärt'"[56] (nach *von Hentig*). Bildung wirkt damit in inhaltlicher Auseinandersetzung. Bildung stärkt Systeme sowie Menschen. Sie befähigt Menschen für Wahrnehmungsfähigkeit (beinhaltet Urteilsfähigkeit) und Gestaltungskompetenz durch die Auseinandersetzung mit Inhalten, ohne Nichtfunktionales auszuschließen und eindimensionaler Selbstoptimierung zu erliegen.[57]

Erziehung

Erziehung meint soziale Handlungen, „durch die Menschen versuchen, das Gefüge der psychischen Dispositionen anderer Menschen mit psychischen und (oder) sozial-kulturellen Mitteln in irgendeiner Hinsicht dauerhaft zu verbessern oder seine als wertvoll beurteilten Komponenten zu erhalten."[58]

---

49 Dressel, B., Bildungstheorie, in: WiReLex 2017, 1 (https://www.bibelwissenschaft.de/stichwort/100224/, letzter Zugriff 30.06.2018).

50 Ebd.

51 Vgl. Boschki, R., Einführung in die Religionspädagogik. 3., komplett überarb. u. kor. Aufl. Darmstadt 2017, 78.

52 Kalloch, C. / Leimgruber, S. / Schwab, U., Lehrbuch der Religionsdidaktik. Für Studium und Praxis in ökumenischer Perspektive, 3., vollst. überarb. u. akt. Aufl. 2014, 18.

53 Dressel, Bildungstheorie, 2017, 1.

54 Vgl. ebd.

55 Ebd.

56 Zitiert nach ebd.

57 Vgl. Riegger, Resilienzsensible Bildung, 2018.

58 Knoblauch, C., Erziehung, in WiReLex (2017), 1 (http://www.bibelwissenschaft.de/stichwort/100306/, letzter Zugriff: 30.06.2018).

Die Erziehung von zu Erziehenden (Edukanden) „kann auf direkte Weise durch konkretes Vormachen, durch das Anhalten zur Übung, durch Vermittlung von Wissen und durch das Vereinbaren und Kontrollieren von Verhaltensregeln geschehen. Auf indirekte Weise kann sich Erziehung durch beispielhaftes Verhalten der Erziehenden und durch die Gestaltung von Beziehungen und Situationen entwickeln [...]. Als Erziehende fungieren dabei meist Eltern, Lehrer, pädagogische Fachkräfte und allgemein Erwachsene."[59]

Immer „handelt es sich um hierarchisch klar getrennte Beziehungen von Erziehenden (‚Subjekt') und zu Erziehenden (‚Objekt'). Mit zunehmendem Alter werden Heranwachsende mehr und mehr zu selbstverantwortlichen Subjekten von Erziehungsprozessen. Schließlich zielt Erziehung darauf ab sich selbst überflüssig zu machen, wenn das Ziel der Maßnahmen erreicht ist."[60]

Unter religiöser Erziehung versteht man die „erste Einweisung in den gegebenen Bestand religiöser [...] Dinge, Lehren, Bräuche, Verhaltensweisen und Ansichten."[61]

Sozialisation

Sozialisation umfasst die Begriffe Bildung und Erziehung und thematisiert die „Einflussnahme von Umweltbedingungen, v.a. gesellschaftlicher Faktoren, auf die menschliche (lebenslange) Entwicklung"[62], das „Verhältnis des Individuums zu seiner (gesellschaftlichen) Umgebung" mit seinen aktiven und passiven Anteilen und die „Fähigkeit des Subjekts zur sozialen Handlungsfähigkeit".

Religiösen Sozialisationsforschung untersucht die äußeren Wirkfaktoren der religiösen Entwicklung der Individuen und deren Religiosität, wie Familie, Kindertagesstätte, Schule, Kirchengemeinde, Verbände, Milieu, Beruf, Massenmedien usw.[63] Dabei wird zwischen religiöser und kirchlicher Sozialisation unterschieden.

---

59 Ebd., 2.

60 Langenhorst, G., Kinder brauchen Religion. Orientierung für Erziehung und Bildung, Freiburg i.B. 2014, 20.

61 Kunstmann, J., Religionspädagogik. Eine Einführung, 2., überarb. Aufl. Tübingen u.a. 2010, 44.

62 Drehsen, V. / Mette, N., Sozialisation (religiöse), in: Mette, N. / Rieckers, F. (Hg.), Lexikon der Religionspädagogik. Bd. 2, Neukirchen-Vluyn 2001, Sp. 2007-2015, 2007f. und die folgenden Zitate.

63 Vgl. ebd., Sp. 2013.

Lernen und Lehren

Lernen ist eine „einigermaßen dauerhafte Veränderung des Subjekts auf Grund von aktiver Auseinandersetzung“[64] mit sich, den anderen und mit der Welt. Diese Veränderung betrifft zunächst die „innere Struktur der Persönlichkeit“ (= Disposition), doch kann sich diese „in äußerlich beobachtbarem Verhalten“ (= Performanz) niederschlagen. Lernen wird intentional durch Unterrichten bzw. Lehren anzustoßen versucht.[65] Dieses Verständnis lässt sich auch auf religiöses Lernen und Lehren beziehen. Versteht man nämlich Religion grundlegend substanziell, funktional, anthropologisch und phänomenologisch,[66] kann religiöses Lernen und Lehren mindestens fünf Dimensionen umfassen: eine philosophische, hermeneutische, ethische, spirituelle und communiale Dimension.[67] Religiöses Lernen kann man dann verstehen als „ein ganzheitliches, alle Sinne einbeziehendes Verarbeiten von Wahrnehmungen und Begegnungen [...], das zu einem bewussten Leben und einem vor Gott verantworteten Handeln in Rücksicht zu den Mitmenschen und zur Schöpfung führt.“[68]

Didaktik

In einem allgemeinen Sinn versucht die Didaktik, Kriterien für die Begründung der Auswahl, für die Umgestaltung von möglichen Unterrichtsinhalten des Lehr- bzw. Bildungsplans zu tatsächlichen Unterrichtsgegenständen und für die Unterrichtsgestaltung anzugeben. Da dies unterschiedlich erfolgen kann, gibt es auch unterschiedliche Didaktikdefinitionen.

Der Terminus „Didaktik“ geht auf den tschechischen Geistlichen *Johann Amos Comenius* (1592-1670) zurück. In seiner *Didactica Magna* (Große Unterrichtslehre) kündigt er eine allgemeingültige Kunst an, allen alles zu lehren. Deshalb wurde lange Zeit Didaktik als „Kunst“, als Fertigkeit angesehen, mit der man in Lehre, Unterricht oder Unterweisung etwas bewirken kann. Heute versteht man Didaktik zumeist als Theorie vom „Lehren und Lernen in unterschiedlichen Zusammenhängen“.[69]

---

64 Porzelt, B., Grundlegung religiöses Lernen. Eine problemorientierte Einführung in die Religionspädagogik, 2., durchges. Aufl. Bad Heilbrunn 2013, 42 und die folgenden Zitate.

65 Vgl. Terhart, E., Didaktik. Eine Einführung, Stuttgart 2009, 42.

66 Vgl. ausführlich ebd.

67 Vgl. Gärtner, C., Religionsunterricht – ein Auslaufmodell? Begründungen und Grundlagen religiöser Bildung in der Schule, Paderborn 2015.

68 Kalloch / Leimgruber / Schwab, Lehrbuch der Religionsdidaktik, 2014, 18.

69 Meyer, H., Unterrichtsmethoden. Bd. 1: Theorieband, 16. Aufl. Berlin 2016, 244.

Methodik und Methode

Den Begriff „Methode“ bzw. „Unterrichtsmethode“ kann man vom Griechischen *methodos* (aus *meta* = nach, mit, zwischen und *odos* = Weg) herleiten.[70] Er meint wörtlich den Weg zur Erreichung eines Ziels. Dabei wird die Methodenfrage oft einseitig auf die Frage nach dem „Wie“ der konkreten Handlung eingeschränkt und deshalb nicht selten mit einem Verfahren, einer Technik gleichgesetzt. Werden aber Fragen nach dem „Warum?“, dem „Woraufhin?“ usw. nicht explizit in der Verbindung mit der Methodenfrage thematisiert, so besteht die Gefahr, Methode als Technik oder Verfahren unabhängig von Zweck und Ziel zu verstehen. Ein Vergleich kann das verdeutlichen.

> Auf einer Straße werden Dinge und Menschen transportiert, allerdings aus sehr verschiedenen Gründen: Ein verletzter Mensch wird ins Krankenhaus gefahren, Dynamit zu einem Banküberfall transportiert, Geld für einen Millionär ins Ausland gebracht. Auch in der Schule können Methoden sinnvoll und überlegt, aber auch nicht zweckdienlich eingesetzt werden, beispielsweise zum puren Wissenserwerb, ohne die individuellen Begabungen und Grenzen der Kinder und Jugendlichen zu achten.

Um diese Gefahren zu verringern, muss Methodik (= Methodenlehre) die einzelnen Methoden immer im Gesamt der didaktischen Fragestellungen reflektieren, denn es geht um die Sache, den Lehrgegenstand und seine Beziehung zu den Lernenden, ihr (Vor-)Verständnis von diesem Gegenstand, seine Bedeutung für diese usw.

Medien

Unter „Medium“ (lat. Mitte, Mittelpunkt) wird in der Religionsdidaktik ein „Mittel oder ein Mittler bezeichnet, mit dessen Hilfe der Unterrichtsinhalt an die Schüler vermittelt“[71] wird. Weil Medien sozusagen die „objektive Seite der Methoden“[72] darstellen, zeigt sich ein enger Zusammenhang zwischen beiden. Entscheidet sich beispielsweise eine Lehrkraft in einer Klasse, ein Lernspiel einzusetzen, kann man dies der Unterrichtsmethodik zurechnen; benötigt sie für die Durchführung des Lernspiels bestimmte Materialien (Spielkarten usw.), werden diese Unterrichtsmedien genannt.

---

70 Vgl. Woppowa, J., Unterrichtsmethoden, in: WiReLex (2015), 2 (http://www.bibelwissenschaft.de/stichwort/100110/, letzter Zugriff: 30.06.2018).

71 Meyer, Unterrichtsmethoden. Bd. 1, 2016, 148.

72 Schulz, W., Anstiftung zum didaktischen Denken. Unterricht – Didaktik – Bildung (hg. v. Otto, G. / Luscher-Schulz, G.), Weinheim u.a. 1996, 168.

Verhältnis von Didaktik und Methodik

Eine Frage, die immer wieder auftaucht, ist die nach dem Verhältnis von Didaktik und Methodik.

Wenn man – wie in diesem Buch – zwischen Unterrichtsinhalten und -methoden unterscheidet und letztere der Methodik zuordnet, bleibt in der Konsequenz für die Didaktik nur noch der Bereich der Unterrichtsinhalte übrig. Didaktik und Methodik werden in dieser Sicht jeweils in einem engen Sinn gebraucht.

Dieser enge Sinn von Didaktik wird aber problematisch, wenn er auf Didaktik als Fachdidaktik eines Unterrichtsfachs, z.B. Religionslehre, übertragen wird. Zur Fachdidaktik Religion gehören schließlich auch die Methoden. Hier verwendet man also einen weiten Begriff von Didaktik, eine Didaktik, „für die sich eine Auswahl angemessener Methoden nur im weiterreichenden Zusammenhang des gesamten didaktischen Feldes treffen lässt."[73]

Das enge und das weite Didaktikverständnis können aber auch gleichzeitig gelten. Auf der Grundlage des weiten Verständnisses von Didaktik lässt sich nämlich der Methodenaspekt von den übrigen didaktischen Fragestellungen (= Didaktik im engen Sinn) unterscheiden. So lassen sich beide Didaktikverständnisse ungetrennt und unvermischt erfassen und ins Verhältnis zur Methodik setzen. Im Bild der Münze kann dieses Verhältnis zusammengefasst werden:
Didaktik im weiten Sinn als Fachdidaktik ist vergleichbar mit einer Münze mit zwei Seiten – der Methodik und der *Didaktik im engen Sinn* (auf die Unterrichtsinhalte konzentrierte Fragestellungen). Die beiden Seiten der Münze sind dabei unterscheidbar, aber auch verbundenen. Welche Bedeutung von Didaktik jeweils gemeint ist, lässt sich aus dem Kontext entnehmen.

Ein ausschließlich weites Didaktikverständnis könnte Fachwissenschaftlerinnen und Fachwissenschaftler sowie Lehrkräfte dazu verleiten, Didaktik auf Methodik zu reduzieren. In der Praxis der Unterrichtsvorbereitung müssen deshalb immer (im engeren Sinn) didaktische und methodische Überlegungen angestellt werden.

> Zusammenfassung
> Gute Unterrichtsstunden brauchen Überlegungen und Begründungen zu Inhalten und Methoden bzw. Medien. Beide Bereiche/Seiten müssen aufeinander abgestimmt sein. Falls nicht, ergeht es der Unterrichtsstunde wie einer Münze, deren geprägte Seiten nicht zueinander passen: Sie ist vielleicht noch nett anzusehen, aber sie ist wertlos.

---

[73] Schweitzer, F., Religionspädagogik. Lehrbuch Praktische Theologie, Bd. 1, Gütersloh 2006, 137.

1.2 Religionsdidaktische Konturen

Nach Begriffsklärungen (1.2.1 und 1.2.2) werden Handlungs- und Wirkungsorientierung (1.2.3), Professionalität (1.2.4) und Professionalisierung (1.2.5) in den Blick genommen.

1.2.1 Religionspädagogik und Religionsdidaktik

Selbstbesinnung
Die Begriffe „Religionspädagogik“ und „Religionsdidaktik“ haben Sie sicher schon gehört.

- Notieren Sie – bevor sie weiterlesen – in Stichworten, was Sie unter diesen Begriffen verstehen.

Religionspädagogik

In der „Religionspädagogik als Theorie religiöser Bildung“[74] analysiert und reflektiert man religiöse Bildungs- und Lernprozesse[75] „entlang der Biographie und an verschiedenen Orten […] von Kindergarten und Tageseinrichtungen, Schule und Jugendarbeit über Gemeindekatechese und Erwachsenbildung bis hin zur Seniorenarbeit und der Bildung in Öffentlichkeit und Medien.“[76] Religionspädagogik „zielt auf pädagogisches Handeln in theologischer Sicht“. Religionspädagogik bezieht sich in Forschung und Lehre „auf alle Bereiche der religiösen Erziehung, Bildung, Entwicklung und Sozialisation in Schule, Kirche (Religionsgemeinschaften) und Gesellschaft beziehungsweise in globalen Zusammenhängen“[77]. „Grundlegend für die Religionspädagogik ist die pädagogisch-theologische Perspektive, der zu Folge die Vermittlung und Aneignung der religiösen Tradition als ein Bildungsprozess ausgelegt werden kann, der auch den Kriterien der modernen Erziehungswissenschaft gerecht wird“[78]. Religionspädagogik umfasst Religionsdidaktik, ohne deren Spezifika zu betonen.

---

74 Rothgangel, M., Was ist Religionspädagogik? Eine wissenschaftstheoretische Orientierung, in: Ders. / Adam, G. / Lachmann, R. (Hg.), Religionspädagogisches Kompendium, Göttingen, 8., grundl. neu bearb. u. erg. Aufl. 2013, 17-34, 18.
75 Vgl. Sajak, C. P., Einführung in die Religionspädagogik, in: Ders. (Hg.), Praktische Theologie, Theologie studieren – Modul 4, Paderborn 2012, 65-119, 65.
76 Kalloch / Leimgruber / Schwab, Lehrbuch der Religionsdidaktik, 2014, 18 und das folgende Zitat.
77 Schweitzer, F., Religionspädagogik, in: WiReLex (2015), 1 (https://www.bibelwissenschaft.de/stichwort/100099/, letzter Zugriff: 14.10.2015).
78 Ebd.

Religionsdidaktik

Innerhalb dieses umfassenden Verständnisses von Religionspädagogik beschäftigt sich Religionsdidaktik spezifischer mit religiösem Lehren und Lernen. Religionsdidaktik ist die „wissenschaftliche Reflexion religiösen Lernens (Schülerperspektive) und die Reflexion des Lehrens religiösen Lernens (Lehrerperspektive)“[79]. Religionsdidaktik verhilft zu einer „wissenschaftlich begründeten reflexiven Kompetenz hinsichtlich der Planung, Durchführung und Evaluation religiöser Lernprozesse sowie deren edukativer Verantwortung“[80]. Damit geht es um die wechselseitige Erschließung und Reflexion von Lernenden und theologisch begründeten Inhalten sowie Ausdrucksformen anhand der Fragen: Wozu? Warum? Was? Wie?[81] Gesprächspartner der Religionsdidaktik sind „Pädagogik als allgemeine Erziehungs- und Bildungswissenschaft“[82], „Allgemeine Didaktik als Theorie des Unterrichts, Lehrens und Lernens“ und „Schulpädagogik als pädagogische Institutionswissenschaft“, womit sich Religionsdidaktik als eine „Fachdidaktik neben anderen Fachdidaktiken“ ausweisen kann. Religionsdidaktik bezieht man meist auf den Lernort Schule[83], wobei Lehren und Lernen beispielsweise auch im kirchlichen Unterricht, in der Erwachsenenbildung u.a. erfolgt.[84]

Vor diesem Hintergrund verstehe ich Religionsdidaktik als Theorie religiöser Bildung, spezifischer als Theorie des auf Religion beziehbaren Lehrens und Lernens mit dem Ziel professioneller und professionalisierter religionspädagogischer Habitusbildung. Damit ist nicht jede Theorie der Bildung bzw. des Lehrens und Lernens schon Religionsdidaktik, aber die Qualifizierung religiös bzw. Religion bedeutet nicht, dass nur religiöse Inhalte (substantielles Verständnis von Religion) allgemeine Bildung zur religiösen machen würden. Vielmehr können beispielsweise zunächst säkular erscheinende Inhalte sich auf Religion beziehen lassen, und sich so auf den zweiten Blick als religiös erweisen. Vergleichen kann man dieses Verständnis mit prosozialem Handeln, das sich auf den zweiten Blick als christlich motiviertes Handeln in Nächstenliebe erweist. Das Verständnis von professioneller (1.2.4) und professionalisierter religionspädagogischer Habitusbildung (1.2.5) wird noch ausführlich erörtert.

---

[79] Ziebertz, H.-G., Gegenstand der Religionsdidaktik, in: Hilger, G. / Leimgruber, S. / Ders. Religionsdidaktik. Ein Leitfaden für Studium, Ausbildung und Beruf, 4. Aufl. München 2015, 18-28, 19.

[80] Ebd., 20.

[81] Vgl. Lachmann, R. / Rothgangel, M., Verständnis und Aufgaben religionsunterrichtlicher Fachdidaktik, in: Rothgangel, M. / Adam, G. / Lachmann, R. (Hg.), Religionspädagogisches Kompendium, 2013, 35-52, 36.

[82] Lämmermann, G., Grundriss der Religionsdidaktik. 2., durchges. u. erg. Aufl. Stuttgart 1998, 74 und die folgenden Zitate.

[83] Vgl. Lachmann / Rothgangel, Verständnis und Aufgaben, 2013, 36.

[84] Vgl. Schweitzer, Religionspädagogik, in: WiReLex (2015), 3.2.

Religionspädagogik und -didaktik als Wissenschaft

Religionspädagogik und -didaktik sind wissenschaftliche Disziplinen. Wissenschaft schafft „Wissen und Erkenntnisse über einen bestimmten Gegenstand [...], indem sie diesen Gegenstand zu verstehen versucht, Gesetzmäßigkeiten entdeckt, Theorien entwirft und vor allem Aussagen produziert, deren Wahrheitsanspruch intersubjektiv nachprüfbar ist [...]. Der Gegenstand religionsdidaktischer Forschung ist das erzieherische und bildende Handeln in Bezug auf Religion bzw. das religiöse Lernen.“[85]

Um Handeln zu verstehen, neue Erkenntnisse zu produzieren und intersubjektiv zu überprüfen, bieten sich drei Wege an: der empirische, der normative und der operative Weg.[86] Religionspädagogik und -didaktik sind heute ohne empirische Untersuchungen – gleichgültig ob quantitativ oder qualitativ – kaum mehr denkbar. Thematisiert man aber Empirie, so thematisiert man immer – mehr oder weniger explizit – auch das, was sein oder nicht sein soll. Solche Aussagen sind normative Setzungen und können nicht durch Beobachtungen als wahr oder falsch eingestuft werden. Religionspädagogik und -didaktik können auch einen operativen Zugang thematisieren.[87]. Gefragt wird: Wie müssen Bildungsprozesse strukturiert und rhythmisiert sein, damit diese begleitet und gefördert werden können? Eine solche Religionspädagogik bzw. -didaktik lässt nicht fachwissenschaftlich klären, welche Inhalte wesentlich sind, um deren Ergebnisse zu elementarisieren und es Praktikerinnen und Praktikern zu überlassen, wie diese Ergebnisse methodisch umgesetzt werden. Vielmehr entwickelt eine handlungstheoretisch[88] bzw. handlungswissenschaftlich[89] fundierte Religionspädagogik Theorien von Bildungspraxis für Bildungsprozesse, ohne schon gewissermaßen die Praxis selbst im Sinne einer „Anwendungswissenschaft“ zu sein.

Wenn in Religionspädagogik und -didaktik aus anderen Wissenschaften Konzepte rezipiert werden, sind diese zunächst als „Regulative“[90] zu verstehen, die religionspädagogischem und -didaktischem Tun eine Richtung geben. Eine Integration der in einem anderen wissenschaftlichen Kontext entstandenen Konzepte und Modelle in die Religionspädagogik und -didaktik erfordert aber, dass in Vermittlungsdiskursen das Spezifische religionspäda-

---

85 Leimgruber, S. / Ziebertz, H.-G., Religionsdidaktik als Wissenschaft, in: Hilger / Dies., Religionsdidaktik, 2015, 29-40, 31.

86 Gennerich, C. / Riegel, U., Wissenschaftstheorie, in: WiReLex (2015) (https://www.bibelwissenschaft.de/stichwort/100001/, letzter Zugriff 30.06.2018).

87 Vgl. ebd., 3.

88 Vgl. Mette, N., Zwischen Handlungs- und Wahrnehmungswissenschaft – zum handlungstheoretischen Ansatz der Praktischen Theologie. Pastoraltheologische Informationen 22 (2002), 28-31.

89 Vgl. Brieden / Heger, Handlungswissenschaft, 2018, 3; Schambeck, M., Zum Verständnis und Geschäft der Religionspädagogik. Wissenschaftstheoretische Anmerkungen. Religionspädagogische Beiträge 70/2013, 91-103.

90 Schröder, B., Religionspädagogik, Tübingen 2012, 213.

gogischen und -didaktischen Denkens als einer praktisch-theologischen Wissenschaft zum Tragen kommt.[91]

Das hier vertretene Verständnis von Religionspädagogik und -didaktik kann – gegenüber anderen Ansätzen – spezifisch konturiert werden.

Spezifizierungen

Der hier entwickelte Ansatz hebt sich zunächst von Religionsdidaktiken ab, die zwar Rahmenbedingungen, Konzepte und Ziele, Inhaltsbereiche, Prinzipien und die Planung des Religionsunterrichts auf einer Metaebene präzise ausführen, aber didaktisches Handeln und Reflektieren in der Umsetzung nur ansatzweise berücksichtigen.[92] Ohne die Geschichte aus dem Blick zu verlieren, unterscheidet sich der vorliegende Ansatz von stark historisch ausgerichteten Religionsdidaktiken.[93] Zudem ist dieser Ansatz im Unterschied zu schulartspezifischen Ausrichtungen[94] schulartübergreifend angelegt. Mit diesem Ansatz werden vorliegende Werke zur Unterrichtsplanung spezifiziert[95] und existierende Religionspädagogiken präzisiert, weil die Konzepte religiöser Bildung im Blick auf konkrete Lehr-Lernprozesse konkretisiert werden.[96] Dieser Ansatz ist kompetenzorientiert, ähnlich wie die Ansätze von *Gerhard Büttner u.a.*[97], *Heike Lindner*[98] und *Claus Peter Sajak u.a.*[99].

---

91 Vgl. z.B. Riegger, M., Bildung von Flüchtlingen. Interdisziplinäre Zusammenarbeit zwischen Praktischer Theologie und Sozialer Arbeit, in: ET-Studies (Journal of the European Society for Catholic Theology), 8 (1/2017), 139-159, bes. 140-144.

92 Vgl. z.B. Mendl, H., Religionsdidaktik kompakt. Für Studium, Prüfung und Beruf, 6., überarb. u. erw. Aufl. München 2018; Hilger u.a., Religionsdidaktik, 2015, Lämmermann, Grundriß der Religionsdidaktik, 1998, Ders., Religionsdidaktik, Stuttgart 2005; Woppowa, J., Religionsdidaktik, Paderborn u.a. 2018.

93 Vgl. z.B. Kalloch / Leimgruber / Schwab, Lehrbuch der Religionsdidaktik, 2014.

94 Vgl. z.B. Baumann, U. / Englert, R. u.a., Religionsdidaktik. Praxishandbuch für die Sekundarstufe I und II, Berlin 2005; Heindel, C. / Paintner, A. (Hg.), Katholische Religion. Didaktik für die Grundschule, Berlin 2015; Hilger, G. W. u.a., Religionsdidaktik Grundschule. Handbuch für die Praxis des evangelischen und katholischen Religionsunterrichts, Neuausgabe München / Stuttgart 2014; Lämmermann, G. / Platow, B. (Hg.), Evangelische Religion. Didaktik für die Grundschule, Berlin 2014.

95 Vgl. Hanisch, H., Unterrichtsplanung im Fach Religion, 2. Aufl. Göttingen 2011, Heil, S., Religionsunterricht professionell planen, durchführen und reflektieren, Stuttgart 2013, Riegel, U., Religionsunterricht planen. Ein didaktisch-methodischer Leitfaden für die Planung einer Unterrichtsstunde, 2., akt. Aufl. Stuttgart u.a. 2014; Riegger, M., Planung und Gestaltung von Religionsunterricht konkret. Elementarisierung umgesetzt anhand der Gleichniserzählung vom barmherzigen Vater und seinen zwei Söhnen für die 3. und 7. Jahrgangsstufe, Donauwörth 2005.

96 Vgl. Boschki, Einführung in die Religionspädagogik, 2017; Brinkmann, F. T., Religionspädagogik. Ein Studienbuch, Stuttgart 2012; Heller, T. / Käbisch, D. / Wermke, M., Repetitorium Religionspädagogik, Tübingen 2012, Lämmermann, G. / Naurath, E. / Pohl-Patalong, U., Arbeitsbuch Religionspädagogik, Gütersloh 2005, Mette, N., Einführung in die katholische Praktische Theologie, Darmstadt 2005; Kunstmann, Religionspädagogik, 2010; Ders., Subjektorientierte Religionspädagogik, Stuttgart 2018; Noormann, H. / Becker, U. / Trocholepcz, B. (Hg.), Ökumenisches Arbeitsbuch Religionspädagogik, 3. Aufl. Stuttgart 2000, Porzelt, Grundlegung religiöses Lernen, 2013; Sajak, C. P. (Hg.), Praktische Theologie, Paderborn 2012, Schröder,

1.2.2 Religionsdidaktisches und methodisches Handeln

Denkanstoß

- Welche Erwartungen verbinden Sie mit dem Begriff „Methoden"?

Bei „Praktikern" suggerieren Methoden häufig Handlungsfähigkeit, Planbarkeit, letztlich Machbarkeit. Methoden stellen so etwas wie die handwerkliche Seite des Lehrerseins dar und erwecken häufig den Eindruck, unmittelbar praktisch verwertbare Kompetenzen zu vermitteln. Wer schon einmal genauer unbekannte Werkzeuge betrachtet hat, weiß aber, dass ihre Handhabung ungleich schwieriger ist als das bloße Betrachten. Bei der Einübung unterrichtlicher Handlungsfähigkeit geht es entsprechend nicht nur um das Kennenlernen des methodischen Handwerkszeugs, sondern auch um die Reflexion der Bedingungen ihres Einsatzes, also um didaktisches bzw. methodisches Handeln. Damit beinhaltet methodisches Handeln eine planvolle, nachvollziehbare und damit kontrollierbare Gestaltung von Unterrichts- und Bildungsprozessen.

Auf den ersten Blick ist es nur ein wenig bedeutender sprachlicher Unterschied, ob von „Methodik" oder von „methodischem Handeln" die Rede ist. Und doch eröffnet methodisches Handeln neue Perspektiven.
Während die klassischen Methodenbücher Lernwege lediglich aufzeigen,[100] erschließt dieses Buch methodisches Handeln didaktisch und exemplarisch. Damit arbeite ich der Gefahr entgegen, dass Lehrkräfte Unterrichtsmethoden als Rezepte missverstehen. Das geschieht auf zweifache Weise:

Einerseits werden mögliche subjektive Erfahrungen der Lesenden angesprochen – vor allem in den „Denkanstößen" und „Arbeitsanregungen".

Andererseits werden die Lernwege auf der Basis empirisch gesicherten Wissens religionsdidaktisch gewichtet und konkretisiert.

Wenn Methodik sich nicht um methodisches Handeln kümmert, ist die Gefahr groß, dass Lehrende ihr Handeln nur auf Methoden beziehen. Methoden werden erfunden, ausgewählt, angewendet und verbreitet. Die Methodenreflexion bezieht sich dann mehr oder weniger ausschließlich auf das Methodische. Die Methodenlehre wird so zu einem separaten Bereich, der kaum oder selten Anschluss an die Didaktik findet.

Religionspädagogik, 2012, Schweitzer, Religionspädagogik, 2006, Schwillus, H., Religionspädagogik. Einführung in eine theologische Disziplin mit Bildungsbezug, Berlin 2015.

97 Vgl. Büttner, G. / Dieterich, V.-J. / Roose, H., Einführung in den Religionsunterricht. Eine kompetenzorientierte Didaktik, Stuttgart 2015.

98 Vgl. Lindner, H., Kompetenzorientierte Fachdidaktik Religion, Göttingen 2012.

99 Vgl. Sajak, C. P. / Michalke-Leicht, W., Religion unterrichten. Voraussetzungen, Prinzipien, Kompetenzen, Seelze 2013.

100 Vgl. Niehl, F. W. / Thömmes, A., 212 Methoden für den Religionsunterricht, Neuausgabe München 2014; Rendle, L. (Hg.), Ganzheitliche Methoden im Religionsunterricht, Neuausgabe, 5. Aufl. München 2012.

Im Gegensatz dazu sind die hier angebotenen Praxisbezüge nicht einfach als Idealbeispiele zu verstehen. Vielmehr wollen sie zur Reflexion der eigenen Erfahrungen anleiten: als Schülerin bzw. Schüler, als Hospitantin bzw. Hospitant von Religionsunterricht, als Religionslehrpersonen.

Dieses Buch hätte seinen tieferen Sinn erfüllt, wenn es zu einer Vernetzung von Praxis und Theorie führte.

Problemanzeige

Ein komplizierteres pädagogisches Thema, wie das des didaktischen und methodischen Handelns, ist kaum denkbar, weil alles mit allem zusammenhängt: „Die Persönlichkeitsstruktur des Lehrers beeinflusst sein methodisches Handeln; das methodische Handeln wird durch die rechtlichen, curricularen und institutionellen Rahmenbedingungen der Schule begrenzt; die herrschenden Rahmenbedingungen beeinflussen langsam und unmerklich das Denken, Fühlen und Handeln – die Schere im eigenen Kopf begrenzt die Handlungsspielräume leicht ebenso sehr wie der Zwangscharakter der Institution. Und erst richtig kompliziert wird es […], (wenn) nicht nur das methodische Handeln des Lehrers, sondern ebenfalls das der Schüler analysiert und begrifflich gefasst werden muss.“[101]

Denkanstoß
Ein Praktiker sagt: „Begriffliche Unterscheidungen wie z.B. regulatives und operatives Handeln oder Methodik und methodisches Handeln sind für die Praxis des Religionsunterrichts weniger wichtig und man hat auch gar keine Zeit dafür.“

- Reagieren Sie begründet auf diese Äußerung.

Zusammenfassung
Unterrichtsmethoden können (leider) nicht selbst unterrichten. Das können nur kompetente Lehrpersonen. Wie aus einem hervorragenden Drehbuch ein schlechter Film werden kann, so können auch an sich gute Unterrichtsmethoden durch inkompetente und unprofessionelle Inszenierung ruiniert werden. Unterrichtsmethoden sind „nur“ Werkzeuge, die geschickt oder ungeschickt eingesetzt werden können.
Im Zentrum der Religionsdidaktik stehen häufig Warum- und Wozu-Fragen, also Begründungen religiöser Bildung[102] und die Problemorientierung religiösen Lernens.[103] Die Wie-Reflexionen werden dabei nicht selten ausgelagert.[104]

---

101 Meyer, Unterrichtsmethoden, Bd. 1, 2016, 15f.

102 Vgl. z.B. Gärtner, Religionsunterricht, 2015; Rothgangel, M. / Adam, G. / Lachmann, R. (Hg.), Religionspädagogisches Kompendium, 8., grundl. neu bearb. u. erg. Aufl. Göttingen 2013.

103 Vgl. z.B. Porzelt, Grundlegung religiöses Lernen, 2013.

104 Vgl. dazu z.B. Lachmann / Rothgangel, Verständnis und Aufgaben, 2013, 36, Anm. 1; Adam, G. / Lachmann, R. (Hg.), Methodisches Kompendium für den Religionsunterricht, Bd. 1, 5. Aufl. Göttingen 2010; Adam, G. / Lachmann, R. (Hg.), Methodisches Kompendium für den Religionsunterricht, Bd. 2, 3. Aufl. Göttingen 2010.

1.2.3 Handlungs- und wirkungsorientierte Religionsdidaktik

Denkanstoß
Es wird der Religionsdidaktik vorgeworfen, sie produziere ständig neue modische Namen und Begriffe, die außerhalb eingeweihter, universitärer Zirkel niemand verstehe und die für das Handeln in der Schule wirkungslos blieben.

- Positionieren Sie sich begründet zu dieser Aussage.

Eine handlungsorientierte Religionsdidaktik überwindet eine Separation von Theorie und Praxis, ohne Differenzen einzuebnen und das Handeln rezeptartig anleiten zu wollen. Lernen wird hier generell mit Handeln und Erfahren verbunden. Dies hat weitreichende Konsequenzen für das Verständnis von Religionsdidaktik, weil wir sie dann handlungstheoretisch bzw. -wissenschaftlich ausrichten können.[105]

Ziele bzw. Kompetenzen und Intentionen

Auf Grundlage der Phänomenologie von *Bernhard Waldenfels*, ist ein solches Verständnis responsiv zu grundieren. Dabei ist Responsivität ohne Intentionalität nicht denkbar und somit grundsätzlich mit religionsdidaktischem Handeln, das immer Intentionen verfolgt, vereinbar. Präziser unterscheidet *Waldenfels* zwei Weisen des Strebens und zwei Zielarten:

a) Das „Wonach wir uns richten, wenn wir jemanden oder etwas auf diese oder jene Weise behandeln“[106]. Hier sind Ziele bzw. Kompetenzen zu verorten.
b) Das „Woraufhin wir etwas und uns selbst verstehen“, also das Gesamtstreben des Lebens (z.B. das Glücksstreben). Dies kann als Intentionalität verstanden werden.

Beide Zielarten werden durch die „Responsivität nicht ersetzt, wohl aber überboten. Responsivität steht für eine ‚Antwortlichkeit‘, die der Verantwortung für das, was wir tun und sagen, unwiderruflich vorauseilt.“

Zu unterscheiden sind also in Bildungsprozessen anzustrebende Ziele bzw. Kompetenzen und Intentionen[107]. Während Ziele bzw. Kompetenzen tendenziell als abfragbare Kompetenzziele formulierbar und damit überprüfbar sind, beziehen sich Intentionen auf das Leben der Bildungsteilnehmenden. Wirklich wirksame werden damit jene Bildungsprozesse, die intentional ausgerichtet sind und sich entsprechend verwirklichen. Schließlich werden Kompetenzziele wie Intentionen im Bildungsprozess notwendig überboten.

---

105 Vgl. z.B. Riegger, Bildung von Flüchtlingen, 2017, 144f.
106 Waldenfels, Grundmotive einer Phänomenologie, 2016, 57 und die folgenden Zitate.
107 Vgl. Riegger, Planung und Gestaltung, 2005, 12.

Rahmen religionsdidaktischen Handelns

Für unseren Zusammenhang kann dann die Lebenssituation als genereller Rahmen für das Handeln[108] und damit auch für Religionsunterricht aufgefasst werden. Innerhalb dieses Rahmens sind mindestens folgende Komponenten als Bedingungen des Handelns bedeutsam:

- situative Anforderungen,
- Motivationen und Interessen,
- Wissens- bzw. Erfahrungsstand,
- Niveau der sozial-kognitiven bzw. religiösen Entwicklung.

Im Zentrum steht damit die Reflexion bisherigen und zukünftigen religionsdidaktischen Handelns.

Verlässlichkeit der Wirkungsforschung

Die Verlässlichkeit von Aussagen in der Wirkungsforschung kann sehr unterschiedlich sein. Im Blick auf den Aufwand (z.B. Ressourcen, Zeit, Expertise usw.) und die Aussagekraft sind idealtypisch unterschiedliche Formen denkbar, wie in der Abb. 2 dargestellt. Tendenziell steigt die Verlässlichkeit mit zunehmendem Aufwand und zunehmender Aussagekraft. In der Religionspädagogik wird Wirkungsforschung auf unterschiedlichste Weise durchgeführt.[109]

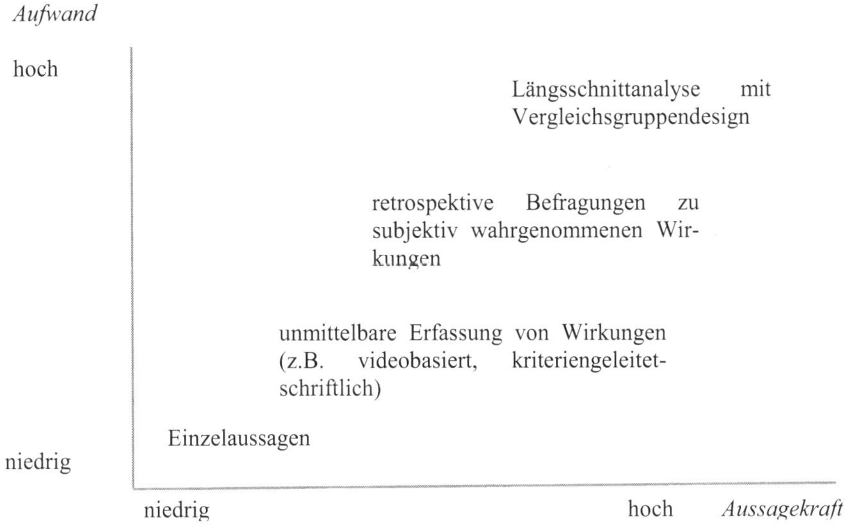

Abb. 2: Verlässlichkeit der Wirkungsforschung

[108] Vgl. z.B. Tulodziecki, G. / Herzig, B. / Blömeke, S., Gestaltung von Unterricht, 3., überarb. u. erw. Aufl. Bad Heilbrunn 2017, bes. 59-80.

[109] Vgl. z.B. den Überblick: Schweitzer, F. / Boschki, R. (Hg.), Researching Religious Education: Classroom Processes and Outcomes (Glaube – Wertebildung – Interreligiosität, Bd. 12), Münster 2018.

Stufen der Wirkungsorientierung

Auf Wirkungen hin untersucht wird der Outcome religiöser Bildungsprozesse. Dabei wird davon ausgegangen, dass der Output geleistet ist. Dieser beruht auch auf dem Input. In Abb. 3 wird dies veranschaulicht.

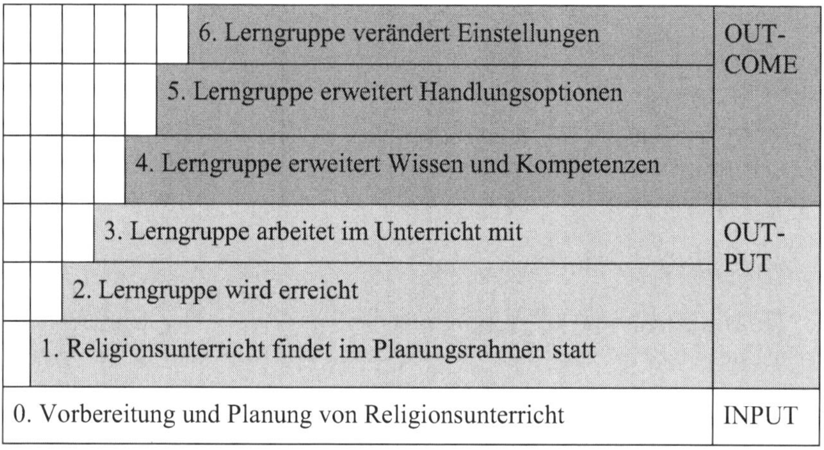

Abb. 3: Stufen der Wirkungsorientierung

1.2.4 Professionelle Religionsdidaktik

Im Folgenden wird Professionalität und Kompetenzerwerb konkretisiert.

Ziel: Professionalität und Kompetenzerwerb

Auf der Basis eines für professionstheoretische Überlegungen geöffneten Kompetenzbegriffs[110] ist die übergeordnete Zielsetzung für religiöse Bildung in der Religionsdidaktik der Erwerb von Kompetenzen, die es ermöglichen, komplexe und mehrdeutige, nur begrenzt vorhersehbare und sich immer anders gestaltende Situationen selbstverantwortet und fachwissenschaftlich wie religionsdidaktisch begründet zu lösen. Im Modell des professionellen religionspädagogischen Habitus werden dann die Strukturen professionellen Handelns aufeinander abgestimmt, nämlich das fachspezifische Repertoire, die Transformation auf einen lebenspraktischen Fall und das Arbeitsbündnis, das mit Institution und Person untergliedert ist.[111] Der Anspruch auf Profes-

[110] Vgl. Riegger, M./ Heil, S., Religionslehrerinnen- und Religionslehrerbildung als Habitusbildung, in: Dies.: Der religionspädagogische Habitus. Professionalität und Kompetenzen entwickeln – mit innovativen Konzepten für Studium, Seminar und Beruf, Würzburg 2017, 63-83, 65f.

[111] Vgl. auch: Heil, Der professionelle religionspädagogische Habitus, 9-32.

sionalität ist mit der Erwartung verknüpft, dass eine Fachkraft für religiöse Bildung sowohl wissenschaftliche Theorien, wie handlungspraktisches Wissen so nutzt, dass sie ihr Handeln auf die spezifischen Bedingungen und Erfordernisse einer Situation abstimmen kann. Mit anderen Worten: Professionalisierung integriert drei Formen des Habitus, den wissenschaftlich-reflexiven, den reflexiv-pragmatisch und den berufsbiografisch-reflexiven.[112] Der professionelle und der professionalisierte Habitus können im Blick auf die Bildung zusammengeführt werden. Professionalisierte religionspädagogische Habitusbildung hat neben den Strukturen Fachrepertoire, empirischem Fallbezug, Person und Institution auch den Kontext (Lebenswelt) im Blick (vgl. Abb. 4).

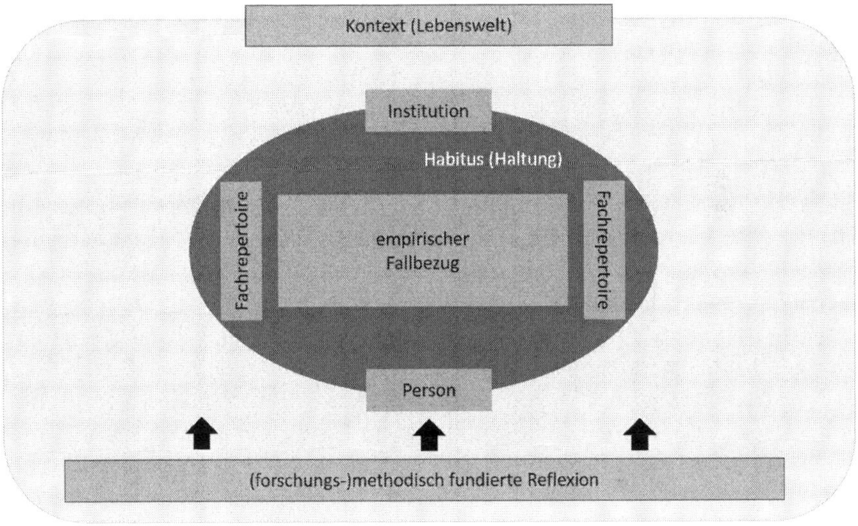

Abb. 4: Professionelle religionspädagogische Habitusbildung

1.2.5 Professionalisierte Religionsdidaktik

Professionalisiert Religionsdidaktik steigert Professionalität systematisch.

112 Vgl. Riegger, M., Der professionalisierte religionspädagogische Habitus, in: Heil, / Ders., Der religionspädagogische Habitus, 2017, 33-62, 36.

Fallbezug

Der empirische Fallbezug in der Religionsdidaktik (z.B. Umgang mit einer Unterrichtsstörung) umfasst dabei im Wesentlichen einen Vierschritt[113]:
a) *wahrnehmen* der Ausgangssituation (ggf. Diagnose),
b) *planen* der Handlung,
c) *handeln* in der Situation und
d) *evaluieren* der Ergebnisse und Folgen der Handlung.
Der Erkenntnisgewinn der Evaluation wirkt sich auf einen neuen Fall aus. Zur Lösung eines Falls zieht eine Fachkraft für religiöse Bildung ihr zur Verfügung stehendes Wissen heran, das Fachrepertoire.

Fachrepertoire in Disziplin und/oder Profession?

Die folgenden Ausdifferenzierungen verlaufen grundlegend entlang der funktionalen Unterscheidung von Disziplin und Profession.[114] Disziplin bezieht sich auf das gesamte Feld der Wissenschaft, in welchem sich Forschungs- und Theoriebildungsprozesse abspielen. Disziplin bezeichnet damit einerseits in lehrbare Form gebrachte, systematisch geordnete Wissensbestände, also wissenschaftliche Theorien, und andererseits die Kommunikationsgemeinschaft von Wissenschaftlerinnen und Wissenschaftlern, die auf einen Gegenstand, eine Problemstellung verpflichtet sind. Referenzpunkte sind die Kriterien ‚Wahrheit' und ‚Richtigkeit'. Profession bezieht sich auf der Basis einer wissenschaftlichen Bildung auf das Handeln im Kontakt mit Adressatinnen bzw. Adressaten in der beruflichen Praxis und den institutionellen bzw. gesellschaftlichen Strukturen mit dem Referenzkriterium ‚Wirksamkeit' sowie der Kommunikation der Professionellen untereinander und mit den Wissenschaftlerinnen und Wissenschaftlern. In Bezug auf die Profession einer Religionslehrkraft an der Grundschule werden Fähigkeiten wie die folgenden als besonders wichtig angesehen: ein „Gefühl für Kinder" [115] entwickeln, „theologische Inhalte in den Denkhorizont der Kinder [...] übersetzen, um Kinder für die religiöse Dimension der Wirklichkeit zu sensibilisieren und um aufzuzeigen, was christlicher Glaube mit ihrem Leben zu tun

---

[113] Vgl. Boschki, Einführung in die Religionspädagogik, 2017; Heil, S., Professionelle Simulation. Ein neues Konzept zur Professionalisierung des religionspädagogischen Habitus, in: Riegger, M. / Ders. (Hg.), Professionelle Simulation. Habitusbildung in religionspädagogischen Handlungsfeldern. Konzept – Diskurs – Praxis, Würzburg 2017; Schwarzkopf, T., Diagnose, in: WiReLex (2018) (https://www.bibelwissenschaft.de/stichwort/200281/ letzter Zugriff: 25.06.2018).

[114] Vgl. Stichweh, R., Zur Entstehung des modernen Systems wissenschaftlicher Disziplinen, in: Ders. (Hg.), Zur Entstehung des modernen Systems wissenschaftlicher Disziplinen, Frankfurt a.M. 1984, 7-93.

[115] Stögbauer, E., Religionsunterricht – ein Fach, das Kinder mögen: Empirische Befunde, in: Hilger, G. u.a., Religionsdidaktik Grundschule, 2014, 53-66, 61.

hat"[116], sowie „nervliche Belastbarkeit, dann Toleranz, Ausstrahlung und Humor".

Wissenschaftliches Fachrepertoire

Das wissenschaftliche Fachrepertoire beinhaltet vier Theorieformen:
a) Subjektive Theorien,
b) Professionstheorien,
c) pädagogisch-psychologische, fachwissenschaftliche und fachdidaktische Theorien und nicht zuletzt
d) Wissenschaftstheorie.
Zusammen mit dem hochschulischen Fallbezug und der Beziehung im Arbeitsbündnis konstituiert das wissenschaftliche Fachrepertoire den wissenschaftlich-reflexiven Habitus.

Handlungspraktisches Fachrepertoire

Das handlungspraktische Fachrepertoire beinhaltet vier Wissensformen:
a) Überzeugungen (beliefs), Motivation, Selbstregulation,
b) Professionswissen, z.B. Regeln,
c) pädagogisch-psychologisches, fachwissenschaftliches und fachdidaktisches Wissen, z.B. Prinzipien und nicht zuletzt
d) Intuition.
Zusammen mit dem schulischen Fallbezug und der Beziehung im Arbeitsbündnis konstituiert das handlungspraktische Fachrepertoire den reflexiv-pragmatischen Habitus.

Wahrnehmung, Handlungsplanung und Handlung in Bezug auf eine konkrete Situation werden neben dem Kontext auch von der konkreten Beziehungsgestaltung innerhalb der Institution durch die Person beeinflusst. Im Rahmen des Vollzugs der Handlung in konkreten Praxissituationen ergänzen und überlagern sich im Idealfall immer zwei Modi des Habitus: der reflexiv-praktische und der wissenschaftlich-reflexive. Beide werden moderiert vom berufsbiografisch-reflexiven Habitus (vgl. Abb. 5).
Professionelle planen ihre religionsdidaktische Handlungspraxis vorab und begründen diese fachlich auf der Grundlage ihrer verfügbaren Theorien und ihres handlungspraktischen Erfahrungswissens. Notwendig ist aber auch ein situativ spontanes und intuitives Handeln. Dieses Agieren unter Handlungsdruck ist in der Regel nicht reflexiv vermittelt und explizit begründet. Gerade in solchen Fällen offenbart die nachträgliche Begründung im Rahmen der Evaluation die Professionalität der Handelnden.

[116] Ebd., 62 und das folgende Zitat.

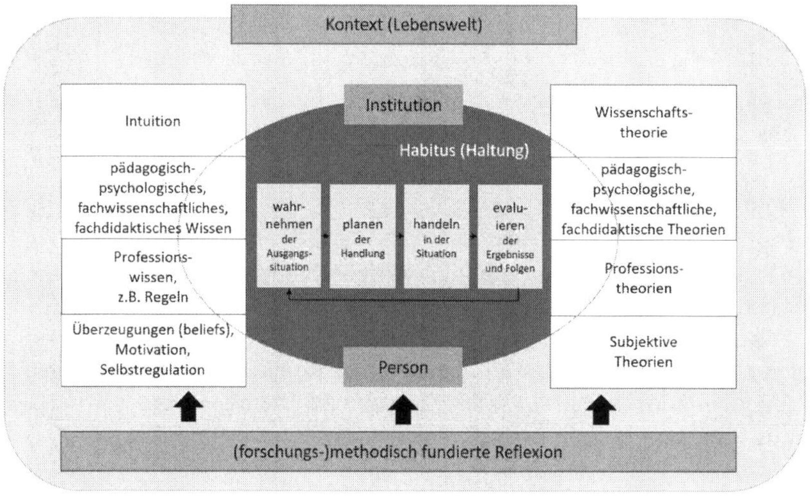

Abb. 5: Handlungs- und wirkungsorientierte Religionsdidaktik

Der professionelle und professionalisierte religionspädagogische Habitus stellt dabei ein relativ stabiles, situationsunabhängiges Element dar. Er liegt im Sinne eines wissenschaftlich-reflexiv, reflexiv-pragmatisch und berufsbiografisch-reflexiv geprägten Habitus ‚hinter' jedem professionellen Handlungsvollzug. Durch den Erwerb und die Differenzierung von Theorien und Wissen, durch wissenschaftliche Forschungsmethoden und Erfahrungen in der Praxis sowie deren Reflexion und durch Arbeit an der eigenen Berufsbiografie, kann sich der Habitus verändern, inklusive der einzelnen Aspekte, wie beispielsweise die handlungsleitenden Überzeugungen (*beliefs*). Eine forschungsmethodisch fundierte bzw. eine systematisch durchgeführte methodische Reflexion ist für eine professionelle Handlungskompetenz wesentlich. Notwendig ist sie, um die eigenen biografischen Anteile, die eigene Subjektivität bewusst wahrnehmen, unterschiedliche Perspektiven einnehmen und eine Situation auf der Grundlage von Theorien und reflektiertem Erfahrungswissen sowie mit Forschungskompetenzen analysieren zu können.

- Vier Theorietypen im wissenschaftlichen Fachrepertoire

Unstrittig ist, dass unterschiedliche Bereiche von Theorien und Wissen existieren[117]. Doch lassen sich diese für die Lehrerbildung wichtigen Domänen zusammenhängend ordnen? Bei Theorien der Human- und Sozialwissenschaften hat es sich seit *Erich Weniger*[118] eingebürgert, drei Theoriegrade zu

---

117 Vgl. z.B. Mendl, H., Kompetenzen, religionspädagogische, in: WiReLex 2015, 2 (https://www.bibelwissenschaft.de/stichwort/100086/, letzter Zugriff: 30.06.2018).

118 Weniger, E., Theorie und Praxis in der Erziehung (Erstveröffentlichung 1929), in: ders., Ausgewählte Schriften zur geisteswissenschaftlichen Pädagogik, Bd. 6., Wein-

unterscheiden. Maßstab ist die Nähe bzw. Ferne zur schulischen Praxis und damit ein ansteigender Abstraktionsgrad. Indem ich den dritten Grad der wissenschaftlichen Theorien zweifach ausdifferenziere, erhalte ich vier Theorietypen. Bezugspunkt der universitären Praxis der Theorieentwicklung ist die schulische Praxis im Allgemeinen und die Praxis des Religionsunterrichts bzw. der religiösen Bildung im Besonderen. Im Einzelnen bedeutet dies:

1. *Theorietyp*: *Subjektive Theorien* oder Alltagstheorien der praktisch Handelnden *erheben und verstehen* [119]. Die impliziten, subjektiven Theorien oder Vermutungstheorien helfen bei der Bewältigung des Schulalltags und begleiten durchgängig unser Denken, Fühlen und Handeln. Von Theorien kann man sprechen, weil die „Menschen Selbst- und Weltsichten entwickeln sowie Erklärungen und Prognosen vornehmen," die analog zu wissenschaftlichen Theorien konstituiert sind, „nach gleichen Standards beurteilt und methodisch kontrolliert werden"[120] können. Systematisch erhoben und methodisch nachvollziehbar verstanden, können umfassende subjektive Theoriekonzepte entworfen werden.

2. *Theorietyp*: *Professionstheorien entwickeln und vergleichen.* Zur Debatte steht hier u.a., ob und inwiefern sich universitär ausgebildete Lehrkräfte von den sogenannten ‚klassischen' Professionen, wie Ärzten und Anwälten, unterscheiden. Während es bei letzteren v.a. auf das gekonnte Anwenden regelgeleitet gewonnenen systematisierten Wissens ankommt, scheinen die in der Schule und im Unterricht zu lösenden Aufgaben so komplex und widersprüchlich, dass eine lineare Ableitung aus wissenschaftlichen Vorgaben unmöglich ist. Deshalb sind hier „reflektierte und explizit gemachte persönliche Theorien, Leitbilder oder ausgearbeitete Handlungsorientierungen"[121] einschlägig, welche die „Praxis rational strukturieren und daraus begründete Empfehlungen ableiten". Solche Ratschläge werden nicht selten in der so genannten „Praktischen Pädagogik"[122] bzw. „praktischen Religionspädago-

---

heim 1990, 29-44, bes. 38ff.; Vgl. auch: Oelkers, J., Theorie und Praxis? Eine Analyse grundlegender Modellvorstellungen pädagogischer Wirksamkeit, in: Neue Sammlung 24 (1984), 19-39; Meyer, Schulpädagogik, Bd., 1997; Wiater, W., Theorie der Schule, 5. Aufl., Donauwörth 2012.

119 Vgl. u.a. Groeben, N. u.a., Forschungsprogramm Subjektive Theorien. Eine Einführung in die Psychologie des reflexiven Subjektes, Tübingen 1988; Lehner-Hartmann, A., Religiöses Lernen. Subjektive Theorien von ReligionslehrerInnen (Praktische Theologie heute, Bd. 133), Stuttgart 2014; Kindermann, K. / Riegel, U., Subjektive Theorien von Lehrpersonen. Variationen und methodische Modifikationen eines Forschungsprogramms, in: Forum: Qualitative Sozialforschung 17 (2/2016), Art. 1 (http://www.qualitative-research.net/index.php/fqs/article/view/2486/3970, letzter Zugriff: 30.06.2018).

120 Meyer, Schulpädagogik, Bd. 1, 1997, 221.

121 Wiater, Theorie der Schule, 2012, 12 und das folgende Zitat.

122 Tschamler, H., Wissenschaftstheorie. Eine Einführung für Pädagogen, 3. erweit. u. überarb. Aufl., Bad Heilbrunn 1996, 192.

gik" erarbeitet und in einer Ratgeberliteratur zusammengetragen[123]. Systematischer werden diese Theorien beispielsweise innerhalb einer religionspädagogischen Handlungswissenschaft als Professionstheorien entwickelt und vergleichend betrachtet. Diese Professionstheorien wollen nicht nur das Deuten erklären, sondern auch das Denken, Fühlen und Handeln der Praktikerinnen und Praktiker anregen. Verantwortlich wird dies wohl nur dann umgesetzt, wenn die Ratschläge wissenschaftstheoretisch und -politisch kritisch reflektiert werden, weshalb bei der Professionalisierung die beiden folgenden Theorietypen systematisch berücksichtigt werden müssen.

3. *Theorietyp*: *pädagogisch-psychologische, fachwissenschaftliche und fachdidaktische Theorien erstellen und vermitteln.* Dieser Theorietyp beinhaltet „wissenschaftlich gesicherte, systematische und generalisierbare Gesamtaussagen über einen Wirklichkeitsbereich"[124]. Deren Bedeutung liegt darin, genaue Kenntnisse, Erkenntnisse und prinzipielle Aussagen zu liefern, die als „grundlegende ‚regulative Ideen' das praktische Handeln legitimieren". Damit sind grundsätzlich Theorien jener wissenschaftlichen Bezugsdisziplinen heranzuziehen, welche für das religionspädagogische Handeln von Belang sind. Als spezifische, religionspädagogisch einschlägige Beispiele können religionspädagogische Konzeptionen[125] ebenso wie Modelle der (fachspezifischen) Unterrichtsvorbereitung[126] angegeben werden. Den Ordnungen in fast allen Übersichtsartikeln[127] und dem von *Jürgen Baumert* und *Mareike Kunter* für die COACTIV-Mathematiklehrerstudie entwickelte Modell professioneller Handlungskompetenz[128] entsprechend, sind für professionelles und professionalisiertes Handeln in der Tradition von *Lee Shulman*[129] im Allgemeinen besonders relevant: *allgemeine pädagogisch-*

[123] Vgl. Reuber, E., Praxiswissen Religionsunterricht. Ein Leitfaden für die Ausbildung in Praktikum und Referendariat, Donauwörth 2004.

[124] Wiater, Theorie der Schule, 2012, 12 und das folgende Zitat.

[125] Kalloch / Leimgruber / Schwab, Lehrbuch der Religionsdidaktik, 2014, 27-202.

[126] Riegger, Planung und Gestaltung, 2005; Heil, Religionsunterricht professionell planen, 2013.

[127] Vgl. Blömeke, S., Lehrerausbildung – Lehrerhandeln – Schülerleistungen. Perspektiven nationaler und internationaler empirischer Bildungsforschung, Berlin 2005; Helmke, A., Unterrichtsqualität erfassen, bewerten, verbessern, Seelze 2003; Lipowsky, F., Auf den Lehrer kommt es an. Empirische Evidenzen für Zusammenhänge zwischen Lehrerkompetenzen, Lehrerhandeln und dem Lernen der Schüler, in: Allemann-Ghionda, C. / Terhart, E. (Hg.), Kompetenzen und Kompetenzentwicklung von Lehrerinnen und Lehrern. Ausbildung und Beruf (51. Beiheft der Zeitschrift für Pädagogik), Weinheim 2006, 47-70.

[128] Vgl. Baumert, J. / Kunter, M., Stichwort: Professionelle Kompetenz von Lehrkräften, in: Zeitschrift für Erziehungswissenschaft 9 (4/2006), 469-520; Dies., Das Kompetenzmodell von COACTIV, in: Kunter, M. u.a. (Hgg.), Professionelle Kompetenz von Lehrkräften. Ergebnisse des Forschungsprogramms COACTIV, Münster 2011, 29-53.

[129] Vgl. Shulman, L. S., Those who understand. Knowledge growth in teaching, in: Educational Research 15 (2/1986), 4-14.

psychologische inklusive schulpädagogische Theorien, fachwissenschaftliche und *fachdidaktische Theorien*. Mit zunehmender Bedeutung des Digitalen sind diese Bereiche sicher auszudifferenzieren. Dem Ordnungsrahmen von *Matthew j. Koehler, Punya Mishra* u.a.[130] prinzipiell folgend, übersetze ich *technological* mit medienbezogen (vgl. Abb. 6) und halte in unserem Zusammenhang das *medienbezogene fachdidaktische Wissen für die Religionsdidaktik* für besonders bedeutsam. Im Speziellen sind fachwissenschaftliche Theorien in Form von *theologisch-fachwissenschaftlichen Theorien (Biblische Exegese, Dogmatik, Fundamentaltheologie, Liturgiewissenschaft usw.) sowie religionspädagogisch-fachdidaktischen Theorien*[131] für Religionslehrkräfte von Bedeutung.

Auch wenn die Konstruktion der hier einschlägigen Wissensbestände systematisch und regelgeleitet erfolgt, ist davon auszugehen, dass auch Wissenschaftlerinnen und Wissenschaftler Überzeugungen eigen sind, welche ihre Wissensproduktion (mit)bestimmt, weshalb diese kontrolliert werden sollten, was innerhalb des folgenden Theorietyps möglich ist.

4. *Theorietyp*: *Wissenschaftstheorie analysiert und erfasst Wissensproduktion*. Die Wissenschaftstheorie ist eine Teildisziplin der Philosophie[132], in der die „Vorgehensweisen der Erkenntnisproduktion analysiert, reflektiert und ggf. kritisiert werden"[133]. Dem wissenschaftstheoretischen Grundgesetz[134] entsprechend wird die grundsätzliche Zweiseitigkeit der Erkenntnisgewinnung unter die Lupe genommen, nämlich das zu Erkennende selbst (Gegenstand) und der Weg, der zu dem zu Erkennenden führt (Methode). In wissenschaftstheoretischen Überlegungen werden also beispielsweise die Übergänge zwischen so genannten naiven und wissenschaftlichen Theorien herausgearbeitet, indem z.B. Kriterien entwickelt werden, die für wissenschaftliche Theorien einzufordern sind. Als wissenschaftlich könnte man Theorien ansehen, wenn sie z.B. „begründet sind"[135], „intersubjektiv überprüft werden

---

130 Vgl. Koehler, M. J. / Mishra, P. u.a., The Technological Pedagogical Content Knowledge Framework, in: Spector, J. M. et. Al. (Eds), Handbook of Research on Educational Communications and Technology, 5ed New York 2014, 101-111.

131 Vgl. Simojoki, H. u.a., Die Professionalisierung des Religionslehrerberufs als Aufgabe und Gegenstand religionspädagogischer Forschung. Historische und systematische Perspektiven, in: Zeitschrift für Pädagogik und Theologie 68 (2016), 135-152, 145.

132 Vgl. Schurz, G., Einführung in die Wissenschaftstheorie, Darmstadt 2006; Seiffert, Einführung in die Wissenschaftstheorie 3, 2001; Tschamler, Wissenschaftstheorie, 1996.

133 Beck, K. / Krapp, A., Wissenschaftstheoretische Grundfragen der Pädagogischen Psychologie, in: Krapp, A. / Weidenmann, B. (Hg.), Pädagogische Psychologie. Ein Lehrbuch, 5. vollst. überarb. Aufl., Weinheim 2006, 33-73, 36.

134 Vgl. Rombach, H., Wissenschaft und Wissenschaftstheorie, in: Ders. (Hg.), Wissenschaftstheorie. Bd. 1. Probleme und Positionen der Wissenschaftstheorie, 2. Aufl., Freiburg i. B. 1979, 9-11, 9.

135 Bucher, A. A., Überlegungen zu einer Metatheorie der Religionspädagogik, in: Religionspädagogische Beiträge 51/2003, 21-36, 28 und die folgenden Zitate.

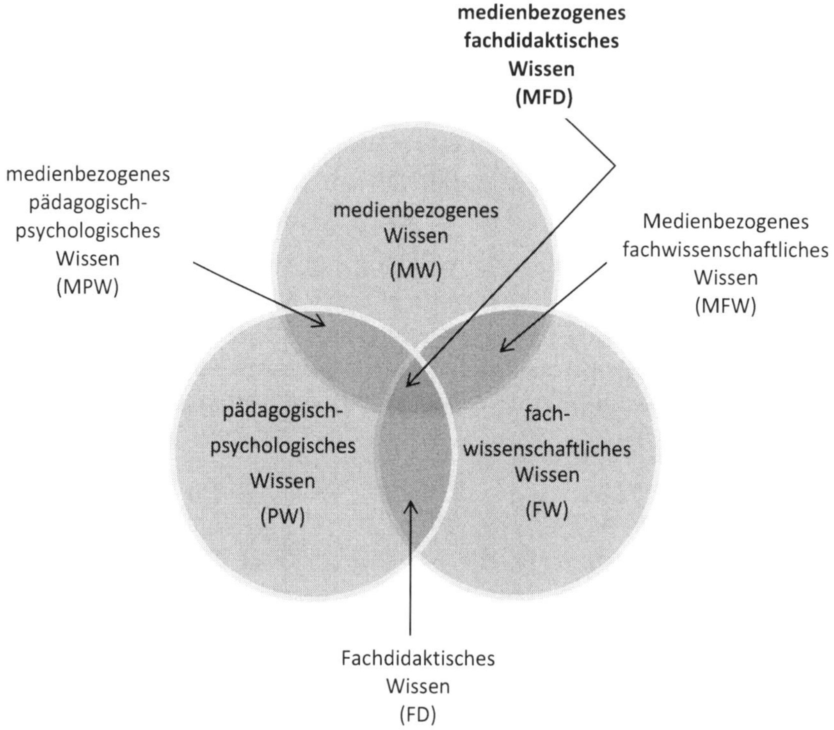

Abb. 6: Theorietyp 3 mit Arten des Wissens

können", „widerspruchsfrei" und „nomothetisch sind" bzw. „den Status von Gesetzesaussagen aufweisen, wobei diese in den Sozialwissenschaften in aller Regel probabilistisch sind, d.h. auf Wahrscheinlichkeiten beruhen, meistens so, dass die Irrtumswahrscheinlichkeit unter einem Prozent liegt". Neben den weithin bekannten drei wissenschaftstheoretischen Grundpositionen – „empirisch-analytische, hermeneutische und kritische Theorieansätze"[136] – werden noch manch andere vertreten[137]. In religionspädagogischen Diskussionen lassen sich immer wieder Frontlinien ausmachen, die auf diese Grundpositionen zurückzuführen sind und heute als überholt gelten[138].

136 Lämmermann, Grundriss der Religionsdidaktik, 1998, 66; vgl. Bucher; Metatheorie 2003, 25ff.

137 Tschamler, Wissenschaftstheorie, 1996, bes. 120ff.

138 Vgl. Schweitzer, F., Religionspädagogik – Begriff und wissenschaftstheoretische Grundlagen, in: Bitter, G. u.a. (Hg.), Neues Handbuch religionspädagogischer Grundbegriffe, München 2002, 46-49, 47; Englert, R., Wissenschaftstheorie der Religionspädagogik, in: Ziebertz, H.-G. / Simon, W. (Hg.), Bilanz der Religionspädagogik, Düsseldorf 1995, 147-174, bes. 160-167.

Wir ordnen uns dem auf der Basis von *Immanuel Kants* ‚Kritik der Urteilskraft‘[139] entwickelten *symbolisch-kritischen Ansatz*[140] zu, weil hier zwar – ähnlich wie im hermeneutischen Ansatz – die Theorieentwicklung in ‚Tuchfühlung‘ mit der Praxis erfolgt, aber die Vorteile der beiden anderen Ansätze mitberücksichtigt werden können. Konkret geht es bei dieser Position nicht um eine „bestimmende Urteilskraft“, die schon gegebene Regeln und Maßstäbe nur auf einen Fall anzuwenden braucht, sondern um eine „reflektierende Urteilskraft“, welche allgemeine Maßstäbe erst suchen und finden bzw. erfinden muss.[141] Wir sind damit zurückgeworfen auf den allgemeinen Menschenverstand, auf den allgemeinen Geschmackssinn (*sensus communis*).[142] Für unseren Zusammenhang entscheidend gekennzeichnet ist dieser dadurch, dass er „aus einem allgemeinen Standpunkte (den er dadurch nur bestimmen kann, dass er sich in den Standpunkt anderer versetzt) über sein eigenes Urteil reflektiert“[143]. Der Gebrauch dieses Geschmackssinns erfolgt symbolisch, d.h. durch indirekte ‚In-Beziehung-Setzung‘ des konkret Situativen (Praxis und Theorie der Praktikerinnen und Praktiker) mit dem abstrakt Allgemeinen (Theorie und Praxis der Theoretikerinnen und Theoretiker). Damit verbunden ist eine zweifache kritische Aufgabe: Zum einen geht es um die kritische Reflexion der Beziehungen, die zwischen dem praktischen Symbolzusammenhang und dem wissenschaftlichen Symbolzusammenhang sowie den zugrundeliegenden Interessen und Intentionen bestehen. Zum anderen geht es um ein Praktisch-Werden solcher Handlungsgestalten und Handlungsformen, die geeignet sind, selbst Symbol immer besser gelingender Praxis zu werden, und zwar sowohl in der schulischen, wie in der universitären Praxis. Es handelt sich also um eine wechselseitige Kritik, die als praktischer Prozess zu denken ist, ohne den die wissenschaftliche, regelgeleitete Reflexion allgemein bleibt und in Bezug auf die konkrete Situation in der Schule wie an der Universität als nicht relevant erscheint (z.B. werden im frontalen Vorlesungsstil die Vorteile von Gruppenarbeit aufgezeigt).

Auf dieser vierten Theorieebene können auch grundlegende Begriffsklärungen vorgenommen werden. Wenn in der Religionspädagogik unter religionsdidaktischen Prinzipien „regionale Handlungsanweisungen für die religiöse Bildung in Unterricht und Erwachsenenbildung“[144] verstanden wird, so

---

139 Kant, I., Kritik der Urteilskraft (KdU), hg. v. Heiner F. Klemme, Hamburg 2003.

140 Vgl. Fürst, W., Praktisch-theologische Urteilskraft. Auf dem Weg zu einer symbolisch-kritischen Methode der Praktischen Theologie, Zürich u. a. 1986; Peukert, H., Erziehungswissenschaft – Religionswissenschaft – Theologie – Religionspädagogik. Eine spannungsgeladene Konstellation unter den Herausforderungen einer geschichtlich neuartigen Situation, in: Groß, E. (Hg.), Erziehungswissenschaft, Religion und Religionspädagogik, Münster 2004, 51-91; Riegger, M., Kommunikation des Glaubens. Interreligiöser Lernprozess Christen – Muslime, München 2008.

141 Kant, KdU, B269f.

142 Vgl. ebd., B156f.

143 Ebd., B159.

144 Kalloch / Leimgruber / Schwab, Lehrbuch der Religionsdidaktik, 2014, 24.

können, mit Bezug auf die Philosophie, Präzisierungen erfolgen: Der Begriff ‚*Prinzip*' (*arché*) meint nach *Aristoteles* „Anfang, Ursprung" (Aristoteles, Metaphysik 1013a). Es ist ein „Erstes", aus dem eine „Sache ist oder entsteht oder erkannt wird. Von diesen (Anfängen/Prinzipien) sind die einen als Bestandteil in der Sache enthalten, die anderen sind außerhalb."[145] Damit kann Prinzip einerseits als Grund von allem schlechthin und andererseits als Strukturprinzip, das aus Ersterem hervorgeht und damit sekundär ist, verstanden werden. Auch für *Immanuel Kant* ist der Ausdruck ‚Prinzip' zweideutig, denn für ihn kann Erkenntnis aus Prinzipien erfolgen, „ob es [ein Erkenntnisprinzip, M.R.] zwar an sich selbst und seinem eigenen Ursprunge nach kein Principium ist"[146], wie dies am Beispiel von „mathematischen Axiomen"[147] deutlich wird. Transzendentalphilosophisch sind Prinzipien erstens einheitsstiftende „Grundsätze a priori"[148], also Grundsätze, die nicht in höheren oder allgemeineren Erkenntnissen gegründet und unabhängig von der empirischen Erfahrung sind, zweitens Regeln des Verstandes, d.h. der Logik über eine gewisse Art von Gegenständen richtig zu denken"[149] und drittens Regeln für die Praxis eines „notwendigen Gebrauchs in concreto, nämlich unter den zufälligen Bedingungen des Subjekts, die diesen Gebrauch hindern oder befördern können, und die insgesamt nur empirisch gegeben werden"[150]. Da die letztere Art von Regeln „menschliche Handlungen"[151] erzeugt, können sie der praktischen Vernunft zugeordnet werden. Sie können immer erst nach Handlungen, also im Nachhinein (a posteriori)[152] gewusst und aufgestellt werden. Zudem sollten sie möglichst vorurteilsfrei[153] sein, womit das „Vorverständnis"[154] unbedingt zu berücksichtigen ist. Wenn das Vorverständnis dem Theorietyp 1 zugeordnet werden kann, so sind in umgekehrter Reihung die drei dargelegten Prinzipienverständnisse den übrigen Theorietypen zuzuordnen.

- Vier Wissensformen im schulischen Fachrepertoire

1. *Wissensform*: *Überzeugungen (beliefs), Werthaltungen, Ziele vertreten, Motivation haben, Selbstregulation durchführen*. Einschlägig sind hier religionspädagogisch „relevante Überzeugungen als implizite oder explizite, subjektiv für wahr gehaltene Konzeptionen, welche die Wahrnehmung der

---

[145] Ebd.

[146] Kant, I., Kritik der reinen Vernunft (KrV), hg. v. Jens Timmermann, Hamburg 2003, B356.

[147] Ebd.

[148] KrV, B188.

[149] KrV, B76.

[150] KrV, B 78f.

[151] KrV, B 578.

[152] Vgl. KrV, B 60.

[153] Vgl. KdU, B 158.

[154] Gadamer, H.-G., Wahrheit und Methode, Tübingen 1960.

Umwelt und das Handeln beeinflussen. Diese *beliefs* haben im Unterschied zu Wissen weder den Kriterien der Widerspruchsfreiheit noch den Anforderungen der argumentativen Rechtfertigung und der diskursiven Validierung zu genügen. Es genügt der individuelle Richtigkeitsglaube"[155]. Solche Überzeugungen werden in der Regel als „berufsbezogene Überzeugungen" verstanden, welche dem englischen Begriff „*teacher beliefs*"[156] entsprechen. Dabei werden nur am Rande „Welt- und Menschenbilder" der Lehrkräfte (engl. *world views*)[157], sowie die „Persönlichkeit" der Lehrpersonen[158] mitberücksichtigt. Ähnlich verhält es sich mit „Werthaltungen" (oder „Wertbindungen", bei Baumert/Kunnert synonym gebraucht für das englische „*value commitments*"), welche als „Berufsethos"[159] verstanden werden, ohne persönliche, weltanschauliche oder religiös geprägte Grundwerte von Lehrpersonen umfassend zu berücksichtigen. Vor diesem Hintergrund wird einsichtig, dass in jeder Handlung Ziele vertreten und Motivationen enthalten sind, sowie Selbstregulationen durchgeführt werden.

Neben der besonderen Bedeutung einzelner Werthaltungen (z.B. Bildungsgerechtigkeit)[160] für Lehr- und Religionslehrpersonen kann zwischen den bereits skizzierten Aspekten und der Religiosität von Lehrkräften im Allgemeinen bzw. Religionslehrpersonen im Speziellen von möglichen Wechselbeziehungen ausgegangen werden.[161]. Die heuristische Zuordnung fällt folgendermaßen aus: berufsbezogene Überzeugungen und religiöse Überzeugungen, Werthaltungen und religiös begründete Werthaltungen, Motivation und religiöse Motivation sowie Selbstregulation und religiös-spirituelle Praxis.[162]

Schon Studienanfängerinnen und -anfänger sind nicht einfach wie ein ‚leeres' Blatt, das im Studium lediglich mit Wissen auf Vorrat so lange zu beschriften wäre, bis die Fachsystematik komplett erscheint. Vielmehr brin-

---

155 Baumert / Kunter, Stichwort: Professionelle Kompetenz, 2006, 497; vgl. dazu ausführlich Op'T Eynde, P. / de Corte, E. / Verschaffel, L., Framing students' mathematics-related beliefs: A quest for conceptual clarity and a comprehensive categorization, in: Leder, G. / Pehkonen, E. / Toerner, G. (Hg.), Beliefs – a hidden variable in mathematics education? Dordrecht 2002, 13-38.

156 Reusser, K. / Pauli, C. / Elmer, A., Berufsbezogene Überzeugungen von Lehrerinnen und Lehrern, in: Terhart, E. / Bennewitz, H. / Rothland, M. (Hg.), Handbuch der Forschung zum Lehrerberuf, Münster 2011, 478-495, 478.

157 Ebd., 478; Baumert / Kunter, Stichwort: Professionelle Kompetenz, 2006, 497.

158 Reusser u.a., Berufsbezogene Überzeugungen 2011, 489.

159 Ebd.

160 Grümme, B., Ein Desiderat der Religionslehrerforschung, in: Katechetische Blätter 141 (2016), 136-142.

161 Vgl. Pirner, M. L., Religiosität und Lehrerprofessionalität. Ein Literaturbericht zu einem vernachlässigten Forschungsfeld, in: Zeitschrift für Pädagogik 59 (2/2013), 201-218, bes. 205f., Pirner, M. L. / Scheunpflug, A. / Kröner, S., Religiosität und Professionalität von (Religions-)Lehrerinnen und Lehrern. Einblicke in eine Forschungswerkstatt, in: Religionspädagogische Beiträge 74/2016, 81-92.

162 Vgl. Pirner / Scheunpflug / Kröner, Religiosität und Professionalität, 2016, 85.

gen sie ins Studium eine Menge Vorannahmen und Vorwissen mit, die durch fachliche Angebote (durchaus in Richtung Fachsystematik) zunehmend elaboriert werden sollten.[163] Unterbleibt dies, kann es zu einer ‚doppelten Buchführung' kommen, bei der die Überzeugungen handlungsleitend bleiben, obwohl Theorietypen und Wissensformen zwei bis vier kognitiv gewusst werden. Den persönlichen Überzeugungen widersprechende Wissensbestände zeitigen unter Umständen keine Wahrnehmungs- bzw. Handlungsrelevanz. Ganz anders sieht es bei verinnerlichten Überzeugungen aus, die auch nach außen hin Überzeugungskraft entfalten können.

Der Unterschied zwischen Überzeugungen und Wissen im Sinne der folgenden Wissensformen, wird in den meisten neueren Übersichtsartikeln weitgehend durchgehalten,[164] weshalb Überzeugungen in unserer Ordnung genauer als wissensanalog eingestuft werden. Auch wenn Überzeugungen nie gänzlich bewusstwerden können, sollte in der Lehrerbildung ein je unterschiedlicher reflexiver Zugang angestrebt werden.

2. *Wissensform*: *Professionswissen anwenden*. Professionswissen von Lehrpersonen kann bei Religionslehrpersonen mit religiösem Wissen bzw. religiös interpretiertem Wissen korrespondieren.[165] Es beinhaltet i.d.R. Standardanweisungen, welche aber in der konkreten Praxis nicht immer zur vorliegenden Situation, zum vorliegenden Fall ‚passen'. Regeln kann es in unterschiedlicher Weise geben. Geben sie genau vor, wie es geht, und beinhalten sie somit nur didaktische Routinen, dann sind sie sicher als defizitär anzusehen (*naive Regeln*). Werden sie in Verbindung mit Selbstreflexionen vermittelt bzw. angeeignet, dann eröffnen sie Wege, die die Lehrperson selbst situations- und falladäquat je neu gehen kann (*reflektierte Regeln*). Erfolgen die Reflexionen mit Hilfe von wissenschaftlichen Theorien, kann man von *wissenschaftlich reflektierten Regeln* sprechen. Die Anwendung von Regeln kann also unterschiedlich erfolgen.

3. *Wissensform*: Diese beinhaltet unterschiedlichste Wissensbereiche, deren Ordnung nach Vorschlägen im Anschluss an *Lee S. Shulman*[166] und *Rainer Bromme*[167] vorgenommen werden kann. In praktisch allen Übersichtsartikeln hat sich eine „Topologie von Wissensdomänen"[168] durchgesetzt, die v.a. allgemeines pädagogisches Wissen (*general pedagogical knowledge*), Fachwissen (*subject-matter content knowledge*) und fachdidaktisches Wissen (*pedagogical content knowledge*) umfasst. Auch wenn zwischen dem strukturtheoretischen und dem kompetenztheoretischen Ansatz Auseinanderset-

[163] Vgl. Fried, L., Polyvalenz und Professionalität, in: Blömeke, S. u.a. (Hg.), Handbuch Lehrerbildung, Bad Heilbrunn u.a. 2004, 232-242, 238.
[164] Vgl. Baumert / Kunert, Stichwort: Professionelle Kompetenz, 2006, 496.
[165] Vgl. Pirner / Scheunpflug / Kröner, Religiosität und Professionalität, 2016, 85.
[166] Vgl. Shulman, Those who understand, 1986, 4-14.
[167] Vgl. Bromme, R., Der Lehrer als Experte. Zur Psychologie des professionellen Wissens, Bern 1992.
[168] Baumert / Kunert, Stichwort: Professionelle Kompetenz, 2006, 482.

zungen ausgetragen werden,[169] könnten unseres Erachtens diese Kernbereiche weiter ausdifferenziert und als professionelle Kompetenzen präzise beschrieben werden,[170] „damit in der Analyse professioneller Fähigkeiten nicht der Irrtum aufkommt, es ginge um dezidiert theoretische Wissensbestände, gar noch um disziplinär geordnete und separierte Wissensbestände, wenn man zu beschreiben und zu analysieren versucht, wie es der Profession gelingt, den Alltag zu bewältigen"[171]. Systematisch könnten hier noch *Organisationswissen* und *Beratungswissen* ergänzt werden,[172] die jedoch nur im Rahmen institutionalisierter und sozial verteilter Wissensbestände sinnvoll behandelt werden können, was für unseren Zusammenhang zu weit führen würde. Für den Bereich der Religionspädagogik könnten hier beispielhaft religionsdidaktische Prinzipien[173] angeführt werden, welche das Handeln orientieren. Wenn religionsdidaktische Prinzipien nur deduktiv und unterordnend mit der Wirklichkeit in Verbindung gebracht werden, wird die Individualität der Schülerinnen und Schüler missachtet. Angemessener geht man mit religionsdidaktischen Prinzipien um, wenn diese angesichts konkreter Situationen bzw. Fälle in anderen religionsdidaktischen Prinzipien ihre Begrenzung finden. Während sich beispielsweise das pädagogische Handeln prinzipiell durch Konsequenz auszeichnen sollte, kann die Schülerorientierung in bestimmten Situationen ersteres religionsdidaktische Prinzip beschränken.

4. *Wissensform: Intuition umsetzen.* Intuition bedeutet Anschauung. Es handelt sich um ein „unmittelbares, ‚gefühlsmäßiges' Gewahrwerden eines Sinns oder Wesensgehaltes ohne Vermittlung des vom Willen und von kritischen Überlegungen geleiteten diskursiven Denkens"[174]. Eine konkrete Situ-

---

169 Vgl. ebd.; Helsper, W., Eine Antwort auf Jürgen Baumerts und Mareike Kunters Kritik am strukturtheoretischen Professionsansatz, in: Zeitschrift für Erziehungswissenschaft 10 (4/2007), 567-579.

170 Vgl. u.a. Allemann-Ghionda, C. / Terhart, E. (Hg.), Kompetenzen und Kompetenzentwicklung von Lehrerinnen und Lehrern. Ausbildung und Beruf (51. Beiheft der Zeitschrift für Pädagogik), Weinheim 2006; Weinert, F. E., Concept of Competence: A Conceptual Clarification, in: Rychen, S. / Salganik, L. H. (Hg.), Defining and Selecting Key Competencies, Seattle u.a. 2001, 43-65; Benner, D. u.a., Ein Modell domänenspezifischer religiöser Kompetenz. Erste Ergebnisse aus dem DFG-Projekt RU-Bi-Qua, in: Ders. (Hg.), Bildungsstandards. Instrumente zur Qualitätssicherung im Bildungswesen. Chancen und Grenzen – Beispiele und Perspektiven, Paderborn u.a. 2007, 141-156.

171 Tenorth, H.-E., Professionalität im Lehrerberuf. Ratlosigkeit der Theorie, gelingende Praxis, in: Zeitschrift für Erziehungswissenschaft 9 (4/2006), 580-597, 589.

172 Vgl. Fried, L., Pädagogisches Professionswissen und Schulentwicklung, Weinheim 2002; Rambow, R. / Bromme, R., Was Schöns „reflective practitioner" durch die Kommunikation mit Laien lernen könnte, in: Neuweg, G. H. (Hg.). Wissen, Können, Reflexion. Ausgewählte Verhältnisbestimmungen, Innsbruck 2000, 245-263.

173 Vgl. Kalloch / Leimgruber / Schwab, Lehrbuch der Religionsdidaktik, 2014, 23f.

174 Strunz, K., Intuition, in: Horney, W. u.a. (Hg.), Pädagogisches Lexikon, Bd. 1, Gütersloh u.a. 1970, 1345 und die folgenden Zitate.

ation, ein religionspädagogisch relevanter Fall wird einerseits „sinnlich wahrgenommen" (z.B. das unmittelbare Verstehen eines mimischen Ausdrucks) und andererseits „unsinnlich" erfasst, insofern „schlagartig die [...] Sinnzusammenhänge" evident werden. Damit erfolgt ohne methodisch gesteuerte Wahrnehmung oder begriffliche Ableitung auf der Basis einer holistischen Wahrnehmung die intuitive Einordnung und Bewertung eines konkreten Falles und ggf. auch die fallangemessene Handlung. Im Unterschied zur naiven Intuition (z.B. der intuitive, gesunde Menschenverstand, der oft auch irrt) läuft die professionalisierte Intuition „auf Grundlage eines reichen Schatzes an wissenschaftlich gründlich verarbeiteten Erfahrungen" ab. Professionelle handeln also nicht nur naiv-intuitiv, sondern auch dem Fall angemessen. Dabei sind Wissensformen der ersten drei Grade integriert und werden gleichzeitig überboten. Das intuitive Erfassen und Gestalten von Fällen durch Professionelle kann – wenn überhaupt – erst nachträglich versuchsweise reflexiv zugänglich gemacht und in Bezug auf die Wirklichkeit kritisch überprüft werden. Mit Blick auf die Theologie und auf das gesamte Leben bezogen, könnte diese Wissensform mit Weisheit bezeichnet werden.
In der späten Moderne wird wissenschaftstheoretisch der Objektivitätsanspruch von Wissenschaft überhaupt in Frage gestellt und demgegenüber der Anspruch einer offengelegten und affirmativ konstruktiven Fragehaltung formuliert. Da in der späten Moderne Veränderungsprozesse in hohem Maße von der Fähigkeit, ambivalente und offene Situationen auszuhalten, abhängig zu sein scheinen, wird die Suche nach vermeintlich sicherem Wissen problematisiert. Damit ginge es darum, ein neues Verhältnis zum problematisch gewordenen und problemverstärkenden Sicherheits- und Kontrollbedürfnis aufzubauen.[175]

Ausblick

Abschließend ist darauf hinzuweisen, dass man mit dem vorliegenden Modell schulische Praxis als „Gegenstand, Ort und Ziel religionspädagogischer Theorie"[176] auf den unterschiedenen Ebenen neu justieren könnte. Wichtiger scheint mir jedoch wahrzunehmen, dass im disziplinären Spannungsfeld von Theorien und Praxen die im schulischen Alltag Handelnden Relationierungsleistungen zwischen Theorie-, Handlungs- und Reflexionsbezügen erbringen müssen.[177]

---

175 Vgl. Schäffter, O., Weiterbildung in der Transformationsgesellschaft. Zur Grundlegung einer Theorie der Institutionalisierung, Hohengehren 2001, 8.

176 Mendl, H., Praxis – Gegenstand, Ort und Ziel religionspädagogischer Theorie. Einige Klärungen zur Bedeutung von Praxis für die Religionspädagogik, in: Katechetische Blätter 132 (3/2007), 208-215, 208; vgl. auch Schambeck, Zum Verständnis und Geschäft der Religionspädagogik, 2013, 91-103.

177 Grunder, H.-U., Das Bild der Lehrkraft und dessen Impulse für die Professionalisierung von Lehrerinnen und Lehrern. In: Zeitschrift für Pädagogik und Theologie 68 (2016), 178-190, 185.

1.3 Methode(n) in der Religionsdidaktik: Alles nur Verpackung?

Was hat der Religionsunterricht (= RU) mit einem gut verpackten Geschenk zu tun? Dieser Frage wird zu Beginn nachgegangen, um mit dieser Frage wesentliche theoretische Aspekte der Frage nach den Methoden zu verdeutlichen.

1.3.1 Das ideale Geschenk – nicht leicht zu finden!

Geschenke sollen Freude machen; aber: Was ist das ideale Geschenk und welche Bedeutung hat die Verpackung? Schenken und Beschenkt-Werden sind zunächst etwas Privates; aber da Geschenke oft öffentlich übergeben werden, darf man den öffentlichen, gesellschaftlichen Kontext von Geschenken ebenso wenig außer Acht lassen, wie die Tatsache von verordneten Geschenken.

> *Jede/r kennt diese Situation*:
> Man bekommt ein Geschenk, packt es aus und freut sich.
> *Jede/r kennt aber auch eine andere Situation*:
> Man hält ein verpacktes Geschenk in den Händen, ist neugierig, was darin sein könnte und ist nach dem Auspacken enttäuscht.

Geschenke und Religionsunterricht sind teilweise vergleichbar.
Wer etwas verschenken möchte, muss aus der praktisch unbegrenzten Zahl an Gegenständen, Aktionen usw. – zu bestimmten Anlässen wie z.B. einer Hochzeit gibt es dabei manchmal Auswahllisten – ein Geschenk auswählen bzw. sich entscheiden es selbst herzustellen. Ähnlich ergeht es Religionslehrerinnen, die mit Bezug auf eine gewisse „Vorauswahl" des Lehr- bzw. Bildungsplans Inhalte auswählen bzw. diese im Hinblick auf die Unterrichtsthemen umgestalten müssen. Wenn Lehrende dabei nicht an die Lernenden denken, sind Schwierigkeiten vorprogrammiert.
Wie Schenkende nach Kriterien für die Angemessenheit eines Geschenks suchen, so gibt es in der Didaktik unterschiedliche Modelle, die Kriterien für angemessenes didaktisches Handeln angeben:

- Wie Geschenke ansprechend verpackt und übergeben werden, so sollten Unterrichtsgegenstände ansprechend mit Methode(n) den Lernenden präsentiert werden.
- Wie die Verpackung ein schlechtes Geschenk nicht auf Dauer verbergen kann, so reicht es nicht, RU als methodische Verpackungswerkstatt unabhängig von den Unterrichtsgegenständen anzusehen.

Zumindest in einem Punkt gibt es aber einen Unterschied zum RU: Nach der Übergabe des Geschenks hat der Schenkende weitgehend seine Ruhe. *In der Schule dagegen müssen Lehrende und Lernende mit dem methodisch ausgepackten Unterrichtsgegenstand gemeinsam und für alle sichtbar umgehen.*

1.3.2 Unterricht im Einflussbereich von Medien und Öffentlichkeit

Immer wieder ist zu beobachten, wie Formen „erfolgversprechenden“ Handelns, die von Medien und Öffentlichkeit geliefert werden, auch im Unterricht Einzug halten:

Bürokratismus

Bisweilen scheint sich schulischer Unterricht der Methoden des Bürokratismus zu bedienen. Es werden Formulare mit auszufüllenden Lücken verteilt, die Ergebnisse werden anschließend von der Lehrkraft bearbeitet und in den entsprechenden Notenmanager eingegeben. „Die Formblätter entfalten eine Eigendynamik, sie werden mehr und diffiziler. Sprechstunden sind selten und überfüllt. Manchmal schaffen es die Formblattnehmer, sich gegenseitig zu helfen. Die Beschäftigung vieler mit vielen Formularen schafft Ruhe im Raum, Widerspruch ist ausgeklammert.“[178]

Oberlehrer

Lehrkräfte lassen durch lange Monologe als überwunden geltende pädagogische Traditionen wiederaufleben. „Diese aus der Antike stammende Methode des Belehrens und Dozierens passt nicht mehr in die Moderne mit den vielen möglichen Informationsmedien“. Trotzdem wird sie von Lehrern praktiziert. Vielleicht weil sie auch ohne große Vorbereitung machbar, freilich wenig effektiv ist.

Wettkampf-Methode

Manche Unterrichtsstunden scheinen sich an Fernsehsendungen zu orientieren, bei denen zwei Mannschaften aufgefordert werden, „irgendwelche Aufgaben im Wettstreit“ zu erfüllen, z.B. mit kleinen Bechern Wasser über einen

---

[178] Kaiser, A., Der Überblick. Vielfältige Methoden für zukünftigen Unterricht, in: Bönsch, M., Unterrichtsmethoden – kreativ und vielfältig, 2. Aufl. Baltmannsweiler 2006 (Bd. 1 der Reihe Basiswissen Pädagogik: Unterrichtskonzepte und -techniken. Hg. v. Bönsch, M. / Kaiser, A.), 23-59, 29f und die folgenden Zitate.

rutschigen Untergrund zu einem großen Fass zu transportieren. „Die Bewertung und der Wettstreit sind dabei die Mechanismen, die verstärkt werden und über die eine Spannung aufrechterhalten wird. Zeugnisse, Noten, Wissensabfragen, klare sportliche Regeln und Wettkampf zwischen den Kindern, der von Inhalten losgelöst ist, hält die Spannung aufrecht und zerstört gleichzeitig schrittweise die noch vorhandene inhaltliche Motivation in einer politik- und staatsverdrossenen Zeit."

Aktions-Methode

Ähnlich wie in manchen Sendeformaten des Fernsehens (z.B. „Willi will's wissen") werden im Unterricht den „Kindern differenzierte Anregungsmaterialien gegeben. Ein klares Ziel wird verfolgt, oft sind die zumeist kritischen Inhalte spaßig eingebunden. Erklärungen erfolgen durch handelndes Vorführen." „Diese Methode ist besonders vorbereitungsintensiv und kommt vorwiegend bei Lehrproben vor."

„Spaßvogel"

„Einige Lehrkräfte haben für sich die Erfahrung gemacht, dass durch Possenreißen oder Spaßmacherei eine angenehmere Lernatmosphäre geschaffen werden kann. Gleichzeitig geraten die Inhalte, um deren Vermittlung es ja geht, in den Hintergrund der Aufmerksamkeit. Kinder warten nur auf den nächsten Witz und nicht auf den nächsten Unterrichtsschritt."

„Entertainer"

In einer Zeit der Talk-Shows und des zunehmend ausgefeilten professionellen Entertainments werden die Ansprüche an Originalität und Pep immer höher. Manche Lehrkräfte versuchen sich im Kräftemessen mit gutbezahlten Entertainern. So schrauben sie die „Normen des Entertainments höher, die vor 50 Jahren noch bei der Vorführung eines Unterrichtsfilmes lagen. Der Kräfteverschleiß ist hoch und die Anpassung der Kinder an die Medienwelt wird perfektioniert."

Quiz-Methode

Seit man in Quiz-Shows Millionär werden kann, wird diese Methode immer beliebter. Manche Lehrkräfte verwandeln ihren Unterricht in Fragerunden. Doch wer darf den Publikums-Joker ziehen und doch lieber vor der nächsten Frage die Sache beenden?

Google-Methode

Wozu sich etwas merken, wenn es Suchmaschinen gibt? Die Suche ist (fast) immer erfolgreich. Sollten wir uns vertippt haben, bekommen wir auch gleich einen Vorschlag für die weitere Suche geliefert. „Recherchiert im Internet." Diese Arbeitsanweisung beinhaltet meist nichts weiter, als die Eingabe in eine Suchmaschine. Wer will schon wissen, nach welchen Voraussetzungen die Reihenfolge der Informationen erstellt wurde? Wer will noch den Kontext des Wissens, Sinnzusammenhänge vermitteln?

Keine dieser Formen tritt in der Schule in Reinform auf und doch machen sie deutlich, dass sich „gesellschaftlich dominierende Muster" in unterrichtlichen Methoden wiederfinden lassen. *Damit aber gesellschaftliche Perversionen nicht (unbemerkt) in der Schule verstärkt werden, muss der Zeitgeist kritisch hinterfragt werden.* Nur so lassen sich Alternativen finden.

1.3.3 Verordnetes Schenken – verordnetes Lernen?

Jeder kennt das Problem, für das verordnete Schenken an Weihnachten die passenden Geschenke auszuwählen. Ähnliches geschieht in der Schule. Dort erfahren viele Lernende das verordnete Lernen weitgehend als sinnlos. Die Lerninhalte gehen sie im Grunde nichts an. Sie müssen sich halt „mit ihnen herumschlagen, um bei den Zeugnissen und Schulabschlüssen nicht zu schlecht abzuschneiden."[179] So kann sich eine „distanzierte, passive Haltung" bei Lernenden einstellen, die auch dann wirksam bleibt, wenn sie selbsttätig und kreativ sein könnten. *Wie können Lernende lernen, wenn die „Ursprünglichkeit des Lernens verlorengegangen ist, wenn Nicht-Lernen eigentlich das Angenehmere ist"?*

Zusammenfassung
Kann ein ideales Geschenk in akzeptabler Form öffentlich präsentiert und zugleich verordnet werden? Vermutlich ist das unmöglich. Ähnliches wird aber von Methoden erwartet. Berührt werden dabei aber nicht nur die Verpackung von vorgegebenen Inhalten, sondern auch deren Auswahl und die Vermittlung innerhalb gesellschaftlicher, kultureller und religiöser sowie institutioneller Rahmenbedingungen.
Trotzdem soll versucht werden, das Dickicht von Problemen und Begriffen im Folgenden so zu lichten, dass Unterrichten besser gelingen kann.

---

[179] Bönsch, M., Die Grundposition. Demokratische Didaktik, in: Ders., Unterrichtsmethoden, 2006, 4-22, 16 und die folgenden Zitate.

1.4 Ordnungen

Nirgendwo in Pädagogik, Religionspädagogik und -didaktik ist das Begriffs- und Konzeptewirrwarr größer als in der Unterrichtsmethodik! Dieses Durcheinander wird im Folgenden v.a. mit einem Klassifikationsmodell geordnet.

1.4.1 Klassifikationsmodell von Methoden

Mit klar definierten Begriffen, kann man eindeutig miteinander kommunizieren. In Abb. 7 wird v.a. auf das Klassifikationsmodell von *Hilbert Meyer* Bezug genommen, aber in ergänzter und geänderter Form.

<table>
<tr><td colspan="3">Methodische Großformen
(= Grundformen des Unterrichts) z.B. Freiarbeit, Projektarbeit, Lehrgang, Exkursion</td><td>Makromethodik</td></tr>
<tr><td>Elemente der Struktur, Phasen des Unterrichts
(= Einteilung des Unterrichts nach Zeit in Verbindung mit Lernaktivitäten):
0 Vorbereitung
1. Einstieg
2. Zielsetzung/ Kompetenzerwartung
3. Erarbeitung
4. Verarbeitung
5. Ausstieg</td><td>Sozialformen

(= Beziehungs- und Kommunikationsstruktur des Unterrichts):
1. Frontalunterricht
2. Gruppenunterricht
3. Partnerarbeit
4. Einzelarbeit</td><td>Unterrichtsmethoden
im engen Sinn bzw. Handlungsmuster, z.B.:
Spiel, Vortrag, Erzählung, Tafelarbeit, Text(blatt)arbeit</td><td>Mesomethodik</td></tr>
<tr><td colspan="3">Handlungssituationen bzw. Inszenierungstechniken der Lehrperson und der Lernenden:
z.B. Fragen und Antworten, Zeigen, Erklären</td><td>Mikromethodik</td></tr>
<tr><td colspan="3">Subjektive Grundlagen
z.B. Lehrerpersönlichkeit mit Vorannahmen, Einstellungen bzw. (Selbstwirksamkeits-)Erwartungen (= beliefs); Glaubwürdigkeit bzw. authentischer Gaube als Glaubensinhalt (fides quae) und Glaubensakt (fides qua); (religions-) pädagogisches Ethos; Körpersprache; Methodenkompetenz; (religions-)pädagogisch gestaltete Lernumgebung</td><td>Grundlagen methodischen Handelns</td></tr>
</table>

Abb. 7: Klassifikationsmodell von Methoden

Vier Ebenen des Modells

Das Modell ist in vier Ebenen gegliedert:

1. Grundlegend für das methodische Handeln einer Lehrperson sind deren Annahmen, Einstellungen, Erwartungen usw., die ihr selbst oft ganz oder teilweise nicht bewusst sind. Diese *subjektiven Grundlagen* zählen zwar nicht im eigentlichen Sinne zur Unterrichtsmethodik, sie beeinflussen aber das methodische Handeln der Lehrkraft.
2. Fragen, antworten, zeigen und erklären sind Beispiele für *Handlungssituationen bzw. Inszenierungstechniken* und stellen die kleinsten Einheiten methodischen Handelns (Mikroebene) dar (Kapitel 1.4.2). Sie sind aber auch auf der Mesoebene wie auf der Makroebene anzutreffen.
3. Auf der Mesoebene sind drei Perspektiven zu unterscheiden:

- Die *Phasen des Unterrichts* erfassen den zeitlichen Verlauf (Kapitel 2)
- Die Sozialformen erfassen die soziale Gestalt bzw. die Beziehungsstruktur des Unterrichts (Kapitel 3)
- Die Unterrichtsmethoden im engen Sinn erfassen die Muster, die Lehrende und Lernende kennen und nach denen sie handeln. Deshalb werden sie auch als Handlungsmuster bezeichnet (Band 2).

4. Alle bisherigen Aspekte werden in *methodischen Großformen* (z.B. Projekt und Freiarbeit) auf bestimmte Weise in einen festgelegten Zusammenhang gebracht und begrifflich erfasst (Band 2).

Die vier Ebenen sind so miteinander vernetzt, dass die grundlegende Ebene in allen anderen „verborgen“ ist, die Mikroebene in der Mesoebene enthalten und beide wiederum in der Makroeben auf spezifische Weise zusammengefügt sind. *Die explizit ausgewiesenen oder implizit als gültig unterstellten Menschenbilder, die Prinzipien, Regeln und Annahmen über die organisatorisch institutionellen Rahmenbedingungen der schulischen Praxis sowie die Erwartungen an das Handeln von Lehrenden und Lernenden werden so miteinander verknüpft.*

Grenzen des Klassifikationsmodells

Folgende Grenzen des Modells sind zu beachten:

- Das Klassifikationsmodell führt zwar zu einer klaren Begrifflichkeit, es darf aber nicht als Beschreibung tatsächlicher unterrichtsmethodischer Praxis in Schulen gelesen werden.
- Es sagt nichts über den sinnvollen, situationsadäquaten Einsatz von Methoden aus, weshalb Methoden innerhalb didaktischer Positionen (1.5) und im spezifisch religionsunterrichtlichen Rahmen zu betrachten sind (1.6).

- Es kommt die praktisch arbeitende Lehrperson nicht in den Blick, weshalb auch die Einsatzbedingungen bei der Darstellung von Methoden zu berücksichtigen sind (ab Kapitel 2).

1.4.2 Handlungssituationen: kleinste Interaktionseinheiten

Fragen und Antworten, Sich-Melden und Drankommen, Schummeln, Loben und Gelobt-Werden, Lächeln und Zurücklächeln usw. - diese oft nur wenige Sekunden andauernden Unterrichtsszenen sind die kleinsten Einheiten methodischen Handelns und können als *„Handlungssituationen"*[180] bezeichnet werden. Es sind „zeitlich begrenzte, strukturierte und in sich sinnvolle, d.h. vom Lehrer und von den Schülern bewusst gestaltete und deshalb auch mit bestimmten Bedeutungen, Hoffnungen und Ängsten besetzte [...] Interaktionseinheiten." Ähnliches versteht man unter *„Aktionsformen des Unterrichts"*[181], nämlich „jede Form [...] von verbaler oder nonverbaler Aktivität, mit der seitens der Lernenden oder der Lehrenden der Fortgang des Lehr-Lern-Prozesses beeinflusst wird".

„Wie hast du Gott gemalt?", fragt der Lehrer beim Durch-die-Reihen-Gehen eine Schülerin. In dieser Handlungssituation zählt nicht nur das, was tatsächlich gesagt oder getan worden ist, sondern auch das, was der Lehrer über die Motive und Absichten der Schülerin vermutet und umgekehrt, was die Schülerin dem Lehrer unterstellt. *Damit haben Handlungssituationen zwei Seiten: eine sichtbare „äußere, direkt beobachtbare" und eine „innere, nur durch Befragung und Interpretation zu erschließende".*[182] Die subjektive Deutung der Handlungssituation bestimmt den weiteren Verlauf. War der Tonfall unseres Lehrers für die Schülerin einladend, interessiert, neugierig oder fordernd, sodass sie sich schließlich duckt und ihre Hand auf das Bild legt?

An der methodisch geschickten, das Lernen der Schülerinnen und Schüler fördernden und ihre Selbstständigkeit hervorlockenden Gestaltung der Handlungssituationen kann überprüft werden, ob eine Lehrperson etwas vom Unterrichten versteht oder nicht. Am differenzierten, zielstrebigen und selbstständigen Mitarbeiten der Lernenden macht die Lehrperson ihr Urteil fest, dass es sich um eine ‚gute' Schülerin handle.

Den Umgang von Lehrenden und Lernenden in Handlungssituationen erfasst man heute in der professionstheoretischen Literatur einerseits mit dem *beruflichen Habitus* (= eine relativ stabile Haltung, ein Stil einer Lehrperson, der in einer Situation konkret realisiert wird) und andererseits mit *Professi-*

---

[180] Meyer, Unterrichtsmethoden, Bd. 1, 2016, 116 und das folgende Zitat.
[181] Schulz, Anstiftung, 1996, 163 und das folgende Zitat.
[182] Meyer, Unterrichtsmethoden, Bd. 1, 2016, 122.

onswissen (= Wissen für professionelles berufliches Handeln). Handlungssituationen zu bewerten erfordert die Fähigkeit, jede einzelne Situation aus der Praxis heraus mit der konkret an den Tag gelegten Haltung und verfügbarem Professionswissen zu erklären.[183]

Aus der Vielzahl möglicher Handlungssituationen werden im Folgenden drei herausgegriffen, die für religiöse Bildung besonders relevante sind:

Vorzeigen

Zu vielen Themen des RU gibt es Gegenstände, die mitgebracht und vorgezeigt werden können (von der kleinen Tora-Rolle zum Thema Judentum; über Krippenfiguren, beispielsweise die heiligen drei Könige nach Weihnachten; bis hin zu Essbarem, um Tischgebete nicht nur theoretisch zu erlernen).

Folgende Fragen können bei der Planung helfen:

- „Soll der Gegenstand gezeigt, herumgegeben, vorgestellt, betastet, beschrieben, gezeichnet oder nachgebaut werden?
- Sind besondere Vorsichtsmaßnahmen zu treffen?
- Ist der Gegenstand bekannt oder soll zunächst geraten werden?
- Ist der Zweck seiner Nutzung unmittelbar einsichtig oder wird die Fantasie angeregt?
- Genügt eine kurze Aufmerksamkeitsphase oder wird der Gegenstand die Lernenden über einen längeren Zeitraum beschäftigen?“[184]

Vormachen

Vormachen ist kaum materialaufwändig und verlangt vor allem eines: Mut! Lehrpersonen können ihren Lernenden eine *Pantomime* vorspielen, um sie das Unterrichtsthema erraten zu lassen. Sie können auch Lernende etwas vormachen lassen, z.B.: „Wie hat wohl die verdorrte, d.h. leblose, nicht mehr brauchbare Hand ausgesehen, die Jesus in der Synagoge heilte (Lk 6,6-11)?“

> Arbeitshinweis
> Denken Sie sich eine Pantomime oder eine andere „Aktion“ aus, die Sie in einer Unterrichtsstunde „vormachen“ könnten.

---

[183] Vgl. zum Ganzen: Heil, S. / Riegger, M., Der religionspädagogische Habitus. Professionalität und Kompetenzen entwickeln – mit innovativen Konzepten für Studium, Seminar und Beruf, Würzburg 2017.

[184] Greving, J. / Paradies, L., Unterrichts-Einstiege. Ein Studien- und Praxisbuch, Berlin 1997, 47.

Erklären

„Richtig erklärt haben die uns nie was, nie ... Die haben überhaupt keine richtigen Argumente." – so erinnert sich ein Jugendlicher im Rückblick auf den Religionsunterricht[185]. *Dieser vermutlich häufig vorkommenden Wirklichkeit steht die große Bedeutung des Erklärens gegenüber*: „Eine gute Erklärung erleichtert den Schülern das Lernen! Sie können etwas verstehen, was sie vorher nicht verstanden haben, sie können eine inhaltliche Struktur aufbauen oder ergänzen, sie können den Inhalt mit anschaulichen Beispielen verbinden".[186]

- Tipps für das richtige Erklären

Beim Erklären sollten folgende Punkte beachtet werden:

- „Wenn Sie von einem Schüler um eine Erklärung gebeten werden, sollten Sie erst einmal so genau wie möglich herausbekommen, was er wissen möchte bzw. was er nicht verstanden hat. *Sie können die Frage des Schülers erst einmal spiegeln*, um sicher zu gehen, dass Sie genau wissen, was Sie ihm erklären sollen (Dir ist noch nicht klar, warum... Du möchtest gerne wissen, weshalb...).
- Versuchen Sie zusammen mit dem Fragenden oder der Gruppe von Fragenden *das Problem einzugrenzen* und die Verständnisschwierigkeiten nach und nach aus dem Weg zu räumen.
- Wenn eine Erklärung auf eine Schülerfrage erfolgt, *ist es wichtig, in den ersten Sätzen eine kurze Zusammenfassung der Erklärung zu geben.* Denn wenn man zu weit ausholt, bevor man zur eigentlichen Erklärung kommt, kann es sein, dass der Schüler bereits nicht mehr zuhört.
- Eine Erklärung sollte nicht in einen Kurzvortrag ausarten, da die Schüler hierauf nicht eingestellt sind (mitschreiben usw.). Deshalb ist die Dauer auf sehr wenige Minuten beschränkt.
- Wenn Schüler um eine erneute Erklärung eines Sachverhaltes bitten, sollten Sie sich überlegen (oder nachfragen), ob Sie ihm mit der Wiederholung der Erklärung helfen oder eine neue finden müssen.
- Auch bei einer kurzen Erklärung *können Sie verschiedene Wahrnehmungskanäle nutzen:* eine Skizze an der Tafel oder etwas vormachen helfen beim Verständnis."

---

[185] Schmid, H., Religiosität der Schüler und Religionsunterricht. Empirischer Zugang und religionspädagogische Konsequenzen für die Berufsschule. Bad Heilbrunn 1989, 49.

[186] Kostka, M. / Köster, P., Kompetent unterrichten. Ein Praxisbuch für das Referendariat, Stuttgart 2005, 75 und das folgende Zitat.

- Spezifische Situationen im Religionsunterricht

Folgende spezifische Situationen und Fragen könnten auftauchen.

- Eine Schülerin malt Gott als Frau und ein Schüler brandmarkt dies bei der Lehrerin als falsch. Kann hier die Lehrperson auf Jesaja 66,13 (Wie eine Mutter ihren Sohn tröstet, so tröste ich euch; in Jerusalem findet ihr Trost.) verweisen oder muss die Bandbreite von möglichen – sich z.T. widersprechenden – Gottesbildern in der jüdisch-christlichen Tradition aufgezeigt werden?
- Lernende fragen: „Warum ist mein Hamster gestorben?“ (Grundschule) „Warum musste mein Vater an Krebs sterben?“ (Sekundarstufe) – Solche existenziellen Fragen könnte man informationsgeladen beantworten, z.B. mit Hilfe von Argumenten zur Theodizee-Diskussion. Doch trifft man damit den Kern der Frage? Wäre hier nicht ein vielleicht stotterndes (Mit)Suchen angemessener – oder eine Ermutigung zur Klage? Vielleicht kann erst nach der Trauer Hoffnung aufkommen? Ob stotterndes Erklären oder auch Aushalten des Nicht-Erklären-Könnens – es geht um eine situationsangemessene Klärung von nicht Verstandenem, eine Klärung, die erklärend sein kann und deren Angemessenheit bzw. Tragfähigkeit sich erst in der (außerschulischen) Praxis erweisen kann. *Auch wenn es etwas pathetisch klingt, es geht um ein Glaubenszeugnis.* Klar, mutig, unaufdringlich und mit notwendiger biographischer Konkretheit sollte eine solche Erklärung sein. Ein zu hoher Anspruch?
- Eine Schülerin der 3. Klasse kommt vor Unterrichtsbeginn zur Lehrerin, die gerade ihre Materialien für den Unterricht herrichtet. „Du, gestern war die Beerdigung von meinem Opa.“ Die Lehrerin wendet sich der Schülerin zu. „Als ich vor dem Sarg stand wurde ich ganz traurig.“ – Die Lehrerin sagt nichts, hört aber aufmerksam zu. Die Schülerin fährt fort: „Weißt Du, als ich so überlegte, wie mein Opa im Sarg liegt, dann konnte ich mir gar nicht vorstellen, wie er in den Himmel kommen kann.“ Jetzt erst scheint es für die Lehrerin, dass die Schülerin eine Erklärung wünscht. „Weißt du,“ beginnt die Lehrerin, „ich stell mir das so ähnlich vor, wie bei der Verwandlung einer Raupe zu einem Schmetterling. Die Raupe kann sich auch nicht vorstellen, was danach kommt. Sie war ja noch nie Schmetterling. Und trotzdem wird sie als Schmetterling fliegen. Ich finde es auch schwierig, mir vorzustellen, wie meine Oma in den Himmel kam. Wichtig ist für mich, dass ich immer mit ihr reden kann, auch wenn ich sie nicht mehr sehe.“ – „Das gefällt mir.“, sagte die Schülerin und mit einem Lächeln auf dem Gesicht ging sie an ihren Platz.

Denkanstöße

- Wie würden Sie in den drei Situationen als Lehrkraft handeln?
- Was sagen Sie einer Kollegin, die befürchtet, dass sie auf existenzielle Schülerfragen keine Antworten geben kann?

1.4.3 Unterrichtsmethoden im engen Sinn

Einzelne Unterrichtsmethoden können klassisch unterschieden werden nach verbalen, optischen, akustischen, gestalterischen, spielerischen und meditativen sowie Feste und Feiern, wobei online-unterstützte Methoden zu ergänzen sind. Viele dieser Unterrichtmethoden werden im Band zwei dargestellt.

Verbale Methoden

Vortrag

- Lehrvortrag
- Schülerreferat
- Kurzreferat
- Sprechzeichnen
- Unterrichtsprotokoll

Erzählen

- Informierende Sacherzählung (historische Umwelt, Unbekanntes aus Religion und Kult usw.)
- Biblische Nacherzählung
- Problemorientierte Erzählung (Verknüpfung von Problem und Bibel)
- Summarisches Erzählen im Sinn einer Zusammenfassung
- Gebetserzählung
- Erzählen von Geschichten aller Art („Moralische Geschichten", „Ätiologische Geschichten", „Anekdoten", „Mysteriöse Geschichten")

Fragen stellen, Impulse geben

Gesprächsformen

- freies Gespräch über Probleme, Erfahrungen, Erlebnisse usw.
- gebundenes Gespräch
- Partnergespräch
- Streitgespräch
- Gruppengespräch

Schriftbasierte Methoden

Arbeit mit Texten

- verfassen kleine Aufsätze zu einem Problem
- Beschriften von Skizzen
- Assoziationen zu einer Sache aufschreiben

Sätze ergänzen

- Fragebögen ausfüllen
- Verzögertes Lesen
- Rätsel lösen und entwerfen
- Multiple Choice
- Textpuzzle
- Texte vergleichen

Lesen

- Vorlesen durch Lehrende und Lernende
- Interpretierendes Vorlesen mit verschiedenen Betonungsvarianten
- Er-lesen schwieriger Passagen durch Lernende

Memorieren von Texten, Reimen und Liedern

Optische Methoden

Betrachten verschiedener Bildgattungen

- Dokumentierende Bilder (Foto, Skizze…)
- Erzählende Bilder (Handbilder aus der Buchmalerei, aus kirchlicher Kunst aller Jahrhunderte, Comics ohne Text)
- Deutende Bilder (v.a. Werke aus der Kunst, von der mittelalterlichen Buchmalerei bis zu zeitgenössischen Werken)

Arbeit mit Bildern

- Bilder lesen lernen
- vergleichendes Betrachten
- Symbolbilder betrachten
- Fotosprache

Powerpoint Präsentation

Filme unter bestimmten Fragestellungen betrachten

Akustische Methoden

Interpretierende Formen

- Hörspiele nachspielen, selbst erstellen
- Anspiele weiterspielen
- Radiosendungen (über das Internet) hören und besprechen

Singen und Musizieren

- Singen
- Hören und Nachgestalten von Liedern
- klopfen oder klatschen des Rhythmus eines Liedes
- mit Orffschen Instrumenten musizieren
- Erfinden von einfachen Melodien zu Texten
- Geräusche machen
- Sprache in Töne umsetzen

Gestaltende Methoden

Malen und Zeichnen

- mit verschiedenen Materialien
- Malen als freie Assoziation auf verbale Reize (Angst!…)
- Malen zu Musik
- Malen auf Dias
- Bildfries, Leporello
- Malen einer gehörten Geschichte
- Malen eigener Erlebnisse
- Comics, Karikaturen zu einer Geschichte malen
- Gemeinschaftsbilder zu einem Text malen

Basteln und Werken

- Kneten (Gestalten von Figuren aus Plastilin)
- arbeiten mit Ton und Eva-Plast bzw. Aero-Plast (lufttrocknender Ton)
- Zeitleisten herstellen
- Stabpuppen, Pappmachéfiguren herstellen
- Collagen herstellen

Spielerische Methoden

- Stegreifspiel
- Rollenspiel
- Interaktionsspiele
- Spiel nach Textvorlagen
- biblische Geschichten spielen
- Tanz
- Pantomime
- Standbilder
- Regelspiele (Bibelquiz, Bibelquartette usw.)
- Schattenspiel

Meditative Methoden

- Stilleübung
- Körper- und Atemübung
- Phantasie- bzw. Traumreise
- Bildmeditation
- Mandala-Malen
- Klagemauer erstellen
- Mit Psalmworten arbeiten
- Gebete mit Gesten darstellen

Digital-unterstützte Methoden

- interaktive Bibliothek (z.B. www.rpi-virtuell.de)
- eTools (z.B. Mappe für eine selbstgesteuerte Recherche)
- Social Media (z.B. Forum, Chat, Dropbox, Facebook)
- Reliquiz

1.5 Methoden innerhalb didaktischer Positionen – oder: Was ist beim Unterrichten zu berücksichtigen?

Hier sind einige methodische Varianten zur unterrichtlichen Behandlung des Themas „Kirche vor Ort“ aufgelistet:

Variante 1: Im Schulbuch findet man einen Bericht von einer Kirchengemeinde. Die Lernenden schreiben die wichtigsten Inhalte in ihr Heft.

Variante 2: Ein Vertreter der Kirchengemeinde vor Ort wird in den RU eingeladen. Er berichtet von verschiedenen Aktivitäten. Die Lernenden fragen interessiert nach.

Variante 3: Die Lernenden erkunden die Kirchengemeinde. Eine Gruppe besucht eine Gruppenstunde der Pfadfinder, eine andere hilft beim Verteilen von Hilfsgütern, eine weitere entdeckt das Kirchengebäude. Im Klassenzimmer wird von den Erlebnissen berichtet.

Variante 4: Ein Arbeitsblatt mit fünf, in der Kirchengemeinde vertretenen Berufen, wird ausgefüllt.

Variante 5: Ein Merktext mit unterschiedlichen Bedeutungen von Kirche wird an die Tafel geschrieben und von den Lernenden ins Heft geschrieben.

Denkanstoß
Begründen Sie unter welchen Umständen und mit welchen Begründungen Sie diese Varianten in Ihrer unterrichtlichen Praxis umsetzen bzw. nicht umsetzen würden.

Spontan scheinen die einen Varianten vielleicht als geeigneter als die anderen. Zur nachvollziehbaren didaktischen Beurteilung helfen Theorien und Modelle der Didaktik, die seit den 1950er Jahren in einer Vielzahl entwickelt wurden.

1.5.1 Theorien und Modelle der Didaktik

Im Folgenden stelle ich wichtige Didaktische Modelle bzw. Positionen anhand ihrer *Hauptthesen und Modelle der Unterrichtsvorbereitung* dar.[187] Der Überblick (1.5.3) enthält darüber hinaus wichtige Vertreter, zentrale Begriffe, Erkenntnisinteresse, wissenschaftstheoretische Grundlage, Didaktik-Begriff und ggf. Weiterentwicklungen.

---

[187] Vgl. Riegger, M., Was ist gute Unterrichtsvorbereitung? Zur Qualitätsdiskussion aus Sicht didaktischer Positionen, in: PR 65 (4/2011), 427-443.

Bildungstheoretische Didaktik

1. Hauptthese: Primat der Didaktik

Die *Hauptthese der bildungstheoretischen Didaktik* lautet: Die Didaktik im engen Sinn (d.h. die Inhalte) hat den Primat vor der Methodik (lat. Primat = Vorrang, bevorzugte Stellung). Dies besagt: Zuerst ist das „Was“ zu klären, danach folgt das „Wie“ des Unterrichtens, weil das „Wie“ vom „Was“ abhängig ist, weil vielleicht sogar das „Wie“ aus dem „Was“ abgeleitet werden kann.

2. Planungsmodell

Das dieser Didaktik entsprechende *Modell der Unterrichtsplanung* von *Wolfgang Klafki* – die „Didaktische Analyse als Kern der Unterrichtsvorbereitung“[188], erstmals 1958 veröffentlicht – ist kein vollständiges Unterrichtsvorbereitungsmodell. Als Kern beschränkt es sich v.a. auf die Inhaltsfrage und will vorklären sowie den Lehrenden Entscheidungshilfen geben, *ob ein Inhalt als Bildungsinhalt für eine konkrete Lerngruppe in einer bestimmten Situation zur Geltung gebracht werden kann.*

In der *Didaktischen Analyse* wird gefragt, ob ein Inhalt allgemeine Einsichten ermöglicht und welche er ermöglicht (Frage I und IV), ob er Bedeutung für die Lernenden hat und voraussichtlich haben wird (Frage II und III). *Die methodische Frage kommt nur im Anhang an die Inhaltsfrage in den Blick* (Frage V).

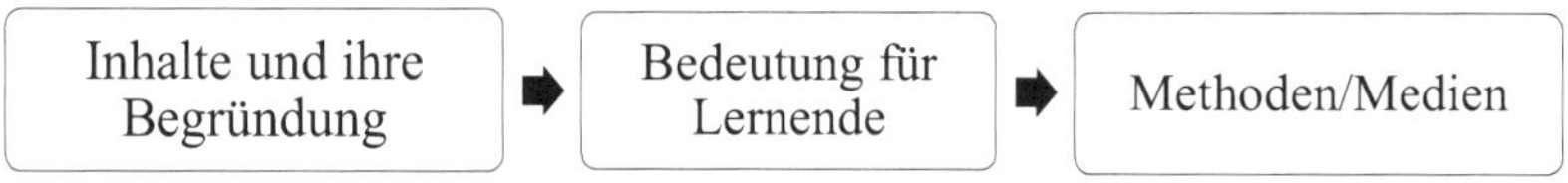

Abb. 8: Ableitung von Methoden / Medien aus Inhalten

Wird dieses Modell als unmittelbares Unterrichtsvorbereitungsmodell verwendet, ohne dass Lehrende es relativieren, entsteht die *Gefahr, dass Inhalte als stabil und Methoden als bloße Transportmittel angesehen werden.*

> Denkanstoß
> Überlegen Sie, weshalb der beschriebene Primat der Inhalte vor der Methodik mit einem Faden einer Spinne veranschaulicht werden kann, der von einem Ast bis hinunter zum Boden reicht.

Lerntheoretische Didaktik

1. Planungsmodell

Für die Planung und Analyse von Unterricht wurde von *Paul Heimann* (1901-1967), *Gunter Otto* (geb. 1927) und *Wolfgang Schulz* (1929-1995) ein

---

[188] Klafki, W., Studien zur Bildungstheorie und Didaktik, Weinheim / Berlin / Basel 1963, 135-142, und das folgende Zitat (erstmals 1958). Vgl. dazu W. Klafki, Studien 135ff.

Strukturmodell entwickelt, das *vier Entscheidungsfelder und zwei Bedingungsfelder* umfasst: Die anthropologisch-psychologischen (individuellen bzw. anthropogenen) und sozial-kulturellen Voraussetzungen. Die Bedingungsfelder wirken auf das Unterrichtsgeschehen ein, wohingegen die Entscheidungsfelder die innere Strukturierung des Unterrichts selbst betreffen. Damit gilt: „Mindestens sechs Momente konstituieren in ihrem Zusammenwirken Unterricht als absichtsvoll pädagogisches Geschehen: die pädagogischen *Intentionen* (Absichten [bzw. Ziele]), die *Themen des Unterrichts* (Inhalte, Gegenstände), mit denen diese Absichten verfolgt werden, die *Methoden* (Verfahren), die zur Bewältigung von Intentionen und Themen dienen sollen, schließlich die *Medien* (Mittel) der Verständigung zwischen den am Unterricht Beteiligten über Absichten, Gegenstände und Verfahren“[189]. Die Folgen des Unterrichts zeigen sich im anthropologisch-psychologischen und sozial-kulturellen Bereich, der wiederum den Unterricht beeinflusst.

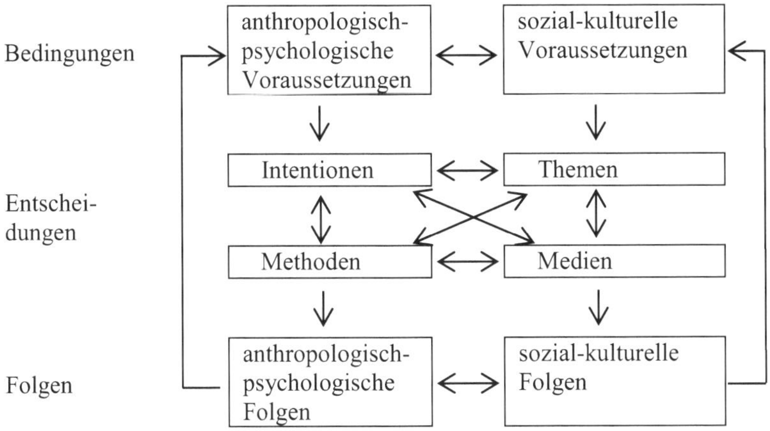

Abb. 9: Strukturmodell der lerntheoretischen Didaktik

2. Hauptthese: Interdependenz

Die *Hauptthese* (*Interdependenzthese*[190]) der lerntheoretischen Didaktik lautet: *Unterrichtsziele, -inhalte, -methoden und -medien sind wechselseitig aufeinander bezogen, und zwar so, dass Entscheidungen in einem Feld bereits Vorgaben für die anderen Felder bedeuten.* Methodenentscheidungen können also nicht willkürlich getroffen werden, sondern sind abzustimmen mit Entscheidungen über Ziele, Inhalte und Medien. Darüber hinaus müssen sie *Rücksicht nehmen auf die von außen einwirkenden anthropologisch-psychologischen und sozial-kulturellen Bedingungen.* Aufgrund dieser Ab-

[189] Schulz, W., Unterricht. Analyse und Planung, in: Heimann, P. / Otto, G. / Ders., Unterricht. Analyse und Planung, Braunschweig 1970, 13-47, 23.

[190] Ebd., 45.

hängigkeiten sind Methoden nicht ein für allemal bestimmbar, sondern müssen für jeden Unterricht jeweils neu gestaltet werden. Alle Faktoren des Unterrichtsprozesses sind prinzipiell gleichrangig und gleichwertig.

Denkanstoß
Überlegen Sie, weshalb die beschriebene Interdependenz mit einem Spinnennetz veranschaulicht werden kann und denken Sie diese Interdependenz an einem Unterrichtsbeispiel durch, das Sie gerade in Ihrem Praktikum beschäftigt.

Weiterentwicklungen

Die Streitfragen zwischen der bildungstheoretischen und der lerntheoretischen Position wurden z.T. heftig diskutiert, wobei beide Seiten ihre ursprünglichen Positionen revidierten und sich erheblich annäherten.
1. *Wolfgang Schulz* korrigierte das stärker technologische „Berliner Modell" zum eher emanzipatorisch relevanten „*Hamburger Modell*".
2. *Wolfgang Klafki* erweiterte seine alte Didaktik im engeren Sinne zu einer *kritisch-konstruktiven Didaktik*. Er öffnete sie über die bisherigen geisteswissenschaftlich-hermeneutischen Verfahren hinaus auch für erfahrungswissenschaftliche Methoden und damit für ein erweitertes Bildungsverständnis. Auf der Basis seiner kritisch-konstruktiven Theorie entwickelte er ein neues Modell, das bis heute noch geläufige Perspektivenschema zur Unterrichtsplanung. Es enthält Aspekte der ursprünglichen didaktischen Analyse ebenso, wie es Neues (z.B. die Lehr-Lern-Prozessstruktur des Lernens v.a. der Methode und die Erweisbarkeit bzw. Überprüfbarkeit, d.h. die Lernzielkontrolle) integriert.

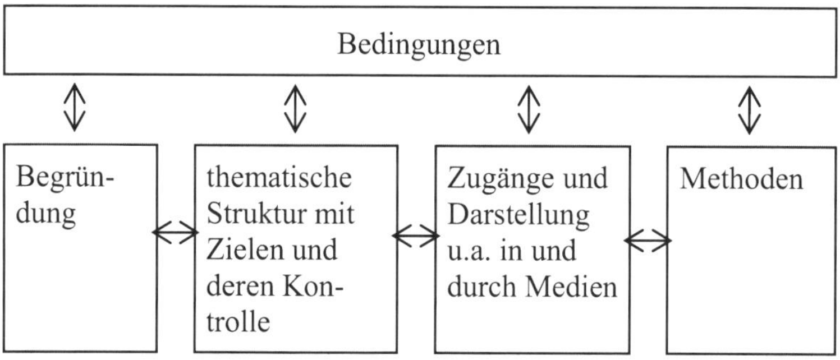

Abb. 10: Fünf Felder didaktischen Handelns bei der Unterrichtsplanung nach dem Perspektivenschema

3. Unter Aufnahme von *Herwig Blankertz* versteht *Klafki* den Interdependenzzusammenhang als „*Implikationszusammenhang*", insofern zum einen „jede Unterrichtsmethode inhaltliche Vorentscheidungen enthält [...] und zum anderen, [...] inhaltliche Zielsetzungen für den Unterricht nicht ohne

Bezugnahme auf ihre mögliche oder ausbleibende methodische Durchsetzung sein können“[191].

Denkanstoß
Überlegen Sie, weshalb der Implikationszusammenhang sich mit ineinander einschließbaren, russischen Figuren veranschaulichen lässt: Wie die Figuren nicht wahllos, sondern nur der Größe und Form nach geordnet und voneinander abhängig ineinanderpassen, so passen auch Methoden bzw. Medien, Inhalte und Ziele nicht wahllos zueinander. Vielmehr beinhaltet die Wahl des Einen gleichzeitig Beschränkungen der anderen Aspekte, weshalb man bei der Wahl darauf achten muss, dass alle Aspekte ineinanderpassen. Klar ist auch, dass es beim Unterrichten keine so klaren, idealen und ein für alle Mal festgelegten Passungsverhältnisse gibt, wie bei den Figuren.

Damit sind Methodenentscheidungen nicht unabhängig von Zielen und Inhalten, sondern in die Ziel- und Inhaltsentscheidungen mindestens zweifach eingeschlossen (impliziert): Einerseits enthalten Methoden unausweichlich inhaltliche Vorentscheidungen, d.h. es sind die von der einzelnen Methode ausgehenden strukturellen Einwirkungen auf Ziele und Inhalte zu berücksichtigen. Andererseits begrenzt das von Lehrenden und Lernenden verfügbare methodische Repertoire u.U. die Ziel- und Inhaltsentscheidungen, weshalb die von den Ziel- und Inhaltsentscheidungen ausgehenden Einwirkungen auf die Methode zu beachten sind. Das Ausgeführte fasse ich in Abb. 11 zusammen.

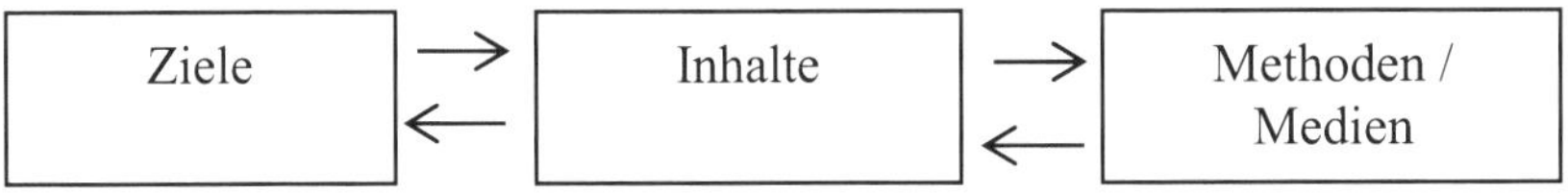

Abb. 11: Implikationszusammenhang

Beispiel 1
Wird mit einer Religionsgruppe die Pfarrgemeinde vor Ort erkundet oder Jugendgruppenarbeit im Pfarrheim vorgestellt, erscheint der Unterrichtsinhalt „Kirche am Ort“ den Lernenden wahrscheinlich attraktiver und kann von ihnen anders angeeignet werden, wie wenn derselbe Inhalt in einem – für ganze Bundesländer gleichen – Schulbuchtext angeboten wird. Durch die persönliche Begegnung mit konkreten Personen aus der Pfarrgemeinde, die von ihren Vorlieben berichten, könnten aber eher allgemeine theologische Aussagen zur Kirche vor Ort in den Hintergrund geraten. Insofern wirkt die Methode auf die Inhalte zurück.

Beispiel 2
Wenn Jesus seine Botschaft den Zuhörern häufig in Gleichnissen vermittelte, denen exegetisch ein Spielcharakter[192] im weiten Sinne zu eigen ist, sind von

[191] Blankertz, H., Theorien und Modelle der Didaktik, 4. Aufl. München 1970 (1969), 93.

[192] Vgl. Weder, H., Die Gleichnisse Jesu als Metaphern, Göttingen 1978, bes. 89-91.

vorne herein spielerische Elemente bei der Methodenwahl bevorzugt zu bedenken (z.B. Standbild, Rollenspiel – möglicherweise auch ‚nur' schriftliche Rollentexte).

4. In Bezug auf die Hauptthesen einigte man sich auf den „*Primat der Zielentscheidungen* im Verhältnis sowohl zur Dimension der inhaltlichen als auch der methodischen Entscheidungen"[193] bzw. „gegenüber *allen* anderen Dimensionen des didaktischen Feldes"[194], womit der *Primat der allgemeinen Zielorientierung*[195] gilt, den ich in Abb. 12 darstelle.

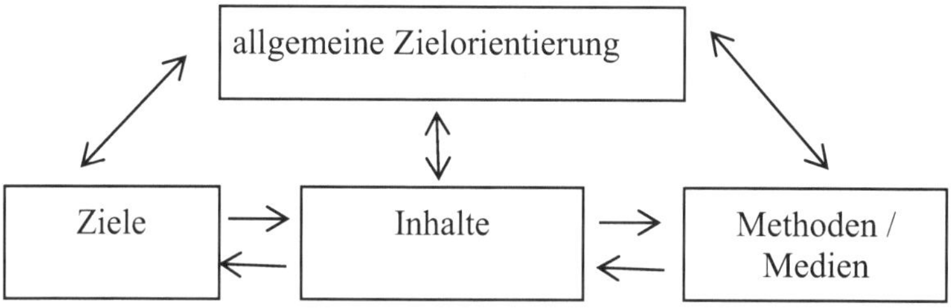

Abb. 12: Primat der allgemeinen Zielorientierung

Die allgemeine Zielorientierung („Religionsunterricht soll zu verantwortlichem Denken und Verhalten im Hinblick auf Religion und Glaube befähigen." Der Synodenbeschluss: Der Religionsunterricht in der Schule, 2.5.1), gibt eine grundsätzliche Orientierung für konkrete Ziele, Inhalte, Methoden und Medien einer Unterrichtsstunde.

Einerseits sind dadurch *bestimmte Ziele, Inhalte, Methoden und Medien für eine Religionsstunde ausgeschlossen* (z.B. Missionierung von Lernenden im RU).

Andererseits ist aus der allgemeinen Zielorientierung *der konkrete Planungsprozess nicht ableitbar,* weshalb er für jede Unterrichtsstunde neu bedacht werden muss.

Die Pfeile verdeutlichen die Wechselbezüge (Interdependenz) zwischen den einzelnen Aspekten, die bei der Rechtfertigung der Planung entfaltet (expliziert) werden müssen (= Explikationszusammenhang). Die wechselseitigen Pfeile von den Methoden/Medien über die Inhalte zu den Zielen bedeuten, dass *die Methodenentscheidungen in die Ziel- und Inhaltsentscheidungen – wie bereits erläutert – zweifach eingeschlossen (impliziert) sind (= Implikationszusammenhang):*

---

[193] Klafki, W., Zum Verhältnis von Didaktik und Methodik, in: ders. / Otto, G. / Schulz, W. (Hg.), Didaktik und Praxis, Weinheim und Basel 1977, 13-39, 28.

[194] Klafki, W., Von der bildungstheoretischen Didaktik zu einem kritisch-konstruktiven Bildungsbegriff – Dialog mit W. Klafki, in: Born, W. / Otto, G. (Hg.), Didaktische Trends, München 1978, 49-83, 71 (H. durch M.R.).

[195] Vgl. Schulz, Unterrichtsplanung, 1970, 86; Klafki, Neue Studien, 1985, 65, 202 und Meyer, Unterrichtsmethoden, Bd. 1, 2016, 93.

Einerseits enthalten Methoden unausweichlich inhaltliche Vorentscheidungen.

Andererseits begrenzt z.B. das von Lehrenden und Lernenden verfügbare methodische Repertoire u.U. die Ziel- und Inhaltsentscheidungen.

Denkanstoß
Überlegen Sie, weshalb der Primat der allgemeinen Zielorientierung mit einem pyramidenförmigen Netz, das auf manchen Spielplätzen zum Verweilen einlädt, vergleichbar ist.
Die Seile sind untereinander und außen verbunden (vgl. Interdependenz), aber im Unterschied zum Spinnennetz so, dass erst durch die Spitze (allgemeine Zielorientierung) ein dreidimensionaler Raum zum Klettern entsteht.

Arbeitshinweis
Blicken Sie zurück auf die fünf Varianten zum Thema „Kirche vor Ort" (1.5). Notieren Sie für sich, welche Konsequenzen die unterschiedlichen Methoden für das Thema haben: Welche inhaltlichen Aspekte werden durch die jeweilige Methode unterstützt, welche treten dabei eher in den Hintergrund? Welche Ziele werden vertreten?

Zusammenfassung
Methoden können zum einen selbst bereits normative Implikationen beinhalten und insofern bloß mit bestimmten Zielen bzw. Inhalten harmonieren. Zum anderen kann auch die zielgerichtete Vermittlung von Inhalten nur mit bestimmten Methoden harmonieren. Weil also Methoden lediglich mit bestimmten Zielen bzw. theologischen Inhalten zusammenpassen, sind Methodenentscheidungen nicht nur pädagogisch, sondern auch theologisch zu begründen. Insgesamt gilt der Vorrang der allgemeinen Zielorientierung im Verhältnis zu einzelnen Zielen, Inhalten, Methoden und Medien.

1.5.2 Kompetenzbezogenes Lehren und Lernen

Als Weiterentwicklung von klassischen Modellen der Didaktik kann kompetenzbezogenes Lehren und Lernen gelten.

Problemanzeige

Spätestens durch die Veröffentlichung der Ergebnisse der PISA-Studie 2000 wurde klar, *dass eine durchgehende Lernzielorientierung der Lehr-Lernprozesse gescheitert war.* Deshalb erfolgte ein grundlegender *Systemwechsel in der Steuerung des allgemeinbildenden Schulsystems in Deutschland, nämlich von der Input- zur Outcomesteuerung;* von Input-Regelungen der Modelle selbst, der Lehrpläne, der kultusministeriellen Vorgaben und sonstigen Vorschriften hin zu Ergebnissen und zu erreichten Kompetenzen auf der Schülerseite.

Grundlegender Perspektivenwechsel

Der grundlegende Perspektivenwechsel von „Input“ zu „Outcome“ zeigt sich in der *Didaktik* nicht nur *in* der engen *Verbindung mit der empirischen Bildungsforschung,* sondern auch im *Wechsel von der Zielorientierung zur Kompetenz- bzw. Lernergebnisorientierung (aus der Lehrer- bzw. Lernendensicht).* Er ist aber nur dann wirklich ein Paradigmenwechsel, wenn nicht die alten Ziele in neuem begrifflichem Gewand erscheinen, sondern der gesamte Lehr-Lernprozess kompetenzbezogen angelegt ist.

Perspektive	*Input* →	*Aktivitäten*	→ *Outcome*
Lehrende:	Lehrziel →	Lehren und Lernen	← Kompetenzprüfung
Lernende:	Lernziel →		→ Lernergebnis

Abb. 13: Perspektivenwechsel von Input zu Outcome

Definition von Kompetenz

Der Begriff *Kompetenz* ist nicht eindeutig definiert.[196] Etymologisch kann man ihn vom lateinischen Verb *competere* herleiten, das so viel bedeutet wie *zutreffen, zustehen, zusammentreffen.*[197] Daran anschließend geht es um *Zuständigkeit bzw. Verantwortlichkeit* v.a. aufgrund eines Amtes oder einer Funktion, die jemandem juristisch zugestanden wird sowie um Fähigkeit. Die wissenschaftliche und schulpolitische Diskussion wird v.a. von der Definition Franz E. Weinerts geprägt:

„Kompetenzen (engl.: *cognitive systeme of rules*, dt.: *kognitives Regelsystem*)“ sind „die bei Individuen verfügbaren oder durch sie erlernbaren kognitiven Fähigkeiten (engl. *cognitive abilities*) und Fertigkeiten (engl. *skills*), um bestimmte Probleme zu lösen, sowie die damit verbundenen motivationalen, volitionalen und sozialen Bereitschaften und Fähigkeiten, um die Problemlösungen in variablen Situationen erfolgreich und verantwortungsvoll nutzen zu können“.[198]

Kompetenzen sind demnach verfügbar oder erlernt und damit *Ergebnis von Lernprozessen.* Kompetenzen sind *nicht direkt sicht- bzw. hörbar.* Sie müssen sich erst zeigen. Sie *zeigen sich, wenn jemand komplexe Anforderungen in verschiedenen, konkreten Situationen erfolgreich und verantwortungsvoll bewältigt.* Somit *ermöglichen* Kompetenzen zwar *Problemlösun-*

---

196 Einen Überblick der in unterschiedlichen wissenschaftlichen Traditionen gebräuchlichen Konzeptionalisierungen liefert Weinert, Concept of Competence, 2001, 43-65.

197 Vgl. Ziebertz H.-G., Woraufhin geschieht religiöse Erziehung? Aufgaben und Ziele religiösen Lernens, in: Hilger u.a., Religionsdidaktik, 2015, 155-173, 170.

198 Weinert, F. E. (Hg.), Leistungsmessung in Schulen, Weinheim u.a. 2001, 27 und das folgende Zitat. Engl.: Weinert, Concept of Competence, 2001, 43-65.

gen, also Handlungen, sind letztlich aber immer Zuschreibungen (Attributionen) einer ‚sicht- und hörbaren' Handlung (Performanz). Individuen oder Gruppen von Individuen gelten als kompetent, wenn sie *einfache* – im Prinzip durch Übung zu automatisierende – *Fertigkeiten und Fähigkeiten* (entstehen durch Gruppierung von hoch entwickelten Fertigkeiten wie Reflexionsfähigkeit) *nutzen*, um die entsprechenden Situationen adäquat zu meistern. Es handelt sich zwar vorwiegend um kognitive Fähigkeiten und Fertigkeiten, aber auch um motivationale, volitionale (d.h. den Willen betreffende) und soziale Dispositionen bzw. *Haltungen*[199]. Kompetenzen sind zudem bereichsspezifisch bzw. „domänenspezifisch", d.h. *inhaltsbezogen* zu benennen.

Anforderungssituationen

Im Unterschied zur bisherigen didaktischen Diskussion geht es nicht um funktions- und kontextlose Inhalte, sondern um bereichsspezifisches Wissen, das systematisch aufgebaut, miteinander verbunden und mit Handlungssituationen verknüpft wird. So entwickeln sich Dispositionen, um „konkrete Anforderungssituationen"[200] zu bewältigen. In der Unterrichtsplanung müssen also *Anforderungssituationen* identifiziert, d.h. Problemstellungen benannt werden, denen Lernende „im ‚wirklichen Leben' begegnen oder doch begegnen könnten"[201], mit denen man sich auseinandersetzen muss, soll das Leben immer besser gelingen.

Bildungsstandards

Bildungsstandards „benennen Ziele für die pädagogische Arbeit, ausgedrückt als erwünschte Lernergebnisse"[202] der Lernenden. Sie geben darüber Auskunft, über welche fachlichen Kompetenzen Lernende zu bestimmten Zeitpunkten ihrer schulischen Karriere verfügen sollten: Was soll von wem zu welchem Zeitpunkt als Kompetenz beherrscht werden? Bildungsstandards „orientieren sich an Bildungszielen, denen schulisches Lernen folgen soll, und setzen diese in konkrete Anforderungen um."[203] Damit stellen Bildungs-

---

199 Vgl. dazu 1.1.4. Der Habitus ist keinesfalls nur eine Gewohnheit, sondern eine allgemeine Haltung bzw. Grundhaltung gegenüber der Welt im Allgemeinen und im pädagogischen Feld im Besonderen, und meint bestimmte Wahrnehmungs-, Denk- und Handlungsschemata.

200 Klieme, E. u.a., Zur Entwicklung nationaler Bildungsstandards, Bonn, Berlin 2007, 72 (https://www.bmbf.de/pub/Bildungsforschung_Band_1.pdf, letzter Zugriff: 30.06.2018).

201 Obst, G., Kompetenzorientiertes Lehren und Lernen im Religionsunterricht, 3. Aufl. Göttingen 2010, 149.

202 Klieme u.a., Zur Entwicklung nationaler Bildungsstandards, 2007, 12.

203 Ebd., 20.

standards das Verbindungsglied dar zwischen Bildungszielen und konkreten, überprüfbaren Aufgaben. Die Anforderungen sind der Form nach „*Kompetenzanforderungen*. Sie legen fest, über welche Kompetenzen ein Schüler, eine Schülerin verfügen muss, wenn wichtige Ziele der Schule als erreicht gelten sollen. Systematisch geordnet werden diese Anforderungen in Kompetenzmodellen, die Aspekte, Abstufungen und Entwicklungsverläufe von Kompetenzen darstellen."[204] Damit wird auch die Erfassung von (bereits vorhandenen) Kompetenzen immer wichtiger.[205]

Planungsmodell

Auch kompetenzorientierter Unterricht muss geplant werden. Wenn jedoch anstelle der Ziele die zu erreichenden Lernergebnisse entscheidend sind, sollen die konkreten Wege des Lernens (Methoden und Medien) möglichst vielfältig ausgerichtet und den örtlichen Gegebenheiten angepasst werden. Doch auch dann gilt weiterhin der Interdependenz- und der Implikationszusammenhang, allerdings nicht isoliert, sondern zusätzlich im Zusammenhang mit der Lernsituation, was Methoden verstärkt unter dem Blickwinkel der

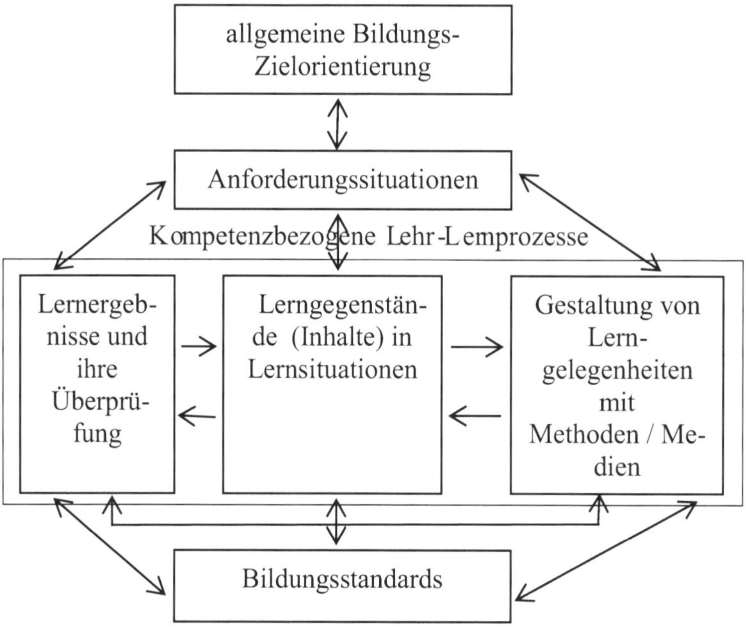

Abb. 14: Strukturmodell kompetenzorientiertes Lehren und Lernen

204 Ebd., 21.

205 Vgl. z.B. Prenzel, M. / Gogolin, I. / Krüger, H.-H. (Hg.), Kompetenzdiagnostik (Sonderband 8/2007 der Zeitschrift für Erziehungswissenschaft), Wiesbaden 2008.

Lerngelegenheiten erscheinen lässt. Sodann werden kompetenzorientierte Lernergebnisse, Inhalte, Methoden und Medien sowohl von den Bildungsstandards wie den Anforderungssituationen ausgerichtet. Am Ende des Lernprozesses sollen Kompetenzen nachgewiesen werden, was kompetenzorientierte Überprüfungen der Lernergebnisse nötig macht. Die allgemeinen Bildungsziele sind weiterhin nicht nur verbindlich, sondern orientieren auch langfristig. Schematisch zusammengefasst ist es in Abb. 14.
Werden die dargestellten allgemeinen Zusammenhänge beachtet, können grundsätzlich alle Methoden zum Einsatz kommen. Beim kompetenzorientierten Methodeneinsatz ist zusätzlich zu fragen:

„Trägt die gewählte Lehr- und Lernform dazu bei, dass Wissen erworben und im Sinne der fachlichen Kompetenzen strukturiert, vernetzt und anwendungsbezogen erprobt werden kann? Leistet das geplante Verfahren einen Beitrag zum Erwerb, zur Ausdifferenzierung, zur Niveausteigerung und zur Festigung von Kompetenzen?“[206]

Doch auch wenn sich bestimmte Methoden als mehr oder weniger kompetenzförderlich erweisen, sind sie grundsätzlich didaktisch zu begründen, denn ausschließlich selbstreguliertes Lernen der Lerner ist kaum denkbar, weshalb auch lehrergesteuertes Lehren notwendig bleibt.

1.5.3 Didaktische Positionen im Überblick

Die Zusammenstellung (Abb. 15) erfasst wichtige didaktische Modelle, nämlich die bildungstheoretische, lerntheoretische, kommunikative, konstruktivistische und kompetenzorientierte Didaktik. Verglichen werden Vertreter, zentrale Begriffe, Erkenntnisinteresse, wissenschaftstheoretische Standort, Didaktikbegriff, Hauptthese, Unterrichtsplanungsmodell und Weiterentwicklungen.

[206] Obst, Kompetenzorientiertes Lehren und Lernen, 2010, 196.

Bezeichzeichnung	*Bildungstheoretische Didaktik*	*Lerntheoretische Didaktik*	*Kommunikative Didaktik* (ab 1971)	*Konstruktivistische Didaktik*	*Kompetenzorientierte Didaktik*
Vertreter	Weniger, Klafki	Heimann, Otto, Schulz	Schäfer/Schaller, Winkel	Siebert, Reich	Weinert, Klieme
zentraler Begriff	Bildung	Lernen	Kommunikation	Konstruktivität	Kompetenz
Erkenntnisinteresse	geisteswissenschaftlich mit praktischem Erkenntnisinteresse	positivistisch mit technisch-praktischem Erkenntnisinteresse	kritisch mit emanzipatorischem Erkenntnisinteresse	epistemologisch mit der Frage nach der Erkenntnis von Wirklichkeit	technisch mit praktischem Erkenntnisinteresse
Wisschenschaftstheorie	hermeneutisch	empirisch-analytisch	gesellschaftskritisch und politisch	interpretativ	empirisch-analytisch
Didaktikbegriff	Didaktik im engeren, inhaltsbezogenen Sinn	Didaktik im weiteren Sinn beinhaltet Methodenfrage	Mathetik ergänzt Didaktik	Didaktik im (aller)weitesten Sinn	Didaktik als Lehrkunst anhand situativer Lerngelegenheiten
Hauptthese	Primat der Didaktik i.e.S. (d.h. der Inhalte) vor der Methodik	These von der Interdependenz	Priorität unterrichtlicher Kommunikation, d.h. Soziales/Lernende	Primat der Beziehungen vor den Inhalten	Priorität der Steigerung von Effektivität und Effizienz
Unterrichtspla planungs nungsmodell	Didaktische Analyse (Erstveröffentlichung 1958)	Strukturmodell (*Berliner Modell*) (1962)	schülerorientierte (partizipative und kooperative) Planung	offenes didaktisches Denkmodell (ab 1995)	kompetenzorientiertes Strukturmodell
Weiterentwicklungen	Primat der Zielentscheidungen		Grundauffassungen wurden von anderen didaktischen Modellen übernommen	work in progress	work in progress
	Kritisch-konstruktive Didaktik mit Unterrichtsvorbereitungsperspektivenschema (1985)	*Hamburger Modell* (1980)			

Abb. 15: Überblick über bedeutende didaktische Modelle

1.5.4 Erträge – oder: Was kann man mit diesen didaktischen Positionen anfangen?

Wer sich in unbekanntes Gelände wagt, tut häufig gut daran, wenn er zuvor einen Blick auf *vorhandene Landkarten* geworfen hat – auch wenn der Maßstab recht grob ist. Vielleicht erkennt man beim anschließenden Gang durchs Gelände doch so manches, das zuvor auf der Landkarte markiert war. Reicht Ihnen diese Antwort? Nein? Dann werde ich konkreter.

Didaktische Positionen sind theoretische Anleitungen, *wer* (beteiligte Personen, d.h. Lehrende und Lernende mit ihren Voraussetzungen), *wozu* (Ziele, Intentionen bzw. Bildungsstandards, Kompetenzen, Lernergebnisse), *was* (Inhalt, Thema), *wie* und *womit* (Methoden und Medien), *wann* (Zeit) und *wo* (Raum bzw. Ort und seine Atmosphäre innerhalb einer bestimmten Gesellschaft) (situationsbezogen*) lehren bzw. lernen soll.* Didaktische Positionen sind *kein Ersatz für* die Begründung (*warum*) von Inhalten, Zielen sowie des gesamten Lehr-Lernprozesses (v.a. mittels didaktischer Analyse), für die *Handlungs- sowie Reflexionskompetenz* selbst *und* für die *Überprüfung der Lernergebnisse.*

Interdependenzthese, Implikationszusammenhang und allgemeine Ziel- bzw. Bildungszielorientierung sind weiterhin für die Unterrichtsvorbereitung bedeutsam. Wer diese in der Unterrichtsvorbereitung nicht berücksichtigt und beispielsweise nur auf Methoden und Medien setzt, kommt kaum umhin, dass diese so wirken, wie die tolle Verpackung eines Geschenks. Kommt aber hinter der Verpackung ein unpassender Inhalt zum Vorschein, hilft auch die beste Verpackung nichts. Die Enttäuschung ist unvermeidbar.

„Nicht für die Schule, sondern für das Leben lernt man!" Dieser oft beschworene, aber für Lernende selten erfahrbar gewordene Satz von Lehrpersonen kann mit der Bezugnahme der Unterrichtsinhalte auf (mögliche) *Anforderungssituationen bzw. exemplarische Situationen* aus der Lebenswelt der Lernenden konkretisiert werden. Sicher erfordert es Übung, damit der von den Lehrpersonen zu leistende Transfer bezüglich des Inhalts wirklich stimmig und für die Lernenden tatsächlich herausfordernd ist. Es sollte nicht zu einer platten Anbiederung an Schülervorlieben, Wirtschaftsinteressen u.ä. kommen. Auch sollte nicht nur das als lehr- und lernenswert erachtet werden, was morgen gebraucht wird. Eine dauerhaftere Perspektive sollte für die Unterrichtsplanung leitend sein.

„Wir haben das doch durchgenommen!" Dieser oft gehörte Satz könnte überflüssig werden, wenn stärker nach *Lernergebnissen* gefragt wird. Die tatsächlichen Effekte transparent machen ist jedoch nicht etwas völlig Neues (diesen Eindruck könnte man gewinnen, wenn man die Diskussion um die Bildungsstandards verfolgt), da selbiges bisher schon über Lehrpläne, Schulbücher usw. intendiert wurde. Doch diese Intentionen werden explizit in Beobachtbares zu überführen versucht. Zu beachten ist jedoch, dass die Methoden der Beobachtung (Testverfahren) manches nicht berücksichtigen können. Auch ist nicht alles (sofort) beobachtbar. Manche Gedanken benötigen auch Zeit, um Wirkung zu zeitigen. Beschränkt man sich auf Mess- und Beobachtbares, schränkt man seinen Blick zu sehr ein. Sollten dennoch die tatsächlichen Ergebnisse nicht oder nur wenig ausgeprägt sein, muss nach den Gründen geforscht werden. Diese können in der Unterrichtsplanung liegen, müssen es aber nicht.

Überblickt man die Diskussion um die didaktischen Modelle, entdeckt man *wechselseitige Kritik und Beeinflussungen*, die auch zu Weiterentwicklungen innerhalb von Modellen führten. Diese Feststellung ist bedeutsam, will man nicht der Gefahr unterliegen, in gewissen zeitlichen Abständen, gleiche oder ähnliche Fragen, vielleicht mit anderen Begrifflichkeiten, erneut zu diskutieren, ohne aus den Ergebnissen der älteren Modelle gelernt zu haben. Diese Gefahr könnte man in gewissen Diskussionen um kompetenzorientiertes Lehren und Lernen durchaus sehen.

Die skizzierten *allgemeindidaktischen Positionen* fanden auch Eingang in die Religionsdidaktik, über die sie *im Religionsunterricht wirksam* werden. Während *Karl-Ernst Nipkow* den Elementarisierungsansatz von *Wolfgang Klafkis* Didaktischer Analyse her entwickelte (bildungstheoretischer Ansatz, in dem die Methodenfrage kaum behandelt wurde), ergänzt diesen später *Friedrich Schweitzer* um eine weitere Fragerichtung, nämlich die der elementaren Lernformen. Mit dieser stärkeren Berücksichtigung der Methodenfrage im Rahmen der Lernkultur einer Lerngruppe stellt er sich in Bezug zur kritisch-konstruktiven Didaktik, ohne den bildungstheoretischen Anspruch aufzugeben (vgl. dazu unten).

Bei der unten erfolgenden konkreten Beschreibung von Unterrichtsmethoden werden immer *Intention, Kompetenz, Material (= Medien)* benannt und mit möglichen *Themen* konkretisiert. Die Voraussetzungen werden bezüglich der Lernenden zunächst grob über das *Alter* aufgenommen und in den *Hinweisen* auch in Bezug auf das gesellschaftliche Umfeld, die Konsequenzen für die Themenkonstruktion und die Lernsituation präzisiert.

1.6 Religionsdidaktisches und methodisches Handeln

Denkanstoß
Gibt es hier Ihrer Meinung nach im Religionsunterricht spezifische Methoden gegenüber anderen Unterrichtsfächern? Wenn ja, welche?

1.6.1 Grundsätzliche Fragen

- Gibt es fachspezifische Unterrichtsmethoden „nur" für den Religionsunterricht?

Die Antwort mag erstaunen, aber außer dem Gebet – falls man es überhaupt als eine „Methode" bezeichnen kann – gibt es eigentlich keine fachspezifische Methode, die nur im Religionsunterricht vorkommt. Meditative Elemente haben zwar im Religionsunterricht einen besonderen Stellenwert, aber sie kommen ebenso im Deutsch-, im Musikunterricht usw. vor. *Religionslehrende dürfen also immer wieder über den Tellerrand ihres eigenen Faches schauen und sich von den Methoden anderer Fächer inspirieren lassen.*

- Sind Methoden im Religionsunterricht „technisch" einsetzbar, so dass bestimmte Wirkungen mit Sicherheit erreicht werden?

Da im Religionsunterricht Menschen und nicht Maschinen unterrichten bzw. unterrichtet werden, ist von einer sehr komplexen und im Grunde unsicheren Wechselbeziehung zwischen Absichten, religionspädagogischen Handlungen und tatsächlich eintretenden Wirkungen auszugehen. *Aufgrund vieler nicht zu kontrollierender Einflüsse kann der Zusammenhang von Methoden und bestimmten Wirkungen von Fall zu Fall sehr unterschiedlich ausfallen.*

- Sind Inhalte des Religionsunterrichts in der Planung eindeutig festlegbar, um sie dann methodisch zu verpacken?

Weil Lernende und Lehrpersonen Inhalte (z.B. das Gottesbild) jeweils anders auffassen und diese Inhalte außerdem je nach Methodenwahl unterschiedlich akzentuiert werden (Das Malen des Gottesbildes legt z.B. andere Aspekte fest als das Erstellen einer Skulptur aus Ton oder anderen Materialien und beides legt stärker fest als eine Verklanglichung, die ihrerseits für eine Reflexion schwerer zu fassen ist...), kann sich Religionsunterricht nicht einfach an vermeintlich klaren Inhalten orientieren. Damit werden christliche und religiöse Inhalte keineswegs preisgegeben. *Sie kommen aber erst dann wirklich ins Spiel, wenn die Inhalte in gemeinsamer Kommunikation begriffen werden.*

- Warum sollte bei der Methodenfrage die konkrete Kommunikation besonders beachtet werden?

Nicht nur, weil die Inhalte nicht an-und-für-sich festlegbar sind, sondern weil im Zentrum des Religionsunterrichts die existenziell verändernde Praxis Jesu steht, *zu der Information, Mitteilung, Gespräch, aber auch weitere kommunikative Formen wie Darstellung, Spiel und Musik gehören.* Deshalb soll im Religionsunterricht über existenziell bedeutsame Lebenserfahrungen ebenso kommuniziert werden können, wie über Perspektiven des christlichen Glaubens und anderer Religionen auf das Leben.

- Überfordert der existenzielle Bezug nicht die Kommunikation im Religionsunterricht?

Manche Lehrperson flüchtet im Religionsunterricht zwar aus subjektiv erlebter Überforderung in rein kognitive Inhaltsübermittlung. Doch kann der existenzielle Bezug auch als Aufforderung verstanden werden, *solche Methoden adäquat zu wählen, die eine behutsame, kommunikative Auseinandersetzung erlauben.*

- Ist Glauben methodisch lehr- bzw. lernbar?

Glauben ist methodisch nicht machbar, weil Glauben – wie übrigens auch Bildung und andere Haltungen und Einstellungen – unverfügbar ist. Hier besteht eine weitgehende Übereinstimmung zwischen theologischer und pädagogischer Unverfügbarkeit, denn beide entziehen sich letztlich direkter methodischer Machbarkeit. *Glauben und Bildung können nicht methodisch erzwungen werden, da sie (immer auch) Geschenk sind,* glaubensspezifisch ausgedrückt: Sie sind Gnade Gottes.

- Kann methodisches Handeln Glauben beeinflussen?

Ja, denn das Evangelium wird immer nur auf menschliche Weise gehört und weitergesagt. Obwohl Glauben methodisch nicht machbar ist, *so kann unangemessenes methodisches Handeln oder Unfähigkeit den Zugang zum christlichen Glauben und seinen Inhalten erschweren* oder sogar verschließen, passende Methoden hingegen eröffnen.

- Ist der angemessene Methodeneinsatz im Religionsunterricht eine Frage der Intuition, des Glücks?

Nein. Zwischen den abzulehnenden Extremen Technologie einerseits und völliger Unverfügbarkeit andererseits *lassen sich realistische Kriterien für einen reflektierten und sinnvollen Methodeneinsatz aufzeigen.* Zu fragen ist: Ist der Methodeneinsatz angemessen in Bezug auf Ziele bzw. Kompetenzen, Inhalte, Lernende und Lehrende, Voraussetzungen des Unterrichts, Konstruktionen von Wirklichkeit im Unterricht usw.?

- Was ist die „wichtigste" Methode für den Religionsunterricht?

Methoden machen den Unterricht sicher abwechslungsreicher, nicht zuletzt im Urteil der Lernenden! *Doch die wichtigste Methode und zugleich das wichtigste Medium ist die Lehrperson selbst,* denn über sie kommt Glaubwürdigkeit in den Lehr-Lern-Prozess im RU – oder auch nicht. Vieles steht und fällt mit dem authentischen Glauben und Ringen um den Glauben der Religionslehrkraft. Somit gilt: *Menschen, nicht Methoden, machen den Unterricht.*

Arbeitshinweis
Im Folgenden sind drei Schüleräußerungen angeführt:

a) „Ich fand den Religionsunterricht dann nicht so gut, wenn Lehrer keine Glaubensüberzeugung hatten."
b) „Es wurde einem immer nur die Meinung des unterrichtenden Lehrers eingeredet. Man durfte seine Meinung von Gott nicht frei sagen oder Zweifel äußern."
c) „Ein anderer Lehrer kam und Religion war plötzlich ein ‚richtiges' Unterrichtsfach! Wir Schüler waren plötzlich gefragt und unsere Meinung spielte plötzlich eine große Rolle."

- Beschreiben Sie konkret, wie der Unterricht ausgesehen haben könnte, von dem die drei Schülerinnen und Schüler berichten.
- Wie würden Sie mit diesen Schüleräußerungen in der Praxis umgehen?

1.6.2 Korrelierend Handeln: Tradition und Leben

Arbeitshinweis

- Erinnern Sie sich an zwei Erlebnisse aus Ihrem Leben, bei denen Sie große Freude empfunden haben und sehr glücklich waren.
- Welche zwei, dazu passenden Bibelstellen fallen Ihnen dazu ein?

Definition

Korrelation setzt sich zusammen aus dem Präfix *cor* (vom Lateinischen cum = mit-/zueinander) und dem Substantiv *relatio* (lat. = Beziehung, Verhältnis, in Bezug setzen). Wörtlich bedeutet Korrelation also: „Mit-Beziehung" im Sinne von „In-Bezug-Sein" oder besser: Wechselbeziehung. In der Wissenschaft wird Korrelation als Fachbegriff für die Wechselbeziehung von zwei oder mehreren Phänomenen verwendet (z.B. in der Statistik), wobei der Grund des Verhältnisses offenbleibt.[207] Grundsätzlich wurde in der Religionspädagogik aus katholischer Perspektive die Wechselbeziehung von christlicher Tradition und Situation, Glaube und Leben diskutiert. Damit vergleichbar thematisierte man auf evangelischer Seite die Wechselbeziehung von Inhalten und Personen unter dem Begriff der *Elementarisierung*.[208]

---

[207] Vgl. Heil, S., Korrelation, in: WiReLex 2015, 1 (https://www.bibelwissenschaft.de/stichwort/100015/, letzter Zugriff: 13.06.2018).

[208] Vgl. Ritter, W. H. / Hilger, G. / Simojoki, H., Korrelation und Elementarisierung als religionsdidaktische Grundkategorien, in: Hilger, G. u.a., Religionsdidaktik Grundschule, 2014, 152-168.

Verwendungskontexte

Korrelation wird in mindestens fünf unterscheidbaren Kontexten verwendet und hat damit fünf unterschiedliche Bedeutungen.[209]

- Korrelation im Glaubensvollzug

Hier geht es um bewusst oder unbewusst gelebte Verbindungen von alltäglichem Leben und christlicher Tradition. Bringen Gläubige Erfahrungen wie Glück und Heil, aber auch Trauer und Angst mit der christlichen Tradition in Verbindung, dann gewinnen sie an Tiefe und Schärfe und können zu Glaubenserfahrungen werden, auf die sich wieder zukünftige Generationen beziehen können. Korrelation ereignet sich hier *zwanglos und unangestrengt im alltäglichen Leben von Christinnen und Christen* (vgl. den einführenden Arbeitshinweis).

- Korrelation als Prinzip in der (systematischen) Theologie

Theologische Korrelation bemüht sich prinzipiell um die Verbindung von theologischer Fachsprache und Lebenspraxis. Je nach theologischer Auffassung wird dies unterschiedlich formuliert und umgesetzt:

- als *Frage-Antwort-Korrelation* (so zuerst der evangelische Theologe *Paul Tillich*, 1886-1965) zwischen existenzieller Frage und theologischer Antwort, also zwischen menschlicher Existenz und göttlicher Selbstoffenbarung, Situation und Botschaft.
- als *kritisch-produktive Korrelation* (so der katholische Theologe *Edward Schillebeeckx*, 1914-2009, vergleichbar *Karl Rahner*, 1904-1984) zwischen göttlicher Offenbarung und menschlicher Erfahrung, christlicher Tradition und aktueller Situation, ursprünglichen und heutigen Erfahrungen mit Jesus.

Als theologisches Prinzip ist Korrelation unerlässlich für eine lebendige Glaubensauslegung bzw. Theologie.

- Korrelation als hermeneutisches Prinzip

Hermeneutische Korrelation will eine Verstehenshilfe heutiger Erfahrungen durch den tradierten Glauben bieten. Verstehen kann stattfinden, *wenn Menschen heute den Glauben vergangener Zeiten verstehen wollen und ihn aus ihrer Situation heraus zu deuten versuchen* (Hermeneutik als Kunst des Verstehens von Texten). Solch eine Form von Verstehensversuchen kann auch in der Religionsdidaktik angestrebt werden, denn sie „will zeigen, wie Glau-

---

[209] Vgl. Simon, W., Religionsunterricht im Prozeß der Individualisierung. Entwicklungen in der westdeutschen katholischen Religionspädagogik seit 1945, in: Ders., Im Horizont der Geschichte. Religionspädagogische Studien zur Geschichte der religiösen Bildung und Erziehung, Münster 2001, 221-237, 233.

be funktioniert"[210] und will christlichen Glaubens- und Lebensvollzug freilegen, damit auch nicht mehr christlich sozialisierte Menschen die Möglichkeit haben, „da zu verstehen, wo sie innerlich nicht mitgehen wollen. [...] Auch wer die christlichen Überzeugungen nicht teilt, soll in der Auseinandersetzung mit ihnen einen Zugewinn an existentiellem Verständnis erfahren."

- Korrelation als didaktisches Prinzip

Als didaktisches Prinzip der Religionsdidaktik und Religionspädagogik will Korrelation – wie auch andere Prinzipien (z.B. Schülerorientierung) – dem Unterricht eine Richtung geben. Wendet man aber Korrelation im spezifischen Kontext Schule an, ist zu fragen: *Kann man das, was Christen im Alltag aus eigenem Antrieb tun (Korrelation im Glaubensvollzug) und was die Theologie macht (Korrelation als theologisches Prinzip), mit Lernenden im Religionsunterricht umsetzen?* Kann man in der Institution Schule, in die Lernende gehen müssen, nicht nur mit gläubigen Lernenden korrelieren lernen, sondern auch mit suchenden oder sich nicht-religiös verstehenden? Dabei muss gezeigt werden, ob und wie Korrelation zwischen Tradition und Situation in einer säkularen Schule initiiert und im Religionsunterricht entwickelt werden kann. Hierfür gibt es unterschiedliche Sichtweisen:

a) Im Blick auf die *zu berücksichtigenden Phänomene* sind mindestens drei Korrelationsverständnisse auszumachen:[211]

Korrelation 1 („zweipolig"[212]): Bei diesem zweipoligen Korrelationsmodell geht es um „zwei sich auf Augenhöhe begegnende und sich gegenseitig kritisch befragende Größen (Erfahrung und Glaube, religiöse Tradition und gegenwärtige Lebenswelt)."

Korrelation 2 („dreidimensional"): In diesem Verständnis treffen sich zwei Größen „in etwas ‚Drittem'". Zwei der folgenden drei Dimensionen treffen sich also in der dritten: anthropologische Grunderfahrung (x), religiös-existenzielle Daseinsdimension (y) und Welt des biblischen und christlichen Glaubens (z).

Korrelation 3 (vier- und „mehrperspektivisch"): Blickt man auf didaktisches Handeln, scheinen die ersten beiden Verständnisse aus mindestens zwei Gründen unterkomplex zu sein: Einmal kann keine Tradition nur als erratischer Block von schon immer gegebenen Inhalten weitergegeben werden. Jede Tradition hat Anfänge und muss gelebt werden! Die – teilweise weit zurückliegenden – Anfänge kann man als Ursprungssituationen bezeichnen. Sie sind der Grund, warum etwas als tradierenswert erachtet wurde. *Die hinter und in Traditionen liegenden Ursprungssituationen können als Glau-*

---

210 Englert, R., Religionspädagogische Grundfragen. Anstöße zur Urteilsbildung, Stuttgart u.a. 2007, 138 und das folgende Zitat.

211 Vgl. Englert, R. / Hennecke, E. / Kämmerling, M., Innenansichten des Religionsunterrichts. Fallbeispiele – Analysen – Konsequenzen, München 2014.

212 Englert, u.a. Innenansichten des Religionsunterrichts 2014, 101 und die folgenden Zitate.

bens- und Lebenserfahrungen aufgespürt werden. Sodann sind heutige Situationen des Lebens vielfältig und plural. Sie sind geprägt von unterschiedlichsten Erfahrungen des Lebens und Glaubens bzw. des Unglaubens.[213] *Damit sind mindestens vier Perspektiven zu berücksichtigen* (Abb. 16).

Bedenkt man ferner, dass die religiöse Deutung nicht nur als z.B. christliche oder islamische erfolgen kann, sondern konfessionell ausdifferenziert als z.B. römisch-katholische oder evangelisch-lutherische, dann sind wir bei einem mehrperspektivischen Verständnis, das aber weiterhin durch vier grundlegende Perspektiven gekennzeichnet ist. Dieses dritte Korrelationsverständnis kann mit einem Differenzen achtenden Erfahrungsverständnis in Verbindung gebracht werden.[214]

	eigene und/oder fremde Traditionen in der Geschichte	*eigene und/oder fremde Situationen in der Gegenwart*
Religiöse Deutung	(Un-)Glaubenserfahrung	(Un-)Glaubenserfahrung
Profane Deutung	Lebenserfahrung	Lebenserfahrung

Abb. 16: Vier- bzw. mehrperspektivische Korrelation

b) Im Blick auf mögliche *inhaltliche Wechselbezüge* zwischen den Perspektiven sehe ich drei Möglichkeiten[215]:
1. Entsprechung: Die perspektivisch-erfahrungsbezogenen Inhalte *entsprechen sich*, bestätigen sich gegenseitig, entweder „*additiv*... (z.B. Frieden damals und heute)“[216] oder „*überbietend*“ (beispielsweise wird die positive Erfahrung von liebender Zuwendung durch das biblische Beispiel einer absoluten Liebe radikalisiert).
2. Kontrastierung: Eine Entsprechung mit negativem Vorzeichen ist eine *kontrastierende* Wechselbeziehung. Diese liegt vor, wenn die perspektivisch-erfahrungsbezogenen Inhalte in eine „provozierende Konfrontation“ geraten (z.B. Gewalt und Bergpredigt). Hier kann beispielsweise die biblische Tradition eine *kritische, vielleicht auch produktive und damit ermutigende Funktion* gegenüber der heutigen Situation einnehmen („So sollte es sein!“, „Schön wäre es, wenn es so wäre!“).

---

213 Vgl. Riegger, M., Erfahrung, in: WiReLex (2016), 4.1 (https://www.bibelwissenschaft.de/stichwort/100193/, letzter Zugriff: 25.06.2018).
214 Ebd., 2.3.
215 Riegger, Planung und Gestaltung, 2005, 9.
216 Hilger, G., Korrelationen entdecken und deuten, in: Ders. u.a., Religionsdidaktik, 2015, 344-354, 347 und die folgenden Zitate.

3. Beziehungslosigkeit: Zu berücksichtigen ist heute sicher mehr denn je, dass es auch *Unkorrelierbares* gibt (Biblische Erfahrungen enthalten z.B. nicht unmittelbar Wechselbeziehungen zu Fragen der Digitalisierung.).
c) Im Blick auf die *Relevanzkonstruktion von Korrelation* im Unterricht ist festzustellen: Relevanz im Sinne von bedeutsam für Leben und Glauben lässt sich nicht linear, einer formalen Logik entsprechend und damit schlussfolgernd herstellen. Sie lässt sich weder *deduktiv* (lat. = *ableiten*) beispielsweise aus einer allgemeinen Glaubenserfahrung für den Einzelfall ableiten, noch *induktiv* (lat. = *hinführen, hineinführen*) beispielsweise von einer Erfahrung heutiger Lernender ausgehend in eine allgemeine Gaubenserfahrung hineinführen. Vorhandene Korrelationen können jedoch re- bzw. dekonstruiert werden. Nicht vorhandene Korrelationen können zu konstruieren versucht werden:
1. *Rekonstruktive Korrelation* bedeutet die Relevanz bestehender Korrelationen auf unterschiedlichste Weise aufdecken. In Vorhandenem wird Lebensbedeutsames entdeckt.
2. *Dekonstruktive Korrelation* verflüssigt bisherige (mehr oder weniger tragfähige) Bedeutungen, damit neue Konstruktionen möglich werden.[217]
3. *Konstruktive Korrelation* produziert neue Wechselbeziehungen.
d) Die *Art der Re-, De- bzw. Konstruktion von Relevanz* ist dabei wesentlich: Wird sie bezeugt, vorgegeben, nahegelegt, instruiert oder angeboten und in einer Suchbewegung mit offenem Ausgang gefunden?
e) Nicht zuletzt ist wesentlich, *wer primär handelt*: Zeigen Lehrpersonen Korrelationen auf oder sind die Lernenden, als gesamte Gruppe wie als einzelne, primär aktiv?
Abschließend ist zu fragen: Wie kann das abstrakte didaktische Prinzip der Korrelation im methodischen Handeln umgesetzt werden?

- Methodische Korrelation

Methodische Korrelation zeigt auf, wie Korrelation im religionsunterrichtlichen Handeln konkret werden kann. Die bisherigen didaktisch-strategischen Überlegungen sind also methodisch zu konkretisieren.[218]

Lernenden soll methodisches Handeln ermöglicht werden, das *eigene Suchbewegungen eröffnet.* Die Lernenden sollen Verbindungen (Passungs- und Nichtpassungsverhältnisse) zwischen ihren *eigenen* (Un-)Glaubens- und Lebenserfahrungen und den – in Erzählungen, Symbolen, Ritualen und Festen – *überlieferten* Erfahrungen entdecken können. Dabei kann auch die Ablehnung eine Verbindung darstellen. Drei Varianten werden aufgezeigt:
a) Implizite Korrelation: Wenn sich Lernende vor dem Hintergrund ihrer Lebenswirklichkeit mit einem Zeugnis der Glaubenstradition auseinanderset-

---

[217] Vgl. Kropač, U., Biblisches Lernen, in: Hilger u.a., Religionsdidaktik, 2015, 416-433, bes. 427-431.

[218] Vgl. Englert u.a., Innenansichten des Religionsunterrichts, 2014, 86.

zen und sich und ihre *Lebenswirklichkeit unausgesprochen mit diesem Zeugnis in Beziehung bringen*, laufen „implizite" („indirekte", „mit eingeschlossene") korrelative Prozesse ab. Implizite Korrelation gelingt aber nur, wenn das Glaubenszeugnis selbst zum Sprechen gebracht wird – z.B. durch Bilder der Kunst oder Texte der Bibel – und wenn zusätzlich genügend Anknüpfungsmöglichkeiten für die Lebenswirklichkeit der Lernenden implizit vorhanden sind.

Beispiel 1
Eine mittelalterliche Kreuzigungsszene mit vielen, ausdrucksstark dargestellten Menschen kann Lernenden unterschiedliche Identifikationsmöglichkeiten bieten.

Beispiel 2
Die biblische Geschichte von Josef und seinen Brüdern (Gen 37-50) – eine Geschichte mit Neid, Streit, Überprüfen der Reue, Versöhnung usw. – kann Lernenden zu intensiver Auseinandersetzung mit eigenen Lebenssituationen führen. Was sich im Innern der Lernenden abspielt, *können* sie in freier Gestaltung (z.B. Malen, Verklanglichen, Darstellen) ausdrücken. Diese nichtsprachlichen, symbolischen und gestalthaften Formen des „Ausdrucks" sind als korrelative Prozesse oft sinnvoller, als Aufforderungen an Lernende ihre persönlichen Erfahrungen direkt zu verbalisieren.

b) Abduktive Korrelation: Wenn Lernende sich mit einem Beispiel aus ihrer eigenen Lebenswirklichkeit auseinandersetzen und dabei Bezüge zur christlichen Glaubenstradition entdecken, laufen „abduktive" („wegführende") korrelative Prozesse ab. Dabei wird Korrelation nicht neu gestiftet, *sondern eine latent in der Lebenswelt und Religiosität der Lernenden vorhandene Korrelation wird entdeckt.* Diese Form der Korrelation setzt allerdings voraus, dass sich Tradition in der individualisierten Religiosität verändert wiederfinden lässt.

Beispiel 1
Kreuze, die wenig oder gar nicht christlich sozialisierte Lernende um den Hals tragen, sind Niederschläge der christlichen Tradition. Diese können als Anknüpfungspunkte für korrelative Lernprozesse genutzt werden: „Was bedeutet dir das Kreuz?" „Was weißt du über die vielfältige Bedeutung des Kreuzes?" „Was bedeutet das Kreuz in der christlichen Tradition?" Besondere Lernchancen ergeben sich, wenn Lernende diese Bezüge selbst entdecken und so den Sinn christlicher Tradition selbst erschließen.

Beispiel 2
In der Werbung – z.B. Himmel in einer Bierwerbung – werden mögliche christliche Symbole und Aussagen (zweckentfremdet) verwertet. Daran anknüpfend können „abduktive" Lernprozesse initiiert werden, indem gefragt wird, was diese Symbole in der Werbung und in der christlichen Tradition bedeuten. Dann können Lernende diese Symbole durch eigenes kreatives Gestalten mit sich selbst in Verbindung bringen und/oder den ursprünglichen christlichen Bezug neu gestalten.

Beispiel 3
Im Sport werden christliche Handlungen entdeckt (z.B. Kreuzzeichen von Fußballspielern beim Betreten des Spielfeldes oder mit den Fingern zum Himmel zeigen nach einem Tor). Lernimpulse: „Welche Bedeutung hat für diese Menschen das Kreuzzeichen?“ (erlernt, aber ohne persönliche Bedeutung; magisches Beschwören zum Schutz vor Verletzungen usw.), „...die zum Himmel erhobenen Hände? (Torjubel, Dank an Gott).

Denkanstoß
Geben Sie an, was der Begriff „abduktiv“ für die beschriebene Form der Korrelation genau meint. Vielleicht finden Sie eine Bezeichnung, die diese Form der Korrelation besser charakterisiert.

c) Strukturanalogie: Man versetzt Lernende zunächst in eine *heutige Situation*, die der ähnlich ist, mit welcher sich ein *biblischer oder kirchengeschichtlicher Text* auseinandersetzt. Dann erst kommt die damalige bzw. fremde Situation in den Blick.

Beispiel 1
Ohne dass die Lehrperson den Lernenden sagt, um was es im Weiteren geht, regt sie diese an, eine Rede an die Menschheit zu verfassen. Erst viel später erarbeiten die Lernenden, was die Propheten der Bibel den Menschen ihrer Zeit zu sagen hatten.

Beispiel 2
Lernende zeichnen, schreiben, stellen dar, was sie mit von der Lehrperson ausgewählten Sätzen an Erlebnissen/Hoffnungen/Befürchtungen usw. verbinden. Erst später erfahren sie, dass und wie sich Menschen der Bibel in diesen Sätzen aus den Psalmen wiederfanden.

Das Suchen und Finden von Ähnlichkeiten zwischen heutigen und damaligen Situationen wird als Strukturanalogie bezeichnet. Entscheidend ist – im Unterschied zu impliziter und abduktiver Korrelation – der *Vergleichspunkt, über den die Korrelation angebahnt wird* (z.B. heutige Hoffnungen von einer besseren Welt und Hoffnungsbilder der Propheten damals).

Diese Form der Korrelation wird oft auf ein simplifizierendes In-Verbindung-Bringen von Tradition und Situation reduziert nach dem Motto: „Auch Jesus hat schon ...“ oder „Auch in der Bibel steht schon...“ Demgegenüber ist entscheidend, dass die Lernenden selbst Ähnlichkeiten, aber auch Unterschiede zwischen Eigenem und Fremden bzw. damals und heute herausfinden.

Arbeitshinweis
Entwickeln Sie mindestens zwei Beispiele und bestimmen Sie deren korrelative Form.

1.6.3 Elementarisierend Handeln: Inhalte und Personen

Arbeitshinweis

- Erinnern Sie sich an gelungene Unterrichtssituationen.
- Was zeichnete diese Unterrichtssituationen aus?

Elementarisierungsansatz

Elementarisierung enthält im Kern ein korrelatives Denken, nämlich die *wechselseitige* (elementare) *Erschließung von Sache und Personen* (gestrichelte Pfeile in Abb. 17). In unterschiedlichen Arbeitsschritten werden mögliche Korrelationen in der Unterrichtsvorbereitung herausgearbeitet, damit Lernende im Unterricht für sie passende Wechselbeziehungen realisieren können. Korrelation wird hier im Blick auf konkreten Unterricht mit konkreten Lernenden elementarisiert, d.h. vereinfacht (lat. *elementum* = Grundstoff, Grundbestandteil; Anfangsgründe, Anfänge).[219] Mögliche Arbeitsschritte sind:

- Anforderungssituationen identifizieren

Anforderungssituationen sind Situationen, denen Menschen möglicherweise in ihrem Leben begegnen. Wenn Menschen diese Situationen verstehen bzw. bewältigen, gelingt ihr Leben immer besser. Solche Anforderungssituationen in der Lebenswelt der Lernenden bzw. exemplarische Lebenssituationen sollten identifiziert und mit dem Unterrichtsinhalt in Verbindung gebracht werden. Der Ertrag des Unterrichts wäre dann: Lernende können durch den Unterricht bestimmte, ihnen (irgendwann) begegnende Lebenssituationen besser verstehen bzw. bewältigen. *Für welche Anforderungssituation könnte der Unterrichtsinhalt relevant werden?*

- Wesentliche Grundlinien der Sache: elementare Struktur

Es wird die grundlegende, *elementare Struktur* des Inhalts der Unterrichtsstunde schon im Blick auf die konkreten Lernenden herausgearbeitet. Für den konkreten Unterricht werden also grundlegende Inhalte ausgewählt. Die Auswahl erfolgt als wissenschaftlich begründbare Vereinfachung im Sinne einer sach- und schülergemäßen Konzentration. *Was sind wesentliche Elemente, Sinnstrukturen der Sache im Blick auf die Lernenden?*

---

[219] Vgl. ausführlich z.B.: Riegger, Planung und Gestaltung, 2005, 6-13.

- Verstehensvoraussetzungen: elementare Zugänge

Mögliche *elementare Zugänge* von Lernenden zum Inhalt sind herauszuarbeiten. *Wie verstehen die Lernenden den Unterrichtsinhalt aufgrund ihrer entwicklungsbedingten und lebensgeschichtlichen Verstehensvoraussetzungen?*

- Lebensbedeutsamkeit: elementare Erfahrungen

Vor dem Hintergrund der gewählten Anforderungssituation konkretisiert man die elementaren Zugänge durch mögliche *elementare Erfahrungen* der Lernenden (Lebens- und Glaubenserfahrungen). Vergleichbar verfährt man auf der Sachseite, indem man erschließt, welche Glaubens- und Lebenserfahrungen in oder hinter den elementaren Strukturen liegen können. *Was am Unterrichtsinhalt ist lebensbedeutsam, für heutige Anforderungssituationen möglicherweise relevant? Welche Erfahrungen (religiöse wie profane) stecken in der Sache? Welche Erfahrungen auf der Seite der Lernenden (religiöse wie profane) können den Sachverhalt deuten?*

- Geltungsansprüche und Vergewisserungen: elementare Wahrheiten

In den Religionen geht es immer auch um Wahrheiten („Wahrheit an sich"), weil Religionen Wege zum Heil sein wollen. Die Erfahrungen von Gläubigen verdichteten sich zu Wahrheitsansprüchen der Religionen (Sachseite). Die Erfahrungen der Lernenden enthalten oft auch Wahrheitsansprüche, allerdings subjektiver Art („Wahrheit für mich"). Die mögliche Dynamik, die entsteht, wenn beide Seiten aufeinandertreffen (objektive und subjektive Wahrheiten), soll im Voraus bedacht werden (Ablehnung, Widerspruch, Streit, Zustimmung usw.). Da nicht jede Wahrheit gleich wichtig ist, sollten die Wahrheiten entsprechend ihrer Bedeutung hierarchisch gewichtet werden. *Welche Glaubenswahrheit(en) werden mit diesem Inhalt angesprochen? Wird an diesem Inhalt eine „Wahrheit für mich" als Lehrperson und für die Lernenden deutlich? Welche Wahrheit trägt zukünftig?*

- Unterrichtsgestaltung: elementare Lehr-Lernarrangements

Die bisher herausgearbeiteten Lerngegenstände sind in Lernsituationen hineinzustellen, und zwar durch die Gestaltung von Lerngelegenheiten mit entsprechenden Methoden und Medien. Werden beide nicht ohne Kontext, sondern mit Bezug zur Lernkultur der Lernenden und dem konkreten Unterrichtsprozess ausgewählt und umgesetzt, spricht man von *elementaren Lehr- und Lernarrangements.* Diese sollen lebensbezogenes Lernen und einen offenen korrelativen Dialog erlauben. *Wie gestalte ich konkret einen solchen Unterricht?*

- Wirkungen von Unterricht: elementare Reflexionen

Elementare Reflexionen beziehen sich nicht auf den gesamten Unterrichtsverlauf, sondern auf einzelne Unterrichtssituationen. *Was geschah wirklich?* Die Reflexion erfolgt in vier Schritten (vgl. 12.1.1):

a) Erste Eindrücke und Empfindungen eingestehen: Wahrnehmung ist niemals neutral. Unsere Emotionen und Perspektiven prägen das Wahrnehmen von Wirklichkeit. Um diese subjektiven ‚Einfärbungen' der eigenen Wahrnehmung zumindest teilweise zu reduzieren, sollten wir uns unsere Emotionen und un- bzw. vorbewussten Perspektiven eingestehen und diese bewusst machen. Das kann zuweilen schmerzhaft sein, wenn wir z.B. feststellen, dass wir Lieblinge haben, obwohl wir dies kognitiv als unprofessionell ansehen. Gut ist es, wenn wir uns eingestehen, dass wir fehlbare Menschen sind. Dazu ist eine Atmosphäre der Offenheit und Neugier hilfreich, eine Wahrnehmung also, die nicht von vorne herein auf bestimmte Aspekte fokussiert ist und dadurch die eigenen handlungsleitenden verdeckten Emotionen und Perspektiven leicht übersieht. Mögliche Entdeckungsfragen könnten sein:

- An welche Unterrichtssituation denke ich zuerst?
- Welche Emotionen löst diese bei mir aus?
- Freut mich etwas?
- Regt mich etwas auf?

Wie wichtig es ist, hinter unsere voreingenommenen Beobachtungen und vorschnellen Bewertungen zu kommen, zeigt ein Beispiel aus dem Tagebuch von *Max Frisch*:

> „In gewissem Grad sind wir wirklich das Wesen, das die andern in uns hineinsehen, Freunde wie Feinde. Und umgekehrt! Auch wir sind die Verfasser der andern; wir sind auf eine heimliche und unentrinnbare Weise verantwortlich für das Gesicht, das sie uns zeigen, verantwortlich nicht für ihre Anlage, aber für die Ausschöpfung dieser Anlage. Wir sind es, die dem Freunde, dessen Erstarrtsein uns berührt, im Wege stehen, und zwar dadurch, dass unsere Meinung, er sei erstarrt, ein weiteres Glied in jener Kette ist, die ihn fesselt und langsam erwürgt. Wir wünschen ihm, dass er sich wandle, o ja, wir wünschen es ganzen Völkern! Aber darum sind wir noch lange nicht bereit, unsere Vorstellung von ihnen aufzugeben. Wir selber sind die letzten, die sich verwandeln. Wir halten uns für den Spiegel und ahnen nur selten, wie sehr der andere seinerseits eben der Spiegel unsres erstarrten Menschenbildes ist, unser Erzeugnis, unser Opfer".[220]

b) Objektive Beschreibung: Beobachtung ist *„gezielte Wahrnehmung"*[221]. Es ist also eine *aufmerksame, planmäßig-selektive* und *methodisch kontrollierte Wahrnehmung* mit dem Ziel der Informationsgewinnung über einen – selbst gewählten oder von außen vorgegebenen – Sachverhalt, eine Person oder Personengruppe. *Möglichst objektiv sollen sichtbare Tatbestände beo-*

---

220 Frisch, M., Tagebuch 1946 – 1949, Frankfurt a.M. 1985, 28f.

221 Von Martial, I., Unterrichtsbeobachtung, in: Ders., Einführung in schulpraktische Studien. Vorbereitung auf Schule und Unterricht, 6. überarb. Aufl. Hohengehren 2000, 235-240, 235.

bachtet und nichtwertend beschrieben werden. Dabei sind besonders von Bedeutung: Sprache, nonverbales Verhalten wie Motorik, Mimik, Gestik, Blickkontakte usw.

Die Zuverlässigkeit und Genauigkeit der durch Beobachtung gewonnenen Ergebnisse können von unterschiedlichen Faktoren abhängen: Beobachtbarkeit des Tatbestandes (Denken der Lernenden lässt sich nicht beobachten, sondern nur erschließen), Beobachtungssituation (Unübersichtlichkeit, was läuft unter dem Schülertisch ab usw.), Wiederholbarkeit der Beobachtung usw. Durch systematische Beobachtungen und externe Beobachtungskategorien soll die Objektivität der Beschreibung erhöht werden.

Bei genauer Beobachtung und klarer Beschreibung sollten die folgenden drei Fragen mit ‚ja' beantwortet werden können:

- Ist die von mir vorgenommene Beschreibung so genau, dass zwei außenstehende Hörende oder Lesende den beschriebenen Sachverhalt unabhängig voneinander, wirklichkeitsgetreu nachvollziehen können?
- Geht aus der Beschreibung eindeutig hervor, wann und in welcher Form der beschriebene Sachverhalt sich ereignete (Ort und Rahmen der Handlung, Beginn, Ende)?
- Ist die Beschreibung so klar, dass sie auch in zeitlicher Distanz noch verständlich ist?

c) Begründete Bewertung der Unterrichtssituation: Der mit dem menschlichen Handeln verbundene subjektive Sinn kann von außen nur gedeutet, interpretiert werden. Welche Deutungen von Himmel für eine/n Schüler/in nach einer Unterrichtsstunde zu diesem Thema nachvollziehbar, unverständlich, veraltet usw. sind, müssen wir durch Bewertungen herausfinden. Bewerten ist die an Kriterien ausgerichtete Deutung von präzise Beobachtetem und Beschriebenem. Grundlage einer Bewertung sollte also wirklich Beobachtetes und Belegtes sein, weshalb zwischen Beschreibung und Bewertung klar getrennt werden muss. Klare und konkrete, kriteriengeleitete Bewertungen erlauben eine Überprüfung und ggf. eine Revision der Bewertung. Mit externen Beurteilungssystemen soll die Objektivität der Beurteilung erhöht werden. Eine vollständige Objektivität kann es jedoch nicht geben, da wir die lebensweltlichen Einflüsse oft nicht mitberücksichtigen können.

d) Konkrete Konsequenzen für zukünftiges Unterrichtshandeln: Die bisherigen Einsichten münden in Vorschläge für konkretes, zukünftiges Handeln. Hier kann sich die Lehrperson fragen:

- Welche Methoden und Lernhilfen sprechen meine Lernenden in welcher Situation besonders an?
- Wo beschaffe ich mir Wissen zu den Unterrichtsinhalten?
- Auf welchen Aspekt achte ich in den nächsten Unterrichtsstunden besonders?

Beispiel
a) Meine *ersten Eindrücke und Empfindungen:* In der Klasse 5b wollen mich zwei Schüler provozieren. Ich bin verunsichert und weiß nicht, was ich machen soll.
b) *Möglichst objektive, nichtwertende Beschreibung von Beobachtungen sichtbarer Tatbestände:* Beide tragen trotz ausdrücklichen Verbots, das sie gehört haben (sie sagten ja, ja), Straßenschuhe im Klassenzimmer. Ich sehe es, mache aber mit dem Unterricht weiter.
c) *Wie bewerte ich die Unterrichtssituation und welche Begründungen geben ich dafür an?* Die Schüler begehen bewusst einen Regelverstoß, um auszutesten, wie weit sie bei mir gehen können bzw. wie ich auf diesen Regelverstoß reagiere.
d) *Zukünftiges Handeln in ähnlichen Situationen:* Das nächste Mal werde ich in einem ähnlichen Fall die Sache nicht ‚übersehen', sondern die Schüler ansprechen, z.B.: „Ich habe vorhin gesagt, dass die Straßenschuhe nicht im Klassenzimmer getragen werden dürfen, weil sonst der ganze Dreck von draußen ins Klassenzimmer getragen wird. Zieht bitte sofort eure Hausschuhe an."

Elementarisierung konkret

Beispiel aus dem Religionsunterricht einer neunten Klasse
Bearbeitet wird das Thema ‚Himmel'. Ein Schüler bemerkt: „Den gibt es doch gar nicht!", und ein anderer: „Ich will nicht in den Himmel! In der Hölle geht doch der Punk ab!" Als die Lehrperson den Schüler fragte, warum es den Himmel nicht geben würde, kam die Antwort prompt: „Ich sehe zwar Wolken am Himmel, aber keinen Gott!" Mit der Unterscheidung von *sky* und *heaven* wurde dieser Aspekt dem Schüler verständlich. Auf der religiösen Ebene (Glaubenserfahrungen) bevorzugte aber der andere Schüler nach wie vor die Hölle, weil seine Himmelsbilder langweilig waren. Erst mit dem Hinweis der Lehrperson, dass das Schönste, was man sich vorstellen kann, mit Himmel zu tun hat, kam Leben in das Gespräch. „Saufen ohne Kater" und „Süßigkeiten essen, ohne dick zu werden" waren Vorstellungen von einigen Lernenden. Vor diesem Hintergrund wurde die biblische Himmelsvorstellung vom Festmahl interessiert untersucht.

Beispiel für die zuvor erarbeitete Elementarisierung

ANFORDERUNGSSITUATIONEN AUS DER LEBENSWELT:
Was ist das Schönste, das man sich vorstellen / denken kann (und evtl. nicht größer gedacht werden kann)? Lohnt es sich dafür zu Leben?

SACHE ⇄ PERSON/EN

TRADITION | SITUATION

STRUKTUREN = *Wesentliches der Sache*: *archaische Himmelsvorstellung* = überirdischer, unzugänglicher Raum (vgl. auch Dtn 26,15 u.ö.) *physikalisch*: Himmel = Firmament, Weltall (*sky*) theologisch: Himmel = Inbegriff der christlichen Hoffnung auf Vollendung des Heils (*heaven*) psycho- bzw. physiologisch: himmlisch = Gefühl → *Das Schönste, was man sich vorstellen kann.*	*entwicklungsbedingte* ZUGÄNGE *zur Sache*: *Zwischen fünf und acht Jahren* sind *archaischen Himmelsvorstellungen* vorherrschend. Diese werden mit zunehmendem Alter durch naturwissenschaftliches Wissen verändert (Der Himmel besteht aus Luft und Luft ist überall). *Mit zunehmendem Alter* scheinen *physikalische Himmelsvorstellungen* archaische und theologische Vorstellungen zurückzudrängen. *Entwicklungsunabhängiger* scheinen *psycho- bzw. physiologische oder religiöse Vorstellungen.*
ERFAHRUNGEN: *Glaubenserfahrungen damals*: *biblische Bilder*: *Mahl* (Lk 13,29 par); *Festmahl* (Lk 14,16-21); *Hochzeit* (Mt 22,1f; Mt 25,13)	ERFAHRUNGEN als *Glaubenserfahrungen heute*: *ansprechende Hoffnungsbilder fehlen oft*, vielleicht sind literarische Bilder vorhanden (z.B. Der Münchner im Himmel von Ludwig Thoma).
ERFAHRUNGEN als *Lebenserfahrungen damals*: *Biblische Bilder* waren *vor* dem damaligen, *agrarisch geprägten lebensweltlichen Hintergrund* für viele Menschen unmittelbar einleuchtend (Wenn Menschen aufgrund von Missernten an Hunger leiden, müssen mehrtägige Feste mit viel zu essen als Himmel erscheinen.).	ERFAHRUNGEN als *Lebenserfahrungen heute:* *Heute* muss in Deutschland i.d.R. *niemand verhungern.* Man kauft Lebensmittel. Für Kinder und Jugendliche ist ein *Fest oder* eine *Hochzeit oft langweilig.* Bekannt sind Erfahrungen der kleinen Transzendenz wie *Alkohol trinken, Süßigkeiten essen, Himmel der Liebenden, himmlisches Fußballspiel*
WAHRHEITEN: *objektive Wahrheitsansprüche:* *Seligkeit* (Lk 13,14) *Schau Gottes* (1 Kor 13,12) → *Himmel ist noch schöner, als das Schönste, das man sich vorstellen kann.*	WAHRHEITEN: *subjektive, existenzielle Wahrheiten*: Wenig anziehende *biblische Himmelsbilder ins Heute übersetzen.* → *Himmel ist nicht langweilig, sondern erstrebenswert.*

LEHR- UND LERNARRANGEMENT:
Gespräch, Texte usw.

Abb. 17: Elementarisierungsdimensionen zum Thema: Was ist Himmel?

Ich vertrete mit diesem kompetenzbezogenen Verständnis von Elementarisierung keinen umfassenden hermeneutischen Anspruch. Vielmehr versuche ich bescheiden, mögliche Entsprechungen ausfindig zu machen und stichpunktartig zusammenzutragen. Zu beachten ist, dass sich auch nicht vorhergesehene Korrelationen einstellen können. Dafür sollte eine solche Unterrichtsvorbereitung sensibilisieren!

1.6.4 Qualität methodischen Handelns: Welches ist die wirkungsvollste Methode?

Erwartungen und Wünsche bezüglich der Qualität methodischen Handelns, guter Methoden im Religionsunterricht werden immer öfter geäußert.[222] Methodenqualität beinhaltet m.E. mindestens eine *normative und eine empirische Dimension*. Bei der *normativen* Dimension geht es letztlich um eine Vision guten methodischen Handelns, um die ‚Philosophie' von Methoden oder noch umfassender: um die Frage nach dem Sinn und dem Ziel methodischen Handelns im Religionsunterricht unter den Bedingungen der Gegenwart. In dieser Dimension geht es also um die nachvollziehbare didaktische Beurteilung der Angemessenheit von Methoden bzw. methodischen Handelns. Um die Qualitätsfrage nicht einfach Moden zu unterwerfen (z.B. Gruppenunterricht ist immer gut), wurden Methoden innerhalb allgemeindidaktischer Modelle (1.5) und im Rahmen des Religionsunterrichts (1.6) betrachtet.

In der *empirischen* Dimension fragt man: Welche Methoden können im Blick auf bestimmte vorausgesetzte Bildungsziele als effektiv (Wirkung) gelten. Wie wirksam sind also Methoden im Rahmen bestimmter Zielsetzungen? Nicht diese oder jene Methode, nicht dieses oder jenes Handeln von Lehrpersonen oder Lernenden ist für den Gesamterfolg entscheidend! So simpel ist Unterricht nicht! Ähnlich wie in der Musik kommt es auf das Zusammenspiel der Methoden, die „*Orchestrierung*"[223], an: „Ebenso wie in der Musik ist es nicht die Häufigkeit der einzelnen Arten von Verhaltensweisen (Noten), die den Gesamteffekt (die Melodie) bestimmt. Es sind die Kombinationen, Sequenzen, Rhythmen und Tempi der Maßnahmen der Lehrpersonen (und damit auch der Handlungsweisen der Lernenden), die den Unterschied zwischen einem wirksamen und unwirksamen Unterricht ausmachen. Zumindest ist dies ein plausibler Gedanke."[224]

---

[222] Vgl. dazu auch: Riegger, M., Qualität religiöser Bildungsprozesse an der öffentlichen Schule. Zwölf Merkmale zum besseren Gelingen, in: Kropač, U. / Langenhorst, G. (Hg.), Religionsunterricht und der Bildungsauftrag der öffentlichen Schulen. Begründung und Perspektiven des Schulfachs Religion, Babenhausen 2012, 160-176.

[223] Oser / Franz, Choreographies of teaching 2002.

[224] Gage / Berliner, 1996, 575.

Es ist also festzuhalten: „*Die* beste Lehrmethode, *den* effektiven Unterricht gibt es nicht! Wohl aber sind bestimmte Lehrmethoden für die Erreichung bestimmter Unterrichtsziele und Lernqualitäten vorteilhafter als andere“[225] („*These über die differenzielle Wirkung von Methoden*“[226]). Damit kann der „Wert und Einsatz von methodischen Formen [...] immer nur im Blick auf die angestrebte Qualität des Lern- und schließlich Bildungsprozesses beurteilt werden.“[227] Kriterien eines angemessenen methodischen Handelns müssen sich also aus allgemeindidaktischen und spezifisch religionsdidaktischen Überlegungen ergeben. Gefragt ist ein kriteriengeleiteter „multifaktoriell verantworteter Methodeneinsatz“[228], wozu eine Checkliste für das Handeln hilfreich sein kann.

1.6.5 Checkliste

Die folgenden Aspekte sind am Elementarisierungsansatz orientiert und aus der Perspektive methodischen Handelns mit Fragen konkretisiert.

a) Gesellschafts- und Institutionenangemessenheit: Religionsunterricht in der Schule ist Unterricht in einer Zwangsinstitution (Schulpflicht), auch dann, wenn man grundsätzlich berücksichtigt, dass man sich vom Religionsunterricht abmelden kann.
- *Ist die Methode sinnvoll innerhalb der gesellschaftlichen und institutionellen Rahmenbedingungen umsetzbar?*

b) Lehrer- bzw. Schülerangemessenheit:
- *Kenne ich als Lehrkraft die Methode gründlich, also sind mir mögliche Vorzüge und Schwächen, Chancen und Grenzen o.ä. bewusst* (vgl. Kapitel 2ff.)*?*
- *Kennen die Lernenden die Methode oder muss ich sie erst ausführlich erklären und zusammen mit ihnen einüben?*

c) Intentionen-, Ziel-, Kompetenz-, Bildungsstandardangemessenheit:
- *Welche Intentionen, Ziele, Kompetenzen bzw. Bildungsstandards sollen mit der Methode erreicht werden?*
- *Ist die Methode nur für bestimmte Intentionen, Ziele, Kompetenzen bzw. Bildungsstandards geeignet?*

d) Lebenswelt- und Lehrplan- bzw. Bildungsplanangemessenheit:
- *Rückt die Methode den Sachverhalt in den Lernhorizont der Lernenden?*

---

[225] Terhart, Lehr-Lern-Methoden, 2005, 85.
[226] Ebd., 40.
[227] Ebd., 9.
[228] Lachmann, Methodische Grundfragen, 2010, 33.

- *Erlaubt die Methode, dass die grobe Themenvorgabe des Lehr- bzw. Bildungsplans für die Lernende zu einem präsenten und relevanten Thema werden kann?*
- *Gibt es grundsätzliche lerngruppenbedingte Voraussetzungen zu beachten (z.B. vorhandene Medien, separater Meditationsraum, Rand- bzw. Doppelstunde, Arbeitshaltung der Lernenden, Gruppenzusammensetzung und gruppendynamische Bedingungen)?*

e) Inhalts- bzw. Sachangemessenheit:
- *Wird die Methode der Struktur des Lehrgegenstandes gerecht?*
- *Ist die Methode pädagogisch und theologisch angemessen, d.h. werden notwendige (historische) Verstehensvoraussetzungen deutlich?*

f) Entwicklungs- bzw. Verstehensangemessenheit:
- *Berücksichtigt die Methode die Verstehensvoraussetzungen und Lernstrukturen der Mehrheit der Lernenden oder lösen einzelne Worte, Sätze, Passagen bei den Lernenden Verständnisschwierigkeiten aus?*

g) Erfahrungsangemessenheit:
- *Werden durch die Methode die in oder hinter dem Inhalt (möglicherweise) verborgenen Erfahrungen berücksichtigt, verlebendigt?*
- *Können sich Lernende mit ihren Erfahrungen in der Methode wiederfinden?*
- *Bekommen auch Kontrasterfahrungen ihr Recht?*

h) Wahrheitsanspruchsangemessenheit:
- *Was löst die Methode bei den Lernenden wahrscheinlich aus (Spannung, Langeweile, Widerspruch, Zustimmung, Gleichgültigkeit)?*
- *Wird durch die Methode der Wahrheitsanspruch, der hinter bzw. in dem Inhalt steckt deutlich?*
- *Erlaubt die Methode ein Ringen um gewissmachende Wahrheiten und nachhaltige Bedeutungen, ein Aufgehen von (neuen) Sinnperspektiven?*

i) Situationsangemessenheit:
- *Erlaubt die Methode strukturell die gezielt(er)e situative Planbarkeit von Lehr-Lern-Prozessen oder werden bestimmte Inhalte einfach vorgegeben?*

j) Evaluationsangemessenheit:
- *Lassen sich am Ende Aussagen über die Wirkung der Methode treffen?*

Zusammenfassung:
Jede theoretisch im Religionsunterricht noch so geeignete Unterrichtsmethode kann dogmatistisch, zwanghaft, fantasie-, humor-, gefühl- und lieblos, ohne Verständnis für und Respekt vor den Lernenden, ohne Begeisterung, ohne innere Überzeugung und ohne Freude am Inhalt eingesetzt werden. Unterrichtsmethoden ersetzen nicht die Interaktions- und Kommunikationskompetenz.

2. Unterrichtsdramaturgisches Handeln: Gliederung des Unterrichts

Denkanstoß
Vergegenwärtigen Sie sich Ihre Schulzeit im Blick auf gefühlte Zeit!

- Wann wollte Unterricht kein Ende nehmen?
- Wann verging die Zeit wie im Flug?

Leben und Lernen ist immer an Zeit und Gehirnaktivitäten gebunden. Aber anders als im natürlichen Rhythmus des Jahres bzw. Tages gibt es im schulischen Unterricht keine „natürliche“ (Vor)Strukturierung, da jeder Unterricht künstlich ist. Deshalb müssen sich Lehrende in der Vorbereitung für den Unterricht fragen: *Wann soll was in Angriff genommen werden, damit Schülerinnen und Schüler lernen können?* Diese Frage sollte auch den von den Lernenden mitgebrachten Habitus betreffen: *Wie sind die Lernenden in Bezug auf die zeitliche Gliederung des Lernens habituell geprägt worden und welche Möglichkeiten bestehen durch die zeitliche Gliederung des Unterrichts, dass sich deren Habitus positiv verändert?*

Wird der Habitus als veränderbar angesehen und sollen die Lernenden wirklich als eigenständig denkende und handelnde Wesen ernst genommen werden, müssen zeitliche Überlegungen immer unterschiedliche Handlungsmöglichkeiten vorsehen. Starre Schemata, die weder individuelle Voraussetzungen der Lernenden noch neuere lernpsychologische oder konstruktivistische Erkenntnisse berücksichtigen, sind sicher überholt. Dennoch ist es sinnvoll, die zeitliche Strukturierung von Lehr-Lernprozessen, hirnphysiologische und habituelle Aktivitäten zu bedenken und zu planen, auch wenn im konkreten Unterricht begründet davon abgewichen wird. Denn die gedankliche Vorwegnahme, die Simulation von Unterricht, kann und soll spontane Variationen ermöglichen, die zumindest im Nachgang begründet werden können.

Begriff: Die Artikulation des Unterrichts (von lat. *articulus* = Glied) ist die Gliederung unterrichtlicher Prozesse, der Stundeneinteilung bezüglich des „zeitlichen Ablaufs“[229] auf dem Hintergrund didaktischer Begründungen.

---

[229] Meyer, Unterrichtsmethoden, Bd. 1, 2016, 130 und folgende Zitate. Vgl. auch: Bahr, M., Planungsschemata: Zwischen Gebundenheit und Offenheit, in: Hilger u.a., Religionsdidaktik, 2015, 513-524; Heil, Religionsunterricht professionell planen, 2015, bes. 43; Kiehl, J., Der schriftliche Unterrichtsentwurf, in: Noormann, H. / Becker, U. / Trocholepczy, B. (Hg.), Ökumenisches Arbeitsbuch Religionspädagogik, 3., akt. u. erw. Aufl. Stuttgart 2007, 247-261; Lehnhart, H., Unterrichtsentwurf, 4.1, (http://www.bibelwissenschaft.de/stichwort/100036/, letzter Zugriff: 30.06.2018); Riegel, Religionsunterricht planen, 2014, bes. 12-24; Riegger, Planung und Gestal-

Hierbei geht es um die Rhythmisierung und die Dramaturgie des Unterrichts. Verwendet werden sehr unterschiedliche Begriffe: Phasen, Stufen, Abschnitte, Schritte, Komponenten oder (Struktur-)Elemente, die in Schemata oder Unterrichts(verlaufs)skizzen bzw. Unterrichtsentwürfen erfasst werden. Sie regeln die (Lehr-Lern-)„Prozessstruktur des Unterrichts“ durch eine unmittelbar sichtbare äußere Seite (Minuten können gemessen, das Tempo kann verlangsamt oder beschleunigt werden, der Ablauf kontinuierlich oder unterbrochen sein) und eine innere Seite, die sich aus der didaktischen Folgerichtigkeit der miteinander verknüpften Elemente ergibt (verlangsamtes Tempo kann Spannung, aber auch Langeweile erzeugen; der Lernprozess kann angeregt, aber auch gebremst werden).

Phasenschemata und Prozessmodelle gibt es in einer kaum zu überblickenden Anzahl. Vergleicht man diese, so kann man m.E. folgende Aspekte entdecken:

- Manche Schemata knüpfen bestimmte Aspekte des Unterrichts an eine Phase (z.B. Motivation und Einstiegsphase, wobei doch sicher während des gesamten Unterrichts Motivation vorhanden sein sollte.). Damit für Lehrende und Lernende individuell passende Verbindungen möglich werden, sollten formale, möglicherweise aufeinanderfolgende Elemente oder Phasen und inhaltliche, strukturelemente- bzw. phasenübergreifende Prinzipien separat dargestellt werden.
- Elemente bzw. Phasen sollen zwar den Lehr-Lernprozess strukturieren, sie dürfen aber nicht starr festlegen, was die Lernenden inhaltlich zu denken und zu tun haben, denn das stünde einem wirklich wirksamen Lernen entgegen. Elemente bzw. Phasenschemata sollen also den inhaltlichen Verlauf zwar formal gliedern, aber in Bezug unterschiedlichste Einflüsse flexibel gehandhabt werden. Deshalb ersetzen manche Planungsmodelle die übliche zeitliche Verlaufsdarstellung durch *alternative Anordnung der Elemente* (z.B. in neben- und ineinander liegenden Quadranten. Für Anfängerinnen und Anfänger ist dies nicht selten überfordernd, sodass unbewusst doch ein zeitlicher Plan vorhanden ist und abgearbeitet wird.
- Bei manchen Lehrpersonen könnte durch das Vorgeben von Elementen bzw. Phasen der Eindruck aufkommen, dass Unterricht wesentlich durch sie vorgegeben wird. Eine Lehrkraft kann zwar im Unterricht Denkprozesse bei den Schülerinnen und Schülern anstoßen, aber denken, handeln und lernen können nur die Lernenden selbst. Diese entscheidenden Prozesse, die immer im Gehirn ablaufen, sind innerhalb der Elemente bzw. Phasen sichtbar zu machen.[230]

Es gibt keine allgemeingültigen Stufen- oder Phasenschemata, die wertfrei, inhalts- und zielneutral, sowie unabhängig vom gesellschaftspolitischen oder

---

tung, 2005, bes. 12; Schmid, H., Unterrichtsvorbereitung – eine Kunst. Ein Leitfaden für den Religionsunterricht, München 2008, bes. 108-124.

[230] Vgl. Hattie, Lernen sichtbar mache, 2013.

religiösen Kontext der Schule eingesetzt werden können. „Die schulformspezifischen, die fachdidaktischen und themenspezifischen Vor- und Nachteile einzelner Schemata müssen bedacht werden, bevor Unterricht mit ihrer Hilfe modelliert wird.“[231] Jedes Planungsschema mit den unterschiedlichen Elementen bzw. Phasen muss also je neu gesellschaftsrelevant, inhaltsbezogen, schülergerecht, situationsspezifisch aus- bzw. nachgeformt werden und nicht zuletzt Hirnaktivitäten des Lernens berücksichtigen.

Hinweis
Es gilt: Kein guter Unterricht verläuft bis ins Detail so, wie er geplant wurde! Es gilt auch: Nur sehr gut im Voraus gerade von den Lernenden her durchdachter und geplanter Unterricht, kann spontan planvoll und ziel- bzw. kompetenzorientiert den aktuellen Gegebenheiten angepasst werden.

Die zu erklärenden Aspekte sind in Abb. 18 zusammengefasst. Links sind die formalen Phasen bzw. Elemente des Unterrichtsaufbaus enthalten. Sie reichen von der Vorbereitung, dem Einstieg und den Zielen bzw. Kompetenzerwartungen über die Er- und Verarbeitung bis zum Ausstieg. Zwar enthält die Anordnung eine gewisse chronologische Stimmigkeit, denn beispielsweise erfolgt gewöhnlich zu Beginn der Unterrichtsstunde eine Vorbereitung des Lernsettings, doch kann es auch innerhalb einer Unterrichtsstunde zu einer erneuten Vorbereitung kommen, dann nämlich, wenn ein neues Lernsetting angezeigt ist. Als formal werden die Phasen bzw. Elemente bezeichnet, weil inhaltliche Aspekte in den Prinzipien erfasst werden. Zwar kann es hier zu gewissen besonders ausgeprägten Gewichtungen der Prinzipien innerhalb einer Phase bzw. eines Elements kommen, aber grundsätzlich sind die Prinzipien den gesamten Unterricht über durchzuhalten. Beispielsweise kann keine Einstiegsphase ohne Motivation auskommen und doch sollte nicht nur der Einstieg, sondern die gesamte Unterrichtsstunde für die Lernenden motivierend sein. Sind phasen- bzw. strukturübergreifende Prinzipien mit Phasen und Elementen schon in der Unterrichtsvorbereitung didaktisch begründet zu gestalten, so betont die letzte Spalte die Notwendigkeit einer spontanen Unterrichtsgestaltung, indem auf die individuelle Situation eingegangen wird.

231 Meyer, Unterrichtsmethoden, Bd. 1, 2016, 193.

<table>
<tr><td>Phasen/ Elemente</td><td colspan="5">phasen- bzw. strukturelemente übergreifende Prinzipien</td><td>individuelle Situation</td></tr>
<tr><td>Vorbereitung</td><td rowspan="6">A T M O S P H Ä R E</td><td rowspan="6">M O T I V A T I O N</td><td rowspan="6">D E N K F Ä H I G K E I T</td><td rowspan="6">S C H U L B E Z O G E N E
T H E O L O G I E</td><td rowspan="6">F E E D B A C K</td><td rowspan="6">R H Y T H M I S I E R T E R
U N T E R R I C H T</td></tr>
<tr><td>Einstieg</td></tr>
<tr><td>Ziele/Kompetenzerwartungen</td></tr>
<tr><td>Erarbeitung</td></tr>
<tr><td>Verarbeitung</td></tr>
<tr><td>Ausstieg</td></tr>
</table>

Abb. 18: Überblick zur Dramaturgie des Unterrichts

Nachfolgend werden nach fünf phasen- bzw. strukturelementeübergreifenden Prinzipien (2.1), sechs Phasen bzw. Strukturelemente des Unterrichts mit individueller Rhythmisierung (2.2) und drei kompetenzorientierte Unterrichtaufbauschemata (2.3) dargestellt, bevor das Erarbeitete an Beispielen verarbeitet wird (2.4). Die Punkte 2.1 bis 2.2 sind in Abb. 18 zusammengefasst. Der Unterrichtsaufbau mittels Lernaufgaben beschließt das Kapitel.

2.1 Phasen- bzw. strukturelementeübergreifende Prinzipien des Unterrichts

Im Folgenden werden vier Unterrichtsprinzipien dargestellt, welche für den gesamten Unterreicht gelten: Atmosphäre (2.1.1), Motivation (2.1.2), Denkfähigkeiten der Lernenden (2.1.3), schulbezogene Theologie (2.1.4) und Feedback (2.1.5).

2.1.1 Atmosphäre: Schul-, Unterrichts- und Lernklima

'Klima' (engl. *'educational climate', 'classroom environment'*) ist ein pädagogisch-psychologische Begriff, der von den baulichen und organisatorischen Gegebenheiten einer Schule zu unterscheiden ist. Unter *Schul- und Unterrichtsklima* wird die *Wahrnehmung und Bewertung der schulischen Umwelt durch die Betroffenen* (Lehrende, Lernende, Eltern) verstanden, was in Selbstberichten der Betroffenen deutlich wird.[232] Das *Unterrichts- bzw. Klassenklima* bezieht sich vorrangig auf die Beurteilung der Unterrichtsführung einer bestimmten Lehrperson, die im Unterricht Interesse, Verstandenwerden, Angst oder Langeweile usw. erzeugt (Mikroebene). Demgegenüber bezieht sich das *Schulklima* auf die gesamte Schule als Organisation (Mesoebene).[233] Hier könnten beispielsweise religiös relevante Aspekte im Schulleben und auf Schulfesten thematisiert oder regelmäßige schulische Gottesdienste angeboten werden.

Zwischen Schul- und Unterrichtsklima kann ein erheblicher Zusammenhang bestehen – wie in der '*school effectiveness*-Forschung' gezeigt – da Lehrende, die an einer Schule „direkte und indirekte Unterstützung" erfuhren und sich wohler fühlten, mehr Mut zeigten, „in ihrem Unterricht die ihnen formal zustehende didaktische Freiheit auch tatsächlich zu nutzen."[234] Dies bedeutet, dass im Unterricht von den Lehrkräften etwas „Neues [...] dann mit Engagement entwickelt und erprobt wird", wenn ihnen z.B. nicht nur bessere Unterrichtsideen zugänglich gemacht werden, sondern wenn „durch Kollegen und Schulleitung Erfolge sozial anerkannt und Misserfolge nicht sanktioniert werden." Ein positives Schul- und Unterrichtsklima wirkt sich i.d.R. auch auf die Lernenden positiv aus.

Ein gutes Klima in Schule und Lerngruppe ist zwar eine notwendige, aber keine hinreichende Voraussetzung, dass Lernen tatsächlich stattfindet. Für ein gutes *Lernklima* ist es notwendig, dass alle Lernenden „einen Sinn für Herausforderung, Beteiligung und Engagement in Bezug auf die Aufgabe und den Erfolg"[235] besitzen. Grundlage dafür ist, dass ein „Sinn für Zielorientierung, positive interpersonelle Beziehungen und soziale Unterstützung" gegeben wird. Wo eine vertrauensvolle Beziehung vorherrscht, wird Wissen anerkannt und beim Begehen von Fehlern fühlt man sich wohl. Nur wenn

---

232 Vgl. Eder, F., Schul- und Klassenklima, in: Rost, D. H. (Hg.), Handwörterbuch Pädagogische Psychologie, 4. überarb. u. erw. Aufl. Weinheim 2010, 694-703, 694.

233 Vgl. Cortina, K. S.: Psychologie der Lernumwelt, in: Krapp, A. / Weidenmann, B. (Hg.): Pädagogische Psychologie. Ein Lehrbuch, 5. vollst. überarb. Aufl. Weinheim 2006, 477-524, 499f.

234 Ebd., 500 und die folgenden Zitate.

235 Vgl. zum Folgenden: Hattie, Lernen sichtbar machen für Lehrpersonen, 2014, 79 und das folgende Zitat.

wir wissen, was wir nicht wissen, können wir dazulernen.[236] Eines vom Schwierigsten einer „vertrauensvollen Beziehung ist das Vertrauen zwischen Peers (d.h. sowohl zwischen Mitschülerinnen und Mitschülern als auch zwischen Lehrerkolleginnen und -kollegen als Peers)." Lernende können gegenüber anderen, die etwas nicht wissen, brutal und bösartig sein. Lehrpersonen sollten dafür Sorge tragen, dass Lernende so zusammenarbeiten, dass sie zum Erfolg voranschreiten.

Das *Klima in der Lerngruppe ist lernförderlich*, wenn[237] die Lernenden

- es als fair ansehen,
- fühlen, dass es in Ordnung ist zu sagen „Das weiß ich nicht." oder „Ich brauche Hilfe.",
- ein hohes Maß an gegenseitigem Vertrauen spüren,
- erfahren, dass ihnen zugehört wird,
- wissen, dass der Zweck der Schule das Lernen und das Erzielen von Fortschritt ist.

Vier für das Unterrichtsklima förderliche Dimensionen können nach Reinhard und Anne-Marie Tausch unterschieden werden. Interessant ist, dass diese Dimensionen den ethischen Werthaltungen vieler Religionen sehr ähnlich sind. Damit kann auch das Religiöse ins Alltägliche hineinreichen. Zu den Dimensionen im Einzelnen:

Wertschätzung: „Achtung – Wärme – Rücksichtnahme"[238]:

Es geht hier um das *emotionale Akzeptieren* der Person des anderen, unabhängig vom aktuellen Verhalten. Das ist kein Argument gegen Kritik und Tadel! Kritik darf jedoch nicht persönlich herabsetzend erfolgen. Bei offensichtlichem Fehlverhalten kann unterlassene Kritik sogar gegenüber der anderen Person missachtend sein. Diese erste gefühlsmäßige Dimension äußert sich vielfältig: „in Achtung, in Wärme, in Fürsorge, in Ermutigung oder in sozialer Reversibilität (sozialer Umkehrbarkeit)"[239], „sprachlich", „in Gestik, Mimik oder Maßnahmen". Abhängig ist dies zum Teil von der Person, von dem Partner oder der Situation". Bei kleineren Kindern drückt sich diese Haltung beispielsweise eher in Wärme und Zärtlichkeit aus, bei Jugendlichen eher in Achtung und Unterstützung. Generell kann man sich hier fragen[240]:

---

236 Vgl. ebd., 80 und das folgende Zitat.

237 Vgl. zum Folgenden: Hattie, Lernen sichtbar machen für Lehrpersonen, 2014, 78.

238 Tausch, R. / Tausch, A.-M., Erziehungspsychologie, 11. kor. Aufl. Göttingen u.a. 1998, 118.

239 Ebd., 121 und die folgenden Zitate.

240 Vgl. zum Folgenden ebd., 120.

- Wertschätzt jemand den anderen, nimmt er Anteil an ihm?
- Schenkt eine Person der anderen Geltung, Anerkennung? Heißt sie diese willkommen? Ist sie ihr zugeneigt?
- Ist jemand dem anderen gegenüber freundlich, herzlich, nachsichtig?
- Behandelt eine Person die andere rücksichtsvoll, zärtlich, liebevoll?
- Ermutigt sie ihn? Geht sie wohlwollend mit der anderen Person um?
- Vertraut sie der anderen?
- Hält jemand zum anderen? Steht sie ihm bei, beschützt, umsorgt, hilft und tröstet sie ihn?
- Öffnet sie sich ihm gegenüber? Ist sie ihm nahe?

Empathie: „Vollständiges einfühlendes Verstehen der inneren Welt des anderen"[241]*:*

Der Unterschied zur vorherigen Dimension liegt im tatsächlichen Verhalten der anderen Person gegenüber. Genau genommen ist es ein „sensibles, einfühlendes, vorurteilsfreies, nicht-wertendes und genaues Hören der inneren Welt des anderen. Ein Bemühen, gleichsam unter die Haut des anderen zu schlüpfen, in seinen Schuhen ein paar Schritte in seiner Welt zu gehen. [...] Ein Bemühen, die leisen Klopfzeichen des anderen zu hören, etwa seinen kaum wahrnehmbaren Schrei nach Anteilnahme, Zuwendung, Zärtlichkeit und nach Anerkennung seiner kaum ausgesprochenen Bedürfnisse. Eine in dieser Form verstehende Person hört, welche Bedeutung die berichteten Erfahrungen und Erlebnisse für das Selbst, für die Person des anderen haben". Es geht also um *Einfühlungsvermögen* (Empathie). Hier kann man sich fragen[242]:

- Erfasst eine Person vollständig die vom anderen geäußerten gefühlsmäßigen Erlebnisinhalte und gefühlten Bedeutungen?
- Erfasst sie, was die Äußerungen oder das Verhalten für das Selbst des anderen bedeuten?
- Versteht sie den anderen so, wie dieser sich im Augenblick selbst sieht?
- Teilt sie dem anderen das mit, was sie von seiner inneren Welt verstanden hat?
- Hilft sie dem anderen, die von ihm gefühlte Bedeutung zu sehen und das, was er geäußert hat?
- Ist sie dem anderen in dem nahe, was dieser fühlt, denkt und sagt?
- Zeigt sie in ihren Äußerungen und ihrem Verhalten an, inwieweit sie die Welt des anderen mit seinen Augen sieht?
- Drückt sie die vom anderen gefühlten Inhalte und Bedeutungen in tiefgreifenderer Weise aus, als dieser es selbst konnte?

---

[241] Ebd., 179 und das folgende Zitat.
[242] Vgl. zum Folgenden ebd., 181.

- Sind ihre Haltungen und Maßnahmen dem persönlichen Erleben des anderen angemessen?

Kongruenz: „Echtheit – Übereinstimmung – Aufrichtigkeit“[243]:

Zielten die beiden ersten Dimensionen auf die Wahrnehmung der anderen Personen, so geht es jetzt um die Selbstdarstellung von Personen und wie diese von anderen wahrgenommen wird. Echtheit bedeutet hier: „Äußerungen, Verhalten, Maßnahmen, Gestik und Mimik einer Person stimmen mit ihrem inneren Erleben, ihrem Fühlen und Denken überein“. Auf einer höheren Stufe kommt häufig noch hinzu, dass sie „gegenüber ihrem eigenen Fühlen und Erleben offen“ sind. Wer in seiner Selbstdarstellung echt ist, zeigt kein starres Rollenverhalten oder Stereotype. Echtheit hat aber nichts mit einer pädagogischen Scheinfreundlichkeit zu tun, bei der Lehrende die Fassade einer empathischen Person aufbauen ohne tatsächliches Interesse am anderen. Eine solche Pseudoherzlichkeit ist i.d.R. eher schädlich. Diese Echtheitsdimension macht Rollenverhalten nicht überflüssig, aber es fordert zur Ausgestaltung von Rollen auf und zur Entwicklung eines realistischen Selbstkonzeptes. Lehrpersonen, die ein reines Rollenverhalten zeigen, erleichtern möglicherweise den Lernenden das Lavieren durch die Institutionen Schule. Sicher tragen sie nichts zu einer Persönlichkeitsentwicklung bei. Folgende Fragen kann man sich stellen[244]:

- Sagt eine Person das, was sie denkt und fühlt?
- Gibt sich eine Person so, wie sie wirklich ist?
- Verhält sich eine Person ungekünstelt, natürlich und spielt nicht einfach eine Rolle?
- Ist eine Person ohne professionelles, routinemäßiges Gehabe?
- Ist sie sie selbst? Lebt sie ohne Fassade und Panzer?
- Verhält sie sich in individueller, origineller, vielfältiger Weise?
- Ist sie vertraut mit dem, was in ihr vorgeht?
- Ist sie aufrichtig und heuchelt sie nicht?
- Ist sie sich selbst gegenüber ehrlich, macht sich nichts vor und ist bereit, das zu sein, was sie ist?
- Offenbart sie sich anderen und gibt sie sich mit ihrem Ich zu erkennen?
- Ist Sie ‚durchsichtig‘?
- Drückt sie reife gefühlsmäßige Erlebnisse aus?

---

243 Ebd., 214 und die folgenden Zitate.

244 Vgl. zum Folgenden: Ebd., 215.

Lenkung: „Viele förderliche nichtdirigierende Tätigkeiten“[245]:

Als Folge und Konsequenz aller drei gleichzeitig gelebten Dimensionen stellt sich die vierte ein: Jede weitere Einzelaktivität gegenüber anderen ist im Allgemeinen „nicht-dirigierend und förderlich für andere. Diese Tätigkeiten ermöglichen die Förderung bedeutsamer seelischer Grundvorgänge und der konstruktiven Persönlichkeitsentwicklung beim anderen und zum Teil bei der ausübenden Person selbst“[246]. Hier kann man sich fragen[247]:

- Werden dem anderen Angebote gemacht, ihm Anregungen gegeben, ihm Alternativen vorgeschlagen, ihm informierende Hinweise gegeben?
- Macht man für den anderen Materialien (z.B. verständliche Texte) und menschliche Hilfsquellen (z.B. Tutoren) ausfindig? Hält man sich für ihn verfügbar (z.B. für Gespräche)?
- Gibt man dem anderen Rückmeldung? Ermöglicht man ihm klärende Konfrontationen? Trifft man mit ihm Vereinbarungen, Absprachen, Regelungen?
- Gewährt man dem anderen durch Vorleben förderliche Bedingungen für ein günstiges Selbstkonzept, für Selbstachtung, für humane Lebenswerte und für die anderen drei Dimensionen humanen zwischenmenschlichen Handelns?
- Lernt man mit dem anderen mit? Schafft man für ihn eine gemeinsame förderliche Lernumwelt? Übt man mit ihm gemeinsame Aktivitäten aus? Hat man mit ihm gemeinsame gefühlsmäßig bereichernde Erlebnisse?
- Erleichtert man dem anderen, selbst für seine Mitmenschen fördernd und nicht-dirigierend tätig zu sein, selbst die Grundwerte und die humanen Verhaltensdimensionen zu leben und in Mitmenschen zu fördern?
- Stimmen die einzelnen Tätigkeiten und Aktivitäten insgesamt überein und entsprechen sie dem einfühlenden Verstehen, der Achtung sowie der Echtheit?

Bezieht man die erste, emotionale Verhaltensdimension und die letzte Dimension der Lenkung in einem Koordinatensystem aufeinander[248], so kann das Leitungsverhalten beurteilt werden.

Das *Leitungs- bzw. Führungsverhalten* kann systematisch eingeschätzt und beurteilt werden. Zwischen Wertschätzung und Geringschätzung (emotionale Dimension mit einer Setzung von + bzw. - 3) und maximaler und minimaler Lenkung (mit einer Setzung von 0 bis 6) sind viele Einordnungen möglich (vgl. Abb. 19).

---

[245] Ebd., 243.
[246] Ebd., 245.
[247] Vgl. zum Folgenden ebd., 247.
[248] Vgl. dazu besonders ebd., 367-373.

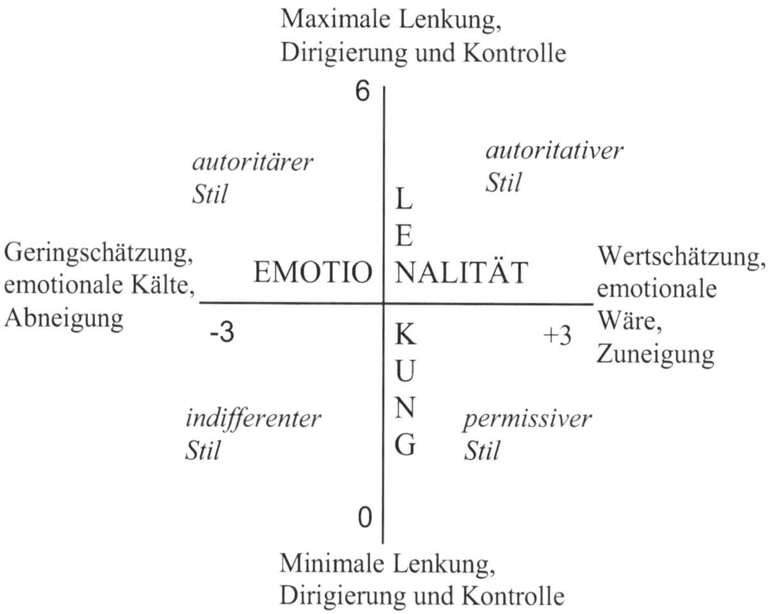

Abb. 19: Leitungsverhalten in Bezug auf Emotion und Lenkung

Dieses Beurteilungssystem erlaubt nicht nur eine idealtypische, sondern eine flexible Beurteilung von Leitungsverhalten, z.B. in Bezug auf

- Situationen (z B. geringere Lenkung nach einer sehr anstrengenden Tätigkeit),
- das Alter (jüngere Lernende benötigen i.d.R. mehr Lenkung als ältere, auch unterscheidet sich die Form wie Wertschätzung ausgedrückt wird) und
- die von den Kindern und Jugendlichen in der Schule mitgebrachten Erwartungen hinsichtlich des Leitungsverhaltens (autoritär erzogene Kinder und Jugendliche können zunächst mit zu viel Freiheit überfordert werden). Sind Kinder und Jugendliche eine hohe Lenkung gewohnt, dann sollte man daran anknüpfen und sie nach und nach reduzieren.

Im Einzelnen sind vier Leitungsstile auszumachen: Geringschätzung und viel Kontrolle zeichnet den *autoritären Leitungsstil* aus. Hohe Lenkung mit Wertschätzung hingegen kennzeichnet den *autoritativen Stil.* Geringschätzung und wenig Lenkung zeichnet den *indifferenten Stil* aus. Der *permissive Stil* ist durch Wertschätzung und wenig Kontrolle charakterisiert.

2.1.2 Motivation

Denkanstoß
„Wofür man sich interessiert, das lernt und behält man auch leichter."

- Positionieren Sie sich begründet zu dieser Aussage.

Selbstbesinnung
Als Schüler bzw. Schülerin sind Sie früher sicher nicht jeden Tag gleich gerne zur Schule gegangen, nicht jede Religionsstunde hat damals gleich viel Freude bereitet. Warum war das wohl so? Die folgenden Fragen können Sie auf die Spur von Motivation bringen.

- Was zeichnete Religionsstunden aus, die Ihnen Freude bereiteten?
- Unter welchen Bedingungen beschäftigten Sie sich mit Themen, die über die verpflichtenden Unterrichtsanforderungen hinausgingen?
- Manchmal erledigten Sie das Pflichtpensum widerwillig. Weshalb?
- Können Sie erklären, warum Ihnen Religionsunterricht bei verschiedenen Lehrpersonen unterschiedlich viel Freude bereitete?

Arbeitshinweis 1
Die Lehrkraft schreibt zu Beginn des Religionsunterrichts an die Tafel „Es werde Licht" und spricht: ‚Jetzt seid ihr dran."

- Sicher fallen Ihnen noch weitere Motivationsbräuche aus dem Religionsunterricht ein.

Arbeitshinweis 2
Betrachten Sie – ohne angelernte Vorurteile – Motivationsbräuche, die Sie sahen oder von denen Sie hörten!

- Wie könnten diese Bräuche auf Beobachtende wirken, die mit Schule nichts zu tun haben?

Zur Motivation werden oft zweifelhafte Methoden angewandt: Werbetricks, alberne oder lustige Gages, Strohfeuer, Verführungsversuche, bewusstes Anlügen, Effekthascherei, absichtliches Zurückhalten von Informationen, Rätselraten. Dies alles sind schlechte Motivationsversuche. Fraglos ist wirkliche und nachhaltige *Motivation für Lernen wesentlich.*

Motivation (lat. *movere* = bewegen) ist der *Grad der Bereitschaft für eine Handlung mit Blick auf einen positiv bewerteten Zielzustand.*[249] Ein Teilaspekt von Motivation ist die *Leistungsmotivation.* Hier will man ein *Leistungsziel erreichen* oder übertreffen, man will wissen, was einem in einem Bereich gerade noch gelingt und was nicht, und strengt sich deshalb besonders an. Lernende können intrinsisch oder extrinsisch motiviert sein. *Intrinsisch* (lat. = von innen her) bzw. sachbezogen motiviert ist jemand, der bei dem der „Wunsch oder die Absicht besteht, eine bestimmte Handlung durchzuführen, weil die Handlung selbst als interessant, spannend, herausfordernd

249 Vgl. Rheinberg, F., Motivation, 5. Aufl. Stuttgart u.a. 2004, 15 und das Folgende.

usw. erscheint“[250]. „Hier liegen die Gründe für die Durchführung einer Handlung (z.B. Lesen eines Textes) im Bereich der Handlung selbst. Die Handlung wird um ihrer selbst willen durchgeführt. Sie fungiert gewissermaßen als ihre eigene Belohnung.“ Eine *extrinsisch* (lat. = von außen her) bzw. *sachfremd motivierte Handlung* erfolgt, um damit positive Folgen herbeizuführen (z.B. Lob, gute Noten, Anerkennung, Belohnung) oder negative Folgen (z.B. Kritik, schlechte Noten, Bestrafung) zu vermeiden. Diese Folgen liegen also „außerhalb der eigentlichen Handlung“ und stehen mit dieser in keiner „‘natürlichen‘ bzw. unmittelbaren Beziehung“[251].

- Auf den ersten Blick ermöglicht sowohl *intrinsische wie extrinsische Motivation* einen hohen Einsatz.[252]

  - Auf den zweiten Blick zeigen sich aber *Unterschiede* im Blick auf *Intensität und Nachhaltigkeit* des Lernens: *Extrinsisch motiviertes Lernen* verbleibt meist bei einem *Oberflächenverständnis und* ist *kurzfristig* (Bulimie-Lernen). *Intrinsisch motiviertes Lernen* führt meist zu einem *Tiefenverständnis und* ermöglicht *langfristige Kompetenzen.*
  - Ein dritter Blick offenbart:[253] *Extrinsische, sichtbare Belohnungen reduzieren intrinsische Motivation deutlich,* besonders bei interessanten Aufgaben im Vergleich zu uninteressanten. Extrinsische Belohnungen sind i.d.R. negativ einzustufen, weil sie die die Übernahme eigener Verantwortung für die Selbstmotivierung und -regulierung reduzieren.

- Besonders *hoch ist die Motivation* bei Lernenden,[254] wenn diese

  - kompetent sind,
  - über ausreichend Autonomie verfügen,
  - sich lohnende Ziele setzen,
  - Feedback bekommen und
  - von anderen Bestätigung erhalten.

Diese ersten Aspekte können ausdifferenziert werden.

---

250 Schiefele, U. / Köller, O., Intrinsische und extrinsische Motivation, in: Rost, Handwörterbuch Pädagogische Psychologie, 2010, 336-344, 336 und das folgende Zitat.

251 Ebd., 337.

252 Vgl. Hattie, / Zierer, Kenne deinen Einfluss, 2016, 122 und das Folgende.

253 Vgl. Hattie, Lernen sichtbar machen, 2013, 207.

254 Ebd., 58 und das Folgende.

- *Motivation mit fünf Kategorien* (ARZZ-W-Modell)

Motivation kann *fünf Kategorien* betreffen (vier sind in Abb. 19) zusammengefasst, insofern man das ARZZ-W-Modell beachtet:[255]

- *Aufmerksamkeit*sbereitschaft bezieht sich auf den Grad, wie Lernende auf zu Lernendes reagieren: Der Bogen reicht vom Extrem gelangweilt und ohne Aufmerksamkeitsbereitschaft über aufmerksam und neugierig bis zum anderen Extrem überstimuliert und nicht fähig, die Aufmerksamkeit auf einem Aspekt zu richten.
- Die wahrgenommene *Relevanz*, die Bedeutung bezieht sich auf den persönlichen Nutzen: Der Bogen reicht vom Extrem gleichgültig oder sogar feindselig bis zum anderen Extrem Angst und Gefahr.
- Die empfundene *Zuversicht* bezieht sich auf die zu meisternde Herausforderung: Der Bogen reicht vom Extrem Hilflosigkeit („Ich schaffe das nicht, gleichgültig wie ich mich auch anstrenge.“) bis zum anderen Extrem Überheblichkeit, sodass sie meinen bereits alles zu wissen.
- *Zufriedenheitspotential* bezieht sich auf das erwartete Ergebnis: Der Bogen reicht vom Extrem „saure Weintrauben“ („Gleichgültig wie erfolgreich ich bin, ich werde den Erfolg nicht genießen können.“) bis zum anderen Extrem übertriebener Erwartungen, sodass Allheilmittel erwartet werden.
- *Willen*sstärke bezieht sich auf das Engagement für das Erreichen eines Zieles: Der Bogen reicht vom Extrem des schwachen Willens, sodass man zerfahren ist und kein planvolles Engagement möglich ist bis zum anderen Extrem einer zu hohen Willensstärke, sodass zu viel Engagement erflogt, man ängstlich auf das Erreichen bedacht ist und man nicht weiß, wann Erholung angesagt ist.

- Zur Gestaltung motivierender Lernumgebungen können innerhalb der ersten vier Kategorien unterschiedliche *Motivationsstrategien* bedeutsam werden:[256]

  - Aufmerksamkeit erzeugt beispielsweise eine Unvereinbarkeit in Bezug auf das Vorwissen der Lernenden („Wie kann Jesus mit Gewalt die Händler aus dem Tempelvorhof werfen?“).
  - Relevanz erzeugt beispielsweise der Gegenwartsbezug eines biblischen Themas („Der Pharao hasste den Ausländer Mose.“).
  - Zuversicht erzeugt beispielsweise eine Aufgabenstellung, die noch bewältigt werden konnte und somit das Selbstvertrauen stärkt.

---

[255] Vgl. Keller, J. M., Motivational Design für Learning and Performance. The ARCS Model Approach, New York 2010.

[256] Vgl. Keller, Motivational Design, 2010 und Hattie / Zierer, Kenne deinen Einfluss, 2016, 123.

- Zufriedenheit erzeugt beispielsweise die erfahrene, natürliche Konsequenz (z.B. den Sinn von Transfair-Produkten anderen Menschen erklären können).

Aufmerksamkeit	*Relevanz*	*Zuversicht*	*Zufriedenheit*
Unvereinbarkeit/ Konflikt herstellen	Bedürfnissen gerecht werden	Eigenschaften/Attribute	natürliche Konsequenzen erfahrbar machen
Konkret sein	derzeitiger Wert	Selbstvertrauen	negative Einflüsse vermeiden
Variabilität gewährleisten	zukünftiger Nutzen	nach Schwierigkeiten strukturieren	Positive Entwicklungen bestärken
Humor	Erfahrung	Erwartungen	Erwartungen artikulieren und realisieren
Nachfragen	Wahlmöglichkeiten	Lernvoraussetzungen	unerwartete Auszeichnungen gewähren
Teilnahmemöglichkeit	Bedeutung entwickeln		

Abb. 20: Motivationsstrategien

Arbeitshinweise
Welche Motivationsstrategien wenden Sie im Unterricht an bzw. erleben Sie? Füllen Sie folgende Tabelle aus:

Aufmerksamkeit	Relevanz	Zuversicht	Zufriedenheit

- Welche Strategien wenden Sie bevorzugt an bzw. erleben Sie häufig?
- Diskutieren Sie Ihre Selbsteinschätzung mit anderen!
- Erarbeiten Sie im Team Motivationsstrategien für Ihren Unterricht.

2.1.3 *Denkfähigkeit der Lernenden* beachten

Lernende denken möglicherweise in Bezug auf den Unterrichtsgegenstand anders als die Lehrperson und andere Erwachsene. Ein Schlüssel für den Lernerfolg ist deshalb nicht nur *was* Schülerinnen und Schüler lernen, sondern *wie* sie lernen.

Mehr als drei Jahrzehnte orientierte man sich in der Religionspädagogik an *strukturgenetischen Stufentheorien* zur religiösen Entwicklung nach *Fritz Oser* und *Paul Gmünder* bzw. *James W. Fowler*, welche u.a. auf *Jean Piagets* und *Lawrence Kohlbergs* Forschungen aufbauten und ein stufenweises Fortschreiten annahmen. Heute vertritt man vermehrt bereichsspezifische Entwicklungen (z.B. Domäne Biologie und Domäne Religion),[257] welche auf bestimmte Themen (Sub-Domänen) bezogen sind (z.B. Tod) und unterschiedliche Verstehens- und Deutungsschemata auch nebeneinander erlauben z.B. ist der Angehörige beim Bestatter tot, während des Gespräches mit dem Priester lebt er aber weiter).[258] Solche Deutungsmuster werden zwar lebensgeschichtlich nacheinander erworben, sind dann aber im Individuum neben- oder übereinander vorhanden, wobei es unterschiedliche Arten des Umgangs mit diesen Deutungsmustern gibt.[259]
Daran anschließend entwickle ich Verstehens- bzw. *Denkschemata*, da Schemata internalisierte Wissens- und Erfahrungsbestände umfassen, die übersituativ zur Verfügung stehen und als solche oft un- bzw. halbbewusst beim Verstehen oder Deuten zum Einsatz kommen.[260]

- Das *phantastische Denkschema* beruht auf voroperatorischem Denken im Sinne Piagets. Aus einer egozentrischen Perspektive heraus werden mit bildhaft-gedanklichen Vorstellungen Sachverhalte zu verstehen versucht, zunächst vorbegrifflich, dann anschaulich (intuitiv). Die Imagination unterscheidet noch nicht zwischen Wirklichkeit und Schein.
- Mit dem *wortwörtlichen Denkschema* wird Wirklichkeit eindimensional und dem Buchstaben nach gedeutet, was aufgrund der konkreten Operationen nach *Piaget* erfolgt.

Die folgenden Denkschemata beruhen prinzipiell auf formal-operatorischem, also abstraktem Denken, das ein „Nachdenken über das Denken bzw. ein Bedenken der Denkmittel (Mittelreflexion)“[261] erlaubt. Diese prinzipielle Fähigkeit muss aber nicht zu sämtlichen Inhaltsbereichen in Bezug gesetzt sein,

---

[257] Vgl. Büttner, G. / Dieterich, V.-J., Entwicklungspsychologie in der Religionspädagogik, 2. durchges. u. akt. Aufl. Göttingen 2016, 29f.

[258] Vgl. ebd., 87f.

[259] Vgl. ebd., 93.

[260] Vgl. Riegger, M., Wunder(n) und Wundererzählungen, in: Religionspädagogische Beiträge 73/2015, 68-79, 69.

[261] Dieterich, V.-J., Die Entwicklung domänenspezifischer religiöser Stile, in: Religionspädagogische Beiträge 73/2015, 5-14, 8.

d.h. im Bereich von Religion oder einem Sub-Bereich kann abstrakt gedacht werden, aber in einem anderen Bereich (z.B. Physik, Biologie, Psychologie oder Mathematik) nicht.

- Das *kritisch-rationale Denkschema* zeichnet sich durch ein Hinterfragen von Sachverhalten aus, welche vernünftigerweise, also mit dem Verstand erklärbar sind.
- Das *(natur-)wissenschaftlich-materialistische Denkschema* entspringt der Herangehensweise, welche für die Moderne typisch ist, dem Experiment. Ergebnisse von Experimenten sollten wiederholbar, zumindest objektiv nachvollziehbar sein, was vornehmlich in den Naturwissenschaften der Fall ist. Doch auch andere Wissenschaften orientieren sich an einem solchen Wissenschaftsverständnis, das mindestens implizit dem methodischen Atheismus verpflichtet ist.
- *Lebensweltlich-wirksames Denkschema*: Die Deutungsvorlagen liefern hier Musik, Kunst und Literatur, aber auch Psychologie und Physiologie. Entscheidend ist nicht ein hypothetischer Denkansatz, sondern die wirkliche Wirksamkeit.
- *Gott-verbindendes Denkschema*: Metaphysik, Philosophie oder Religion stellen Deutungsangebote für das verbindende Denkschema zur Verfügung. Entscheidend ist nicht eine mögliche hypothetische übernatürliche Erklärung, sondern eine Deutung, die eine Verbindung zur Transzendenz, zu Gott eröffnet.

Beispiel
Die Denkschemata verdeutliche ich exemplarisch am Thema Weihnachten

- *Phantastisch*: Beim Spiel mit einer Puppe wird das Jesuskind gewickelt, gefüttert, in den Schlaf gewiegt. Es entstehen positiv wie negativ besetzte Vorstellungen und Gefühle, die das ganze Leben über prägend sein können – oder solche Vorstellungen entstehen nicht und fehlen auch später.
- *Wortwörtlich*: An Weihnachten feiern wir die Geburt, den Geburtstag Jesu. Aus Freude wird alles geschmückt, gibt es Geschenke – vom Christkind. Auch der Heilige Nikolaus bringt Geschenke, wenn man brav war.
- *Kritisch-rational:* Ein Kind wird geboren, von einer unverheirateten Frau. Doch wer ist der leibliche Vater? Der Verlobte will mit der Schwangeren Schluss machen. Zuvor müssen aber beide eine beschwerliche Reise unternehmen. Am Zielort finden sie kein Zimmer zum Übernachten. In einer Art Scheune oder Stall kommen sie unter, bevor die Wehen einsetzen. Sicher hilft der Mann bei der Geburt. Das Neugeborene findet in einem Futtertrog zwischen dösenden Tieren seine erste Ruhe. Über die Geburt freuten sich Menschen damals und freuen sich auch Menschen heute. Heute soll die Freude im Familienkreis geteilt und durch Geschenke ausgedrückt werden. Doch wer bringt die Geschenke? Natürlich: Eltern, Verwandte, Paten, aber auch die Post. Und das Fest selbst ist auch nicht nur schön, denn manchmal sind alle so angespannt, weil sie wollen, dass alles gelingt, dass man sich streitet.
- *(Natur-)wissenschaftlich-materialistisch:* Wie war es damals genau? Wann wurde Jesus geboren? Wo wurde Jesus wirklich geboren? Wer hat das

Weihnachtsfest eingeführt? Weihnachten wurde nicht schon immer gefeiert. Als Jesus schon etwa 300 Jahre gestorben war, überlegten die Leute: Wir benötigen ein Fest, das zeigt, dass Gott Mensch wurde. Gefeiert wurde mitten im Winter, am dunkelsten Tag des Jahres, der Wintersonnenwende, denn von diesem Tag an werden die Tage wieder länger. Wie es tatsächlich war, können wir heute nicht mehr genau wissen. Aber als man im Mittelalter im heutigen Deutschland Weihnachtskrippen baute, wurden diese den bekannten Ställen nachempfunden. Niemand fragte danach, wie ein Stall zurzeit Jesu aussah, wie Maria und Josef die ca. 140 km zwischen Nazaret und Betlehem überwanden. Und ähnlich war es wohl bei den Evangelisten, welche von Jesu Geburt erzählen: Lukas und Matthäus. Man erwartete den Retter, den Messias, aus dem „Haus und Geschlecht Davids“ (Lk 2,4), sodass Betlehem als Geburtsort angenommen wird (Lk 2,4; Mt 2,1). Diese Tradition hat eine theologische Bedeutung. Eine gewisse historische Wahrscheinlichkeit spricht dafür, dass Jesus nicht nur in Nazaret aufwuchs, sondern auch dort zur Welt kam. Mindestens für Menschen mit einem wortwörtlichen Denkschema sind diese, einem (natur-)wissenschaftlichen Schema entspringenden Erkenntnisse wohl nur schwer verkraftbar. Erst recht, wenn Jugendliche nach diesen Informationen handelnd, die Weihnachtskrippe der Eltern aussortieren oder gar in den Müll werfen. Leichter nachvollziehbar ist der Zeitraum der Geburt, welcher für die letzten Regierungsjahre Herodes‘ angenommen wird, also etwa 6-4 v. Chr., denn bei der Festlegung des Kalenders konnte leicht ein Fehler passiert sein. Die Berechnungen waren ja noch nicht so präzise wie heute.

- *Lebensweltlich-wirksames Denkschema*: Der Adventskranz, der Heilige Nikolaus, aber auch die Christkindlmärkte erhöhen die Vorfreude. Weihnachten feiern irgendwie alle. Die angezündeten Kerzen, die Glocken, Lieder und Geschichten verzaubern die Welt. Es ist eine zauberhafte Zeit.
- *Gott-verbindendes Denkschema*: Wir feiern, dass Gott zu uns Menschen kommt, zur Welt kommt und Mensch wird, um uns nahe zu sein. Das ist und bleibt ein Geheimnis. Gott wird Mensch, das ist das größte Geschenk. Deshalb bekommen wir am Weihnachtstag Geschenke und sollten in die Kirche, um Gottesdienst zu feiern. Nur hier kann man richtig Weihnachten feiern, weil die Geburt Jesu im Zentrum steht und alles andere letztlich unwichtig ist.

Unterschiedliche Denkschemata beachten: Bevor Lehrpersonen das Lernen der Schülerinnen und Schüler initiieren und unterstützen können, müssen sie die Art und Weise des Denkens der Lernenden kennen und wahrnehmen, denn dieses Denken beeinflusst das Lernen. Damit sind die unterschiedlichen Denkschemata bzw. Stufen und Stile durch die Lehrperson zu beachten. In Bezug auf den Unterrichtsinhalt ist kein Schema besser oder schlechter. Will man sich nicht in eine Sonderwelt des Religiösen zurückziehen, sondern pluralitätsfähig sein und bleiben, sind im Unterricht unterschiedliche Schemata zur Sprache zu bringen. Die *Inhalte des Religionsunterrichts* sind unter verschiedenen Deutungen zu sehen, damit diese *mitwachsen* können, angereichert und vielfältiger werden.

Denken anregen und erweitern: Erst wenn Lehrpersonen in der Lage sind die Denkfähigkeit der Lernenden zu verstehen, können sie helfen, deren

Denken in der Unterrichtsplanung mit zu berücksichtigen und im Unterricht zu erweitern, damit Lernen initiiert und begleitet wird. Notwendig ist, das Denken aller Lernenden ernst zu nehmen, um diese Fähigkeit zum Denken anzuregen und zu erweitern, mit dem Ziel, Lernfortschritte bei allen Lernenden zu erreichen. Die Lehrpersonen müssen in Bezug auf einen Unterrichtsinhalt

- die Denkschemata kennen und in ihrer Unterrichtsplanung berücksichtigen, damit der Punkt, an dem die Lernenden zu lernen beginnen, optimiert wird;
- die Denkanforderungen für jeden Schritt der Unterrichtsstunde kennen;
- die Reaktionen der Lernenden im Unterricht wahrnehmen, die ihre Denkschemata anzeigen;
- wahrnehmen, wie die Lernenden die Denkschemata verwenden und ggf. einüben bzw. erweitern,
- wahrnehmen, wie die Lernenden auf Denkschemata anderer Lernenden reagieren;
- die teilweise harten und mit Enttäuschungen verbunden Übergänge zwischen Denkschemata (z.B. zwischen dem wortwörtlichen und dem kritisch-rationalen) im Auge behalten und ggf. abfedern helfen;
- eigene, denkschemataunterstützende bzw. -verändernde Interventionen setzen können und deren mögliche Wirkungen wahrnehmen.

Arbeitshinweis
Reflektieren Sie die Denkschemata in Bezug auf einen Unterrichtsinhalt.

Denkschemata	Unterrichtsinhalt
phantastisch	
wortwörtlich	
kritisch-rational	
(natur-)wissenschaftlich-materialistisch	
lebensweltlich-wirksam	
Gott verbindend	

Denkanstoß
Beim Übergang vom wortwörtlichen zum kritisch-rationalen Denkschema kann es in Bezug auf die Weihnachtsgeschenke, die das Christkind angeblich brachte, zu Enttäuschungen kommen, weil sich Kinder nun belogen fühlen können. Ein Abfedern dieser Enttäuschung kann beispielsweise angebahnt werden, wenn nicht vorgespielt wird, dass das Christkind am Heiligen Abend die Geschenke brachte, sondern das Christkind die Geschenke per Post oder bei den Großeltern abgab. Damit dürfte jener Wirklichkeitssinn enthalten sein, an dem kritisch-rationales Denken anknüpfen kann.

Drei zentrale Aspekte regen *kognitive Entwicklungen* an:[262]
1. *Kognitive Konflikte, Ungleichgewichte oder Herausforderungen aktivieren das Denken* der Lernenden. Deshalb sollten kognitive Aktivierungen in Form von Wissensbausteinen, Deutungsmustern, Erklärungszusammenhängen, Arbeitsstrategien und anderen Voraussetzungen und Instrumenten erfolgreichen Umgangs mit Fragen und Problemen zur Verfügung gestellt werden.[263]
2. Wenn Lernende ermutigt werden, *metakognitiv tätig* zu sein, sodass sie sich ihrer eigenen Denkprozesse bewusstwerden und lernen diese zu steuern.
3. Wenn Lehrpersonen *soziale Konstruktionen* anregen, damit sich ein sozialer Prozess entwickelt, der durch einen qualitativ hochwertigen Dialog zwischen Gleichaltrigen gefördert und wiederum von Lehrpersonen unterstützt wird.

Die Denkfähigkeit der Lernenden ist prinzipiell bei allen Themen des Religionsunterrichts relevant, auch bei nicht-theologischen. Insofern es sich um theologische Themen handelt, sind sie Teil einer schulbezogenen Theologie.

2.1.4 Schulbezogene Theologie

Denkanstoß
- „Machen Schüler/innen im gegenwärtigen Religionsunterricht die Erfahrung, dass theologische Reflexion ihnen persönlich weiterhilft? (Relevanzproblematik)“[264]
- „Bringen Religionslehrer/innen im gegenwärtigen Religionsunterricht ihre theologische Expertise ausreichend zum Tragen? (Substanzproblematik)“
- „Wird die theologische Kompetenzentwicklung von Schüler/innen im gegenwärtigen Religionsunterricht genügend unterstützt? (Kompetenzproblematik)“

---

262 Vgl. nach Hattie, Lernen sichtbar machen für Lehrpersonen, 2014, 106.
263 Vgl. Englert, R. u.a., Innenansichten des Religionsunterricht 2014, 230.
264 Englert, R., Religion gibt zu Denken. Eine Religionsdidaktik in 19 Lehrstücken, München 2013, 51 und die folgenden Zitate.

Gleichgültig wie Ihre Antworten auf den Denkanstoß ausfallen: Immer geht es um die *theologische Qualität des Religionsunterrichts* und damit um Theologie als Fachwissenschaft. Viele empirische Untersuchungen bestätigen aber eines: Fachwissenschaftliche Kompetenz im Allgemeinen[265] und theologische Kompetenz im Speziellen haben in Bezug auf die Qualität der Lernergebnisse alleine nur einen geringen Effekt. Gesucht werden deshalb Kriterien einer guten Theologie für Religionslehrkräfte.[266] Unzureichend ist wohl eine fachwissenschaftlich entfaltete Theologie, die erst im Nachhinein von Religionsdidaktikerinnen und -didaktikern elementarisiert und dann von Religionslehrpersonen im Unterricht methodisch vermittelt wird.[267] Notwendig scheint eine theologisch-religionspädagogische Kompetenz[268], die nicht nur fachwissenschaftliche und fachdidaktische, sondern auch pädagogisch-psychologische Kompetenzen systematisch mit praktischem Wissen und komplexen schulischen Lehr-Lern-Situationen vernetzt.[269]

Schulbezogene Theologie scheint auch aufgrund von gesellschaftlichen Veränderungen notwendig: Modernisierungs- und Pluralisierungsprozesse führten tendenziell zu einer zunehmenden Entkoppelung von kirchlichen Traditionsbeständen und individueller Religiosität.[270] Vermittelte bis in die 1960er Jahre hinein meist eine wie auch immer geartete ‚Volksfrömmigkeit' zwischen kirchlicher Institution sowie ihr zugeordneter Theologie und Individuen, so wurde die sich auftuende Lücke dadurch geschlossen, dass Prozesse einer „theologischen Professionalisierung von Religion"[271] erfolgten. Will man die Vermittlung von gelehrter und gelebter Religion im Raum der Schule nicht einfach einer sich entwickelnden Schulreligion[272] und den Lehrpersonen vor Ort überlassen, ist eine theologische Reflexion über diese besondere Art von Religion sicher angezeigt. Der Referenzrahmen einer solchen schulbezogenen Theologie ist einerseits das außerschulische Religions- und Theologiesystem und andererseits aber auch der innerschulische durchaus artifizielle Raum. Diese teilweise auseinanderstrebenden Aspekte

---

265 Vgl. z.B. Hattie, Lernen sichtbar machen für Lehrpersonen, 2014, 27.

266 Vgl. Grümme, B., Welche Theologie brauchen Religionslehrkräfte? Zur Frage guter Theologie, in: Burrichter, R. u.a., Professionell Religion unterrichten. Ein Arbeitsbuch, Stuttgart 2012, 90-106.

267 Vgl. Lenhard, H., Unterrichtsplanung, in: WiReLex 2016, 4.2.5 (https://www.bibelwissenschaft.de/stichwort/100131/, letzter Zugriff: 30.06.2018).

268 Vgl. Burrichter, R., In komplexen Unterrichtssituationen handeln – zur theologisch-religionspädagogischen Kompetenz, in: Dies. u.a., Professionell Religion unterrichten. Ein Arbeitsbuch, Stuttgart 2012, 72-89.

269 Vgl. Riegger, Der professionalisierte religionspädagogische Habitus, 2017.

270 Vgl. z.B. Feige, A., Die religionskulturelle Vermittlungssituation des schulischen Religionsunterrichts, in: Ders. u.a., ‚Religion' bei ReligionslehrerInnen. Religionspädagogische Zielvorstellungen und religiöses Selbstverständnis in empirisch-soziologischen Zugängen, Münster u.a. 2000, 15-32, 17.

271 Ebd.

272 Vgl. z.B. Grethlein, C., Fachdidaktik Religion, Göttingen 2005, 81.

zu reflektieren ist ebenso Aufgabe einer solchen Theologie, wie die Ausarbeitung spezifischer Inhalte, welche nicht nur von Bildungs- und Lehrplanvorgaben beeinflusst sind, sondern auch von Lernenden kognitiv unterschiedlich gedeutete werden (elementare Zugänge). Darüber hinaus sollte sich schulbezogene Theologie aber auch auf gelebte religiöse und nichtreligiöse Praxis innerhalb und außerhalb der Schule beziehen können[273] (elementare Erfahrungen) und theologisch gestufte Wahrheitsansprüche (Hierarchie der Wahrheiten) mit existenziellen Hierarchien der Lernenden dergestalt vermitteln können, dass das Ringen um Wahrheit im Unterricht und das schrittweise Erschließen derselben reflektierbar wird (elementare Wahrheit)[274].

Der *Aufbau konfigurierten Wissens* scheint eine Möglichkeit das Verhältnis von Wissen und Handeln bzw. von materialem Was-Wissen (deklaratives Wissen) und formalem Wie-Wissen (prozedurales Wissen)[275] aufeinander zu beziehen. Sicher scheint, dass neben der individuellen Aneignung objektiven Wissens (Individuation) der innere Zusammenhang von objektivem Wissen (konfiguriertes Wissen) entscheidend ist, wobei drei Dimensionen besonders wichtig sind: die Art des Wissens (syntaktische Dimension), die innere Kohärenz (semantische Dimension) und der praktische Ausdruck (pragmatische Dimension).[276] Doch wie wird ein konfiguriertes Wissen aufgebaut? Dieser Frage kommt man mit dem Verständnis von konstruiertem bzw. konzeptuellem Verstehen näher.

Betrachtet man die Lernergebnisse, gibt es mindestens drei Niveaus des Verständnisses: *Oberflächen-, Tiefen- und konzeptuelles Verständnis.*[277] In diesem Modell gibt es für die Oberflächen- und die Tiefenebene vier Dimensionen, die als „‚uni-strukturell', ‚multi-strukturell', ‚relational' und ‚erweitert abstrakt' bezeichnet werden; vereinfacht ausgedrückt: ‚eine Idee', ‚viele Ideen', ‚miteinander verbundene Ideen', und ‚erweiterte Ideen'". [...] In Kombination führen Oberflächen- und Tiefen-Verständnis dazu, dass Lernende ein konzeptuelles Verständnis entwickeln."[278] Das Oberflächenwissen benötigt man, „um die Konzepte zu verstehen"[279]; das Tiefen-Verstandnis erlaubt die Einsicht, „wie Ideen miteinander in Beziehung stehen und sich auf andere Einsichten erstrecken", und das konzeptuelle Verständnis, das Oberflächen- und Tiefen-Wissen ermöglicht, ist grundlegend, damit sich Wissen beider Ebenen „in Vermutungen und Konzepte [...] verwandeln, auf denen neues Oberflächen- und Tiefen-Verständnis aufbauen kann."

[273] Vgl. z.B. Die deutschen Bischöfe, Der Religionsunterricht vor neuen Herausforderungen, Bonn 2005, 23-27.
[274] Vgl. Riegger, Planung und Gestaltung, 2005, 10f.
[275] Englert, Religion gibt zu Denken, 2013, 90.
[276] Vgl. ebd., 56-59.
[277] Vgl. nach Hattie, Lernen sichtbar machen, 2013, 34-36.
[278] Zitiert nach Hattie, Lernen sichtbar machen für Lehrpersonen, 2014, 61.
[279] Ebd., 87 und die folgenden Zitate.

Religion kann nicht nur theoretisch verstanden werden, sondern ist notwendig *auf Gemeinschaft* und damit auf die pragmatische Ebene, also die Handlungsebene, *verwiesen*. Deshalb ergänze ich die Oberflächen- und Tiefenebene um die Handlungsebene. Dabei geht es v.a. um Positionierungen. Sie umfassen wesentlich prozedurales und meta-kognitives Wissen. Das Modell wird am Beispiel Abrahams (Abb. 21) verdeutlicht:

Oberflächenebene (Faktenwissen)	
• eine Idee	• Wie heißt der Stammvater des Glaubens und wie heißen seine Frauen?
• mehrere Ideen	• Beschreiben Sie mindestens zwei biblische Erzählungen über den Stammvater und seine Frauen.
Tiefenebene (zusammenhängendes Faktenwissen)	
• Ideen verknüpfen	• Setzen Sie unterschiedliche biblische Erzählungen über den Stammvater und seine Frauen miteinander in Beziehung.
• Ideen erweitern	• Welche Aspekte kennzeichnen den Stammvater, welche seine Frauen?
Handlungsebene	
• prozedurales Wissen	• Inwiefern können die Erzählungen über die Stammeltern auch heute noch handlungsleitend sein – inwiefern nicht?
• meta-kognitives Wissen	• Zwei weitere monotheistische Religionen beziehen sich auf diesen Stammvater. Was verbindet, was unterscheidet das jeweilige Denken über den Stammvater?

Abb. 21: Konzeptuelles Verstehen

Diese drei Ebenen unterscheiden sich in Bezug auf die *Komplexität des Erkennens*. Es ist aber nicht so, dass das Tiefen-Verstehen an sich besser wäre als das Oberflächen-Erkennen. Die drei Ebenen bauen einerseits aufeinander auf (z.B. ohne Oberflächen- kein oder nur flaches Tiefenverstehen), sind andererseits aber inhaltlich auch aufeinander bezogen, sodass eindeutige Unterscheidungen nicht immer möglich sind.

Es ist eine *Balance zwischen den Ebenen* zu finden,[280] damit nicht nur Oberflächen-Informationen angehäuft werden, sondern auch das Tiefenver-

[280] Vgl. ebd., 87f.

ständnis ausgebildet und die Denk- und Handlungsfähigkeit entwickelt wird. Damit geht es im Religionsunterricht nicht um ein Pauken von unzusammenhängendem Oberflächenwissen, sondern um die Ermöglichung von tiefem Lernen, das es den Lernenden ermöglicht, erfolgreich vertretene Theorien und Wissensformen mit der Wirklichkeit in Verbindung zu bringen und so neue Theorien zu entwickeln.

- Zu beachten ist zunächst, dass sich ein *Fortschritt bei den Lernenden*, beispielsweise von der Oberflächen- zur Tiefen-Ebene, erst dann ereignet, *wenn man Oberflächen-Informationen übermäßig gelernt hat.*[281] Werden wir im Oberflächen-Wissen flüssiger, ermöglicht das uns, unsere kognitiven Ressourcen zu nutzen, um auf die Beziehungen zwischen Ideen und tieferem Verständnis zu achten.

- Die Balance ist *abhängig vom Vor-Verständnis der Lernenden*, weshalb es von entscheidender Bedeutung ist, dass die Lehrperson dieses erhebt (formative Evaluation). Zweckmäßiger Weise unterscheidet man drei Kompetenzetappen: Anfänger (Novize), Geübte und Experten.

  - Als *Anfänger* „versuchen wir, die Anforderungen der Handlungen zu verstehen, und konzentrieren uns auf die Generierung von Schritten nach vorn, ohne größere Fehler zu machen."[282]
  - *Geübte* erwerben ein gewisses Maß an Fähigkeiten und sind „in der Lage, Fehler weiter zu minimieren. Unsere Leistung verbessert sich, und wir müssen uns nicht länger so intensiv auf jeden Aspekt der Aufgabe oder auf Teile des Wissens konzentrieren."
  - Als *Experte* „werden wir in unseren Reaktionen auf neuere Ideen automatisierter, benötigen weniger Anstrengung, um die jeweiligen Aufgaben auszuführen. Während wir automatisierter handeln, werden wir in mancher Hinsicht weniger fähig, die Ausführung der Fertigkeiten zu kontrollieren."

- Lernen ist primär eine Aktivität der Lernenden selbst,[283]

  - die auf dem aufbaut, was bereits verstanden und geglaubt wird,
  - um ein Gleichgewicht der Verständnis-Ebenen zu entwickeln und
  - um ihr lernen selbst zu regulieren.

- Die Lehrpersonen müssen wissen, in welcher Etappe die Lernenden vorwiegend investieren sollen, damit die Lernenden *Fortschritte erzielen.*[284]

---

281 Vgl. ebd., 88.
282 Ebd., 109 und die folgenden Zitate.
283 Vgl. Hattie, Lernen sichtbar machen für Lehrpersonen, 2014, 109.

- *Anfänger* müssen vorwiegend Daten produzieren und reproduzieren.[285]
- Für *Geübte* geht es um die Vertiefung von Zusammenhangsverstehen.
- *Experten* sind mehr an der Interpretation der Daten interessiert.

Arbeitshinweis

- Ist in Ihrem Verständnis von Theologie eine Balance von Oberflächen-, Tiefen- und Handlungs- bzw. konzeptionellem Verstehen vorhanden? Begründen Sie Ihr Urteil.
- Reflektieren Sie die drei Verstehens-Ebenen, indem Sie die nachstehende Matrix für ein Thema Ihrer Wahl ausfüllen.

Oberflächenebene (Faktenwissen) • eine Idee • mehrere Ideen	
Tiefenebene (zusammenhängendes Faktenwissen) • Ideen verknüpfen • Ideen erweitern	
Handlungsebene • prozedurales Wissen • meta-kognitives Wissen	

2.1.5 Feedback geben und bekommen

Denkanstoß
Sie werden im Unterricht hospitiert und im Anschluss findet eine Besprechung statt. Wie müsste das Feedback formal sein, dass Sie es gerne empfangen?

Feedback (engl. = dt. Rückmeldung) ist eine *„Information [...], die von einem Akteur* (z.B. Lehrperson, Peer, Buch, Eltern oder die eigene Erfahrung) *über Aspekte der eigenen Leistung oder des eigenen Verstehens gegeben wird*"[286], sodass Lernende „Informationen in ihrem Gedächtnis bestätigen, hinzufügen, überschreiben, anpassen oder restrukturieren"[287]. Feedback baut damit auf bereits (durch Unterricht) erworbenes (religiöses) Wissen bzw. Verstehen auf. Feedback in einem Vakuum ist sinnlos. Feedback und Unterrichten können auf der einen Seite eines Kontinuums klar unterscheidbar, aber auf der anderen Seite auch stark miteinander verwoben sein, sodass Feedback selbst die Form neuen Unterrichts annimmt und die Lernenden

284 Vgl. Ebd., 107.
285 Vgl. ebd., 88 und das Folgende.
286 Hattie, Lernen sichtbar machen, 2013, 206.
287 Ebd., 207 und das Folgende.

nicht nur informiert. Zwischen *Feedback über Unterricht* und *Feedback als Unterricht* sind mannigfaltige Abstufungen möglich.

Insgesamt ist Feedback einer der wirksamsten Einflüsse auf das Lernen, aber die Effekte sind sehr variabel. Um Feedback optimal zu geben und daraus zu lernen, sind die folgenden Aspekte zu berücksichtigen.[288]

Ziel: Feedback *verkleinert die Lücke zwischen dem* wo eine Person ist und dem, wo sie oder er ‚sein soll' (Lernintention), also zwischen *IST- und SOLL-Zustand*, den Erfolgskriterien.[289] Daher müssen Lehrpersonen genau wahrnehmen, wo Lernende stehen und wo sie stehen sollen. Je transparenter die Ergebnisse dieser diagnostischen Wahrnehmungskompetenz[290] in Verbindung mit Evaluationskompetenz[291] den Lernenden vermittelt wird, desto leichter können sich die Lernenden selbst unterstützen und die Lücke schließen.

Arten von Feedback

Feedback kann auf unterschiedliche *Arten* erfolgen,[292] z.B. durch

- *affektive Prozesse* wie erhöhte Anstrengung, Motivierung oder Engagement,
- *kognitive Prozesse*, indem z.B. den Lernenden geholfen wird, eine andere Perspektive einzunehmen (Wie kann man die Wundererzählung noch verstehen?), den Lernenden bestätigt wird, dass sie richtig (Es ist richtig, dass man biblische Wunderheilungen nicht nur wörtlich verstehen muss) oder falsch liegen, ihnen gezeigt wird, dass weitere Informationen verfügbar sind oder benötigt werden (Krankheit wurde in der Antike anders gesehen als heute.), auf alternative Strategien hingewiesen wird, um eine bestimmte Information zu verstehen (Wie könnte es gewesen sein, dass Jesus über das Wasser ging und nicht versank?).
- methodisch sehr wirkungsvolles Unterrichtsfeedback wie *video-, audio- oder computergestütztes Feedback*, das auf Lernziele bezogen ist.

---

288 Vgl. Hattie, Lernen sichtbar machen für Lehrpersonen, 2014, 131.

289 Vgl. ebd., 131 und das Folgende.

290 Rothgangel, M., Schülerinnen und Schüler wahrnehmen – zur diagnostischen Wahrnehmungskompetenz, in: Burrichter, R. u.a., Professionell Religion unterrichten. Ein Arbeitsbuch, Stuttgart 2012, 157-172.

291 Vgl. Mendl, H., Lehr- und Lernprozesse analysieren und bewerten – zur Evaluationskompetenz, in: Burrichter, R. u.a., Professionell Religion unterrichten. Ein Arbeitsbuch, Stuttgart 2012, 173-187.

292 Vgl. Hattie, Lernen sichtbar machen, 2013, 207.

Ebenen von Feedback

Feedback kann vier *Ebenen* betreffen[293]:

- *Produkt bzw. Aufgabe* ist eine Rückmeldung im Blick auf das Produkt bzw. die Aufgabe der Leistung. Wie gut ist das Produkt – sehr schlecht bis sehr gut? Wie gut wurde die Aufgabe erledigt – richtig oder falsch?
- *Prozess* ist eine Rückmeldung im Blick auf den Prozess der Leistung: Welche (weiteren) Strategien sind notwendig, um das Produkt fertigzustellen, die Aufgabe zu erledigen?
- *Selbstregulation* ist eine Rückmeldung im Blick auf die Steuerungsmechanismen der Leistung: Wie wurden Produkt bzw. Aufgabe und Prozess durch die/den Lernende/n selbst reguliert?
- *Selbst* ist eine Rückmeldung, die sich an die Person des Feedbacknehmers in Form von Lob und Tadel (z.B. „Du bist brav!“) richtet.

Die ersten drei Ebenen sind auf das Lernen und die Leistung bezogen und sollten nicht mit der vierten, persönlichkeitsbezogenen Ebene vermischt werden, da die persönlichkeitsbezogene Rückmeldung die leistungsbezogene verwässert.[294]

Zeitperspektiven von Feedback

Feedback kann drei *Zeitperspektiven* umfassen[295]:

- *Vergangenheitsbezogen* ist eine Rückmeldung (Feed-Back), wenn sie den Ist-Stand mit dem vorausgegangenen Ist-Stand vergleicht. Frage: *Wie kommst Du voran?*
- *Gegenwartbezogen* ist eine Rückmeldung (Feed-Up), wenn sie den Ist-Stand mit dem derzeitigen Soll-Stand vergleicht. Frage: *Wohin gehst Du?* (Ziele)
- *Zukunftsbezogen* ist eine Rückmeldung (Feed-Forward), wenn sie vom Ist-Stand ausgehend den anzustrebenden Soll-Stand darlegt. Frage: *Wohin geht es danach?*

Feedback-Matrix

Eine *Feedback-Matrix* (Abb. 22) entsteht, wenn man die leistungsbezogenen Ebenen und die Zeitperspektiven verknüpft.[296]

---

293 Vgl. Hattie, Lernen sichtbar machen für Lehrpersonen, 2014, 132.
294 Vgl. ebd., 137f.
295 Vgl. Hattie / Zierer, Kenne deinen Einfluss, 2016, 141f.
296 Vgl. ebd., 145f.

	Produkt/Aufgabe	Prozess	Selbstregulation
Vergangenheit			
Gegenwart			
Zukunft			

Abb. 22: Feedback-Matrix

Vollständiges Feedback

Ein *vollständiges Feedback* berücksichtigt alle Bereiche. Mögliche Fragen könnten bei der Reflexion hilfreich sein:[297]

- Produkt/Aufgabe
  - Erfüllt seine Antwort die Erfolgskriterien?
  - Ist das Produkt schlecht oder gut, die Aufgabe richtig oder falsch?
  - Was an der Antwort ist richtig und was ist falsch?
  - Wie lässt sich die Antwort ausführlicher formulieren?
  - Was fehlt, damit die Antwort umfassend richtig ist?
- Prozess
  - Welche Strategien wurden im Lernprozess eingesetzt?
  - Was ist im Lernprozess gut gelaufen und was kann verbessert werden?
  - Wo sind die Stärken und wo die Schwächen im Lernprozess?
  - Gibt es weitere Informationen in Bezug auf den Lernprozess?
- Selbstregulation
  - Welche Ziele wurden erreicht?
  - Wie wird der Erfolg erklärt?
  - Welche Begründungen werden geliefert, warum ein Produkt hergestellt, eine Aufgabe richtig oder falsch gelöst wurde?
  - Welches sind die nächsten Ziele und Produkte bzw. Aufgaben?
  - Wie kann der Lernprozess selbst gesteuert und überwacht werden?

Feedback ist leistungsniveauabhängig[298]:

Feedback sollte *grundsätzlich auf oder knapp über dem Leistungsniveau* liegen, auf dem die Feedbacknehmenden sind. Darüber hinaus benötigen

[297] Vgl. Hattie, Lernen sichtbar machen für Lehrpersonen, 2014, 146.
[298] Vgl. Hattie / Zierer, Kenne deinen Einfluss, 2016, 140f.

Anfängerinnen und Anfänger andere Feedbackschwerpunkte als Expertinnen und Experten:

- *Anfängerinnen und Anfänger* in einem Lernbereich benötigen vermehrt Feedback auf der Ebene der Aufgabe, aber auch und immer etwas auf der Ebene des Prozesses und der Selbstregulation.
- Expertinnen und Experten in einem Lernbereich benötigen zwar vermehrt Feedback auf der Ebene der Selbstregulation, aber auch und immer wieder Feedback auf der Ebene der Aufgabe und des Prozesses.

Arbeitshinweis
Stellen Sie sich einen Lernenden vor, der völlig neu in einem Feld ist, z.B. ein nicht religiös sozialisierter Schüler mit Gaststatus im Religionsunterricht. Welche Ebene und Zeitperspektive des Feedbacks sind sinnvoll? Nun stellen Sie sich eine Lernende vor, deren Eltern praktizierende Christen sind, sie in einer konfessionellen Kindertagestätte war und aktiv in der Gemeinde mitarbeitet. Welche Ebene und Zeitperspektive des Feedbacks sind hier sinnvoll?

Feedback-Geber und Feedback-Nehmer können unterschiedliche sein[299]:

- Lehrperson-Lernende

Die Lehrperson[300]

- beachtet, *wie* Lernende Feedback interpretieren,
- geben mehr *Feedback zum Lernfortschritt* als korrigierendes Feedback,
- wissen, dass Lernende empfänglicher für Feedback sind, wenn sie *herausfordernde Ziele* haben.

- *Lernende-Lernende*

Die Macht der Peer-Feedbacks ist groß, aber geeignetes Feedback geben und erbitten muss erst gelernt werden.

- *Lernende-Lehrperson*

Das Feedback der Lernenden an die Lehrperson soll deren Unterricht überprüfen und verbessern.

Denkanstoß
Entscheidend für die Unterrichtsqualität ist nicht nur das Feedback der Lehrperson gegenüber den Lernenden, sondern auch und vor allem das Feedback der Lernenden an die Lehrperson. Wie sonst kann beantwortet werden, ob die Ziele

---

299 Vgl. ebd., 143f.
300 Vgl. Hattie, Lernen sichtbar machen für Lehrpersonen, 2014, 152.

erreicht und die Inhalte verstanden wurden, die Methoden angemessen und die Medien hilfreich waren?

- *Fehlerkultur*

Nicht Fehler an sich sind problematisch, sondern das Verschweigen oder Beschönigen von Fehlern. Notwendig ist eine *Fehlerkultur*, in der über Fehler wertschätzend und lernförderlich kommuniziert wird.[301]

- *Meta-Kognition*

„*Meta-Kognition*“[302] *ist das Nachdenken über das Denken beim Lernen und Lehren.* Das eigene Lernen zu hinterfragen, aus Fehlern zu lernen, Verstandenes und noch nicht Verstandenes sichtbar zu machen ist für erfolgreichen Unterricht entscheidend, weshalb dies immer wieder im Unterricht durchgeführt werden soll.

- Feedback *formal* verbessern

Zur Verbesserung des Lernens sollte Feedback *formal* folgendermaßen erfolgen:[303]

  - genau *rechtzeitig*,
  - speziell *für mich*,
  - speziell für den *Punkt, an dem ich mich im Lernprozess befinde*,
  - genau das enthalten, was ich brauche, um selbst voranzukommen, d.h. bei den Lernenden *eine aktive Informationsverarbeitung beim Feedbacknehmer anstoßen* und
  - auf oder knapp über dem Niveau liegen, auf dem die Lernenden gerade arbeiten.

- Feedback *inhaltlich* verbessern

Inhaltlich sollte effektives Feedback[304]

  - über einen längeren Zeitraum hinweg *vollständig* sein, d.h. *leistungsbezogen* (Produkt/Aufgabe, Prozess, Selbstregulation) und nicht mit persönlichkeitsbezogenem Lob vermischt sein *sowie Vergangenheit, Gegenwart und Zukunft umfassen*,
  - das „*Was*“, das „*Wie*“ und das *„Warum“ beschreiben*,
  - *handhabbar* sein (z.B. ist kognitive Überbeanspruchung zu vermeiden),
  - *konkret und eindeutig* sein,

---

301 Hattie / Zierer, Kenne deinen Einfluss, 2016, 144f.
302 Ebd., 135f.
303 Vgl. Hattie, Lernen sichtbar machen für Lehrpersonen, 2014, 139.
304 Vgl. Ebd., 154f.

- *sich auf spezifische und klare Ziele beziehen,*
- *so einfach wie möglich*, aber nicht zu simpel,
- die *Unsicherheit* zwischen Leistung und Zielen *reduzieren,*
- *i.d.R. schriftlich oder* anderweitig *dokumentiert* gegeben werden,
- die *Lernzielorientierung fördern,*
- *nach der Lösungserarbeitung der Lernenden erfolgen*, da dies zu mehr Selbstregulation führt,
- *sinnvoll und nachvollziehbar mit dem Vorwissen der Lernenden verbunden* sein,
- Informationen *zu korrekten statt zu falschen Antworten* geben und *auf Variationen zu bisher gegangenen Pfaden aufbauen.*

Arbeitshinweis

- Bin ich jemand, der lieber Feedback gibt oder bin ich jemand, der lieber Feedback nimmt?
- Reflektieren Sie Ihr Feedback, indem Sie die nachstehende Feedback-Matrix folgendermaßen ausfüllen: blau für hier gebe ich Feedback, grün für hier bekomme ich Feedback. Zusätzlich können Sie eine Gewichtung vornehmen: schraffiert = ausbaubar, ausgefüllt = ausgeprägt. Was wird sichtbar?

	Produkt/ Aufgabe	Prozess	Selbst-regulation
Vergangenheit			
Gegenwart			
Zukunft			

Hinweis:
Sollten Sie feststellen, dass Sie vorwiegend als Feedback-Geber fungieren, sollten Sie nach Möglichkeiten suchen, Feedback zu erbitten.

2.2 Phasen bzw. Elemente der Struktur des Unterrichtsaufbaus

Zunächst werden sechs strukturelle Phasen bzw. Elemente des Unterrichtsaufbaus (2.2.1-2.2.6), dann die zeitlichen Gestaltungsspielräume (2.2.7) und abschließend zusammenfassende Tipps zur Unterrichtsplanung (2.2.8) erläutert.

2.2.1 Vorbereitung des Lehrens und Lernens: Organisatorisches klären und gutes Unterrichtsklima schaffen

Beispiel
Morgens dreiviertel acht Uhr in einer Hauptschule: Frau B. geht mit einigen Schülern des 5. Jahrgangs ins Klassenzimmer. Manche setzen sich an ihre Tische und machen Hausaufgaben. Andere reden über das gestrige Fußballspiel. Etliche Schüler umlagern Frau B. Die Atmosphäre ist locker und entspannt, gleichzeitig aber sehr lebendig. Die Kinder erzählen, was sie beschäftigt – der Tierarztbesuch mit dem Hund, der Streit mit Klassenkameraden, die schlechte Mathearbeit, die Geburtstagsfeier. Schulisches und Außerschulisches hat Platz. Um 8 Uhr klingelt es. Die Unterrichtsstunde beginnt zunächst mit gewohnten Ritualen. Frau B. notiert die Namen der fehlenden Schüler, wobei die Kinder meist erklären, warum jemand fehlt. Dann stellt sie sich hin und wartet, bis es ganz ruhig ist. Freundlich und aus ganzem Herzen kommt dann „Guten Morgen!", das mit einem lustvollen „Guten Morgen Frau B.!" beantwortet wird. „Wer hat heute das Gebet ausgesucht?" Tina trägt es vor und die Klasse betet mit.

Eine Unterrichtsstunde beginnt ‚offiziell' mit dem Klingelzeichen, der „Unterricht" beginnt, wenn die Lehrperson ihn eröffnet, indem sie laufende Dynamiken unterbricht.[305] Doch auch dann benötigt es noch Zeit, um zum Unterrichtsthema zu gelangen. *Diese Zeit zwischen Stundenbeginn und Einstieg in das Thema kann als „Vorphase"*[306] oder als Vorbereitung des Lehrens und Lernens bzw. Unterrichts bezeichnet werden. Sie ist bewusst zu gestalten, weil Unterricht nicht zwischen Computern oder Maschinen, sondern zwischen Menschen mit Gefühlen stattfindet. Besonders hier kann das Klima in der Lerngruppe positiv gestaltet werden (vgl. Prinzip 1).

Positive Beziehung aufbauen

Das Lernen verläuft i.d.R. leichter und effektiver, wenn zwischen Lehrkraft und Lernenden eine *positive Beziehung* besteht. Diese kann aufgebaut werden, indem die Lehrkraft z.B.:

- als Person ansprechbar ist, ohne sich den Schülerinnen und Schülern aufzudrängen;
- einen Augenblick mit einzelnen Schülerinnen und Schülern über persönliche Dinge spricht: „Michaela, geht es dir heute wieder besser, nachdem es dir gestern so schlecht ging?"

---

[305] Vgl. Juen, M., Die ersten Minuten des Unterrichts. Skizzen einer Kairologie des Anfangs aus kommunikativ-theologischer Perspektive. Münster u.a. 2013.

[306] Schmid, H., Die Kunst des Unterrichtens. Ein praktischer Leitfaden für den Religionsunterricht, Neuausgabe München 2012, 21.

- einen Schüler fragt, der in der letzten Stunde von Problemen zuhause erzählt hat, ob es zuhause wieder besser geht;
- sich über das Spiel der Nationalmannschaft aufregt (wenn er Sportfan ist);
- den Schülerinnen und Schülern etwas Lustiges erzählt, was er gerade erlebt hat oder einen Witz;
- Schülerinnen und Schüler für etwas lobt, das sie in der vorangegangenen Stunde gut gemacht haben, was die Lehrperson aber erst später gemerkt hat;
- die Schülerinnen und Schüler fragen: „Möchte jemand etwas Schönes oder Lustiges erzählen, damit wir angenehm in die Stunde starten?

Organisatorischen Maßnahmen

Die Vorbereitung umfasst auch die *jeweils notwendigen organisatorischen Maßnahmen*:

- Lüften, denn frische Luft gehört zu den physiologischen Voraussetzungen des Lernens.
- Dokumenten- bzw. Auflichtkamera herrichten oder Tageslichtprojektor aufstellen und Folien zurechtlegen
- Beamer kontrollieren
- ein Blick auf die Unterrichtsvorbereitung
- Arbeitsmaterial der und für die Schülerinnen und Schüler bereitlegen

Rituale und Regeln

Rituale und Regeln geben Sicherheit, Lehrenden wie Lernenden. Jeder weiß, was jetzt folgt. Rituale, z.B. Begrüßung, sollten aber die Beteiligungsmöglichkeiten aller Lernenden ermöglichen.

Gebet oder meditative Elemente

Durch *Stille, Gebet oder meditative Elemente* (vgl. 9.) können die Lernenden in der Vorbereitung auf den besonderen Charakter des Faches Religion eingestimmt werden.

Arbeitshinweis

- Überlegen Sie, welche Vorbereitungen des Lehrens und Lernens Sie erlebt oder gestaltet haben?
- Wenn Sie im Schulpraktikum Vorbereitungen in unterschiedlichen Jahrgangsstufen beobachten: Welche Impulse entnehmen Sie diesen Beobachtungen für Ihre eigene Unterrichtspraxis?

Denkanstoß
In den meisten Gliederungsvorschlägen von Unterricht fehlt eine Vorbereitung zu Beginn oder während des Unterrichts für Differenzierungen. Wieso könnte dies der Fall sein? Begründen Sie Ihre Position.

2.2.2 Einstieg in das Unterrichtsthema: Unterricht eröffnen und Lernprozesse initiieren

Schon der Begriff „Einstieg“ deutet an, dass die Schülerinnen und Schüler in ein Unterrichtsthema nicht einfach Eintreten wie durch eine weit geöffnete Tür. *Schülerinnen und Schüler sollen ein Thema als herausfordernd erleben*, vielleicht sogar in das Thema „hineinstolpern“. Der *Unterrichtsprozess* wird *eröffnet*, der *Lernprozess* der Lernenden *initiiert*, damit die Lernenden lernen.

Es ist notwendig, Einstiege ins Unterrichtsthema inhaltlich und methodisch gut vorzuplanen, bei der Umsetzung aber *offen für die Perspektiven, Fragen und Erwartungen der Lernenden* zu sein.

Aktivierung

Die Lernenden sollen *kognitiv, emotional und motivational aktiviert* werden, damit sie sich auf den Unterrichtsgegenstand einlassen. Möglich wird dies, indem *Anschlüsse eröffnet werden* zwischen dem, was den Schülerinnen und Schülern bekannt, vertraut und gewohnt ist und dem, was ihnen unbekannt, unvertraut und ungewohnt ist.

Anknüpfung

Unstrittig ist, dass die Lernergebnisse des Unterrichts stark vom vorausgehenden Leistungsniveau der Lernenden, deren Selbsteinschätzung des eigenen Leistungsniveaus und dem Denkvermögen der Schülerinnen und Schüler abhängt.[307] Im Religionsunterricht ist deshalb insbesondere beim Einstieg eine Hinführung sinnvoll, die anknüpft an

- *Vorwissen und Vorerfahrungen* der Lernenden;
- die *Selbsteinschätzung* der Lernenden, die typischerweise durch vergangene Lernerfahrungen geprägt ist (Reli habe ich noch nie kapiert);
- die *Verstehensvoraussetzungen* und damit an das *Denken* der Lernenden (vgl. dazu ausführlich 2.1.3);
- das *in der letzten Unterrichtsstunde Erarbeitete*, damit der rote Faden der Unterrichtseinheit auch zwischen den Unterrichtsstunden bewusst wird (z.B. Bild zum Thema der letzten Unterrichtsstunde).

Wiederholungen als Überprüfung sind zum Einstieg ungeeignet, da hirnphysiologisch die Aufmerksamkeit der Lernenden zu Stundenbeginn am höchsten ist.[308] Wiederholungen, die keinen Bezug zum Stundeninhalt haben, erfolgen sinnvollerweise am Stundenende.

---

[307] Vgl. Hattie, Lernen sichtbar machen, 2013, 49-53.

[308] Vgl. Orth, P., Formen der Stundeneröffnung, in: KatBl 126 (2001), 52-61, 53.

Gestaltung

Der Einstieg soll …

- einen Unterrichtsinhalt erlebbar machen (z.B. durch Anforderungssituation/Lernaufgabe);
- Neugier und Interesse am neuen Thema wecken;
- eine (echte) Fragehaltung bei den Lernenden auslösen;
- „zum Kern der Sache führen, also zentrale Aspekte des neuen Themas ansprechen;
- die Lust am Lösen von Problemen wecken; […]
- vertraute und ‚liebgewordene' Gewohnheiten und Kenntnisse in Frage stellen, verfremden, sogar (scheinbar) abwerten und ablehnen, aber auch aufwerten."[309]
- an die Vorkenntnisse, Vorerfahrungen, Verstehensvoraussetzungen und Selbsteinschätzungen anknüpfen und eine Verbindung zu den neuen Inhalten herstellen, Altes und Neues also vernetzen;
- Raum für eigenverantwortliches Denken und Handeln schaffen.

Am Ende des Einstiegs kann die Formulierung der Frage-, Problem- oder Aufgabenstellung durch die Lernenden stehen.

Methodisch kann dieses Element bzw. diese Phase u.a. vom informierenden Unterrichtseinstieg, über Provozieren und Bluffen, verschiedene Spielformen und Strukturierungstechniken bis hin zu Phantasiereisen reichen. Zu bedenken ist aber: Ein interessanter Einstieg führt bei Schülerinnen und Schülern zu Enttäuschung und Frustration, wenn er nur auf eine vordergründige Wirkung zielt und im weiteren Verlauf des Unterrichts keine Rolle mehr spielt.

Beispiel

Eine Lehrkraft nimmt in einer 5. Klasse einen Kieselstein aus der Tasche, zeigt ihn den Lernenden und reicht ihn herum mit dem Hinweis, dass ein ähnlicher Stein in der Geschichte von David und Goliath (1Sam 17,1-50) von besonderer Bedeutung ist.

Denkanstoß

Alternative Bezeichnungen für dieses Element sind: Motivation, Einstimmung, Eröffnung, Initiation, Aufmerksamkeit, Hinführung, Anknüpfung, Konfrontation, Problembegegnung. Wieso ist dies der Fall? Begründen Sie Ihre Position.

---

309 Paradies, L., Stufung des Unterrichts, in: Arnold, K.-H. / Sandfuchs, U. / Wiechmann, J. (Hg.), Handbuch Unterricht, 2. Aufl. Bad Heilbrunn 2009, 197-200, 198.

2.2.3 Ziele und Kompetenzerwartungen kennen: sich Orientierung verschaffen

Ohne Ziel ist jeder Weg der richtige – oder keiner! Ohne Ziel ist jeder Unterricht planlos. Ein gut gewähltes Ziel gibt Richtung und Orientierung. Plant man vom erreichten Ziel her, können auch Kompetenzerwartungen die Zielfunktion erfüllen, da jede Kompetenzerwartung intentional ist.

Auf dem Hintergrund von Kompetenzerwartungen kann die *Lehrperson zusammen mit der Lerngruppe zu erreichende Ziele für den Unterricht festlegen.* Diese Ziele sollen *in Anknüpfung an den aktuellen Lernstand der Lernenden* und mit erwartetem Entwicklungsfortschritt passgenau formuliert werden.

Zuweilen kann es sinnvoll sein, dass die Lehrperson selbst Zielangaben für den Unterricht formuliert. Dann soll die *Zielangabe…*

- die Lernenden orientieren über mögliche Lernwege, über das, was auf sie zukommt;
- über das angestrebte Ziel des Unterrichts den Schülerinnen und Schülern Klarheit bringen;
- keine noch zu erarbeitenden oder zu entdeckenden Inhalte vorwegnehmen, weshalb manchmal eine (rein) formale Zielangabe angebracht ist (z.B.: Zunächst bearbeiten wir ein Textblatt. Daraus wird sich der nächste Schritt ergeben.);
- schülergerecht – wenn möglich von den Schülerinnen und Schülern selbst – formuliert werden;
- evtl. als für die Schülerinnen und Schüler ansprechend und motivierend formuliertes Unterrichtsthema für alle sichtbar aufgeschrieben werden.

Formulieren Lehrkräfte Zielangaben, müssen sie die richtige Balance finden: Sie müssen weit genug sein, damit die Schülerinnen und Schüler selbstständige Denk-Wege einschlagen können, aber sie dürfen auch nicht zu weit gefasst sein, damit die Schülerinnen und Schüler auch am Ziel ankommen können. Zu enge Zielangaben nötigen die Schülerinnen und Schüler, im Verhalten und Denken, in den von der Lehrkraft vorgedachten Fußspuren zu gehen.

> Arbeitshinweis
> Nehmen Sie Stellung zu folgendem Beispiel einer Zielangabe:
> „Ich lese euch jetzt eine Geschichte vor. Den Titel nenne ich euch noch nicht, weil ich glaube, dass es eine gute Aufgabe wäre, wenn ihr euch nachher selbst einen passenden Titel überlegt. Ich selbst finde diese Geschichte interessant und wichtig, aber irgendwie verwirrt sie mich auch. Ich möchte euch die Geschichte zuerst einmal vorlesen, und wir können dann hinterher zusammen überlegen, was wir weiter mit dieser Geschichte machen können."[310]

[310] Grell, J. / Grell, M., Unterrichtsrezepte, 12. Aufl. Weinheim, Basel 2010, 163.

Denkanstoß
Alternative Bezeichnungen für dieses Element sind: Zielbeschreibung, Kompetenzabklärung, Orientierung, Themenstellung, Themenkonstitution, Problemerfassung. Wieso ist dies der Fall? Begründen Sie Ihre Position.

2.2.4 Erarbeitung

Die *Schülerinnen und Schüler erwerben Kompetenzzuwächse* in Bezug auf den Unterrichtsinhalt und bereits vorhandene Kompetenzen.
In der Erarbeitung sollen …

- Medien und Unterrichtsmethoden optimal eingesetzt werden,
- die Lernenden ihrem Entwicklungsstand angemessene Zugänge zum neuen Unterrichtsinhalt erhalten bzw. neue Zugänge zu bereits bekannten Inhalten entwickeln können (z.B. Was kommt nach dem Tod?);
- die Lernenden bei zu bearbeitenden Problemen Lösungswege suchen und finden (z.B. Wenn ich noch einen Monat zu leben hätte, dann würde ich…);
- die Lernenden neue Erkenntnisse vergleichen und aufeinander beziehen, um nicht nur isolierte Wissenselement, sondern zusammenhängendes Wissen zu erwerben,
- die Lernenden eine Relevanzprüfung durchführen,
- die Lernenden Ergebnisse und Kompetenzzuwächse selbst formulieren, dokumentieren und kommunizieren;
- die Ergebnisse ausreichend fixiert und zusammengefasst werden.

Wichtig ist hier, dass den Schülerinnen und Schülern nicht eigenes Denken und Erfahren abgenommen wird. Vielmehr sollen sie *eigene Vorstellungen* in Bezug auf den Unterrichtsinhalt *entwickeln* können. Dies schließt sogenannte Fehler nicht aus, sondern gerade ein. Eine *Kultur der Fehlerfreundlichkeit* öffnet Lernperspektiven.

Arbeitshinweis
In jeder Religionsgruppe sitzen Schülerinnen und Schüler mit sehr unterschiedlichen Voraussetzungen und Begabungen. Mit welchen Medien und methodischen Maßnahmen können Lehrpersonen in der Erarbeitung möglichst vielen Schülerinnen und Schülern einen Zugang zum Inhalt ermöglichen?

Denkanstoß
Alternative Bezeichnungen für dieses Element sind: Kompetenzerweiterung, Informationsbeschaffung, Erkenntnisgewinnung, Darstellung, Analyse, Gestaltung, Problemdurchdringung, Problemerklärung. Wieso ist dies der Fall? Begründen Sie Ihre Position.

2.2.5 Verarbeitung: Üben, Transfer und Anwendung

Gelerntes vergessen wir sehr schnell, wenn wir es nicht gebrauchen. Durch üben, übertragen auf andere mehr oder weniger ähnliche Sachverhalte und Situationen oder vergleichen wird lernen nachhaltig, erfolgt eine Könnens-Konsolidierung.

Bei der Verarbeitung soll …

- nichts Neues mehr gelernt, sondern das neu Gelernte vertieft werden;
- das gegenseitige Präsentieren von erarbeiteten Kenntnissen, Fertigkeiten, Fähigkeiten oder Haltungen erfolgen;
- überdacht werden, wie man zu neuen Kenntnissen, Fertigkeiten, Fähigkeiten oder Haltungen gekommen ist;
- in geeigneter Form eine Sicherung bzw. Überprüfung der Lernerfolge garantiert werden;
- das neu Gelernte geübt werden;
- das neu Gelernte durch Verlangsamung intensiviert werden;
- die innere Auseinandersetzung mit dem neu Gelernten und damit eine begründete eigene Stellungnahme ermöglicht werden;
- die Gewissheit vermittelt werden, dass der Inhalt nicht nur „durchgepaukt“, sondern auch verstanden worden ist,
- am Ende der Lernstand der Lernenden beispielsweise durch eine schriftliche Überprüfung ermittelt werden,
- ggf. eine Anwendung des neu Gelernten in der Wirklichkeit erfolgen.

Arbeitshinweis
Während in Unterrichtsfächern wie Mathematik viel Zeit für das Üben des Gelernten verwendet wird, kommt dieser Sachverhalt im Religionsunterricht meist zu kurz. Sammeln Sie Medien und methodischen Maßnahmen, welche zum Üben geeignet sein können.

Denkanstoß
Alternative Bezeichnungen für dieses Element sind: Transfer, Übung, Kompetenzanwendung, Erkenntnis, Besinnung, Einordnung, Wertung; Problemlösung. Wieso ist dies der Fall? Begründen Sie Ihre Position.

2.2.6 Ausstieg

In der Schule wechseln die Unterrichtsfächer i.d.R. im 45-Minuten-Takt. Deshalb ist es wichtig, die Unterrichtsstunde bewusst abzuschließen, damit Lernende nicht in der folgenden Unterrichtsstunde noch Gedanken aus der vergangenen nachhängen.

Der Ausstieg soll …

- die Unterrichtsstunde abrunden (durch gegenseitige Verabschiedung usw.) und nicht abbrechen (durch das Klingelzeichen oder das klammheimliche Wegpacken der Arbeitsmaterialien durch die Lernenden);
- flexibel gestaltet werden, besonders dann, wenn die Lernerfolge unbefriedigenden waren;
- den Lernenden das Bewusstsein der Zufriedenheit vermitteln und das Gefühl verhindern, die getane Arbeit sei sinnlos oder vergeblich gewesen;
- Lust auf neue Inhalte und/oder Methoden wecken;
- dem entspannenden Loslösen vom emotional anstrengenden Thema dienen.
- eine Zeit zum Nachspüren und Ankern sein.

Als Modi sind am Stundenende möglich:[311]

- *Reflexion* im Blick auf den vergangenen Unterricht und Ausblick auf die künftige Planung (z.B. „Was hat mein Herz berührt?", „Was und Wie habe ich heute gelernt?"),
- *Spirituelle Abrundung* des Unterrichts (Schlussritual, -lied, Gebet, Segensspruch, Wunsch);
- *Überleitung* als inhaltsbezogene Schlussbemerkung und ggf. noch einen kurzen Ausblick auf den weiteren Verlauf.

Arbeitshinweis
Bei welchen Themen scheint ein geplanter Ausstieg aus dem Religionsunterricht besonders wichtig zu sein?

Denkanstoß
Alternative Bezeichnungen für dieses Element sind: Sicherung, Kontrolle, Lernbilanz und -reflexion, Integration des Wissens. Wieso ist dies der Fall? Begründen Sie Ihre Position.

2.2.7 Zeitliche Gestaltungsspielräume

In einer 45-minütigen Unterrichtsstunde wird von vielen Lehrpersonen wie in Abb. 23 eine zeitliche Unterrichtsplanung in Minuten (oben) bezüglich der Phasen bzw. Elemente (unten) vorgenommen:

Min.	1	3-5	1	20-25	10-15	1-3
Phasen	2.1	2.2	2.3	2.4	2.5	2.6

Abb. 23: Zeitliche Gestaltung von Unterricht

[311] Vgl. dazu: Mendl, H., Schlusssequenzen, in: KatBl 142 (2016), 172-177.

Arbeitshinweis
Wie beurteilen Sie diese Einteilung des Unterrichts mindestens unter Berücksichtigung eines Inhalts und Kontextes der Unterrichtsstunde? Begründen Sie Ihr Urteil.

Selbst eine zeitlich aufeinander aufbauende Unterrichtsplanung im Sinne von Phasen sollte eine flexible Gestaltung in Bezug auf *folgende Aspekte bedenken*:

- Art des Unterrichtsgegenstandes (eher kognitiv, emotional, pragmatisch);
- Rahmenbedingungen des Unterrichts (z.B. Randstunden im Stundenplan, Nachmittagsunterricht, Klausur oder Sport davor oder danach);
- biologische Grundlagen des Lernens: Geht man davon aus, dass bei Lernenden die Aufmerksamkeit nach ca. 20-30 Minuten abnimmt, sollte bis dahin Neues erarbeitet sein.
- Individuelle Aufmerksamkeitsspanne der Lernenden (i.d.R. bei jüngeren Lernenden niedriger als bei älteren, bei Lernenden ohne ADHS anders, als bei Lernenden mit ADHS usw.).
- Eine Doppelstunde (90 Minuten) kann, die Aufmerksamkeitsspanne der gesamten Lerngruppe berücksichtigend (z.B. in unteren Jahrgangsstufen der Grundschule), die Elemente bzw. Phasen z.B. 3x durchlaufen, sodass für 3x 30 Minuten, abzüglich kurzer Pausen dazwischen, geplant wird. Möglich wären auch Planungen für 2x 45 Minuten mit einer kurzen Pause dazwischen unter Berücksichtigung der Gegebenheiten vor Ort.

Missverstanden würden Phasenschemata, wenn die *Elemente bzw. Phasen immer zeitlich strikt nacheinander* für jede Religionsstunde in einem Unterrichtsverlaufsplan festgeschrieben würden, was folgende Beispiele verdeutlichen:

- Stellt sich nach der Erarbeitung in der Verarbeitung heraus, dass die Lerngruppe den Unterrichtsinhalt noch nicht ausreichend verstanden hat, ist eine erneute Erarbeitung notwendig. Ausschließlich aufeinander aufbauende Schemata sind zu flexibilisieren und am Kompetenzaufbau der Lernenden orientiert zu gestalten.
- Brachten Lernende ein Thema selbst in den Unterricht ein, könnte ein ausführlicher Einstieg nicht nur nicht angebracht, sondern geradezu kontraproduktiv sein, weil die Schülerinnen und Schüler den Eindruck bekommen könnten, dass sie nicht ihr Thema bearbeiten dürfen.
- Der Einstieg kann eine ganze Unterrichtsstunde umfassen, wenn es das Thema der gesamten Unterrichtseinheit erfordert.
- Die Reihenfolge der Elemente hat zwar eine innere didaktische und zeitliche Logik, aber das bleibt für die gesamte Lerngruppe und einzelne Lernende künstlich. Will Schule natürliches Lernen nicht verhindern, sind vielfältige Anordnungsvariationen der Elemente denk-

bar und notwendig. Beispielsweise kann in der Verarbeitung für den einen Schüler deutlich werden, dass er den Inhalt noch nicht verstanden hat und damit erneut erarbeiten muss, während die andere Schülerin in der Verarbeitung eine neue Fragestellung entdeckt, für die das Lernen vorbereitet wird, eine Zielfestsetzung und Er- sowie Verarbeitung erfolgt.

- Natürliche Lernprozesse benötigen keine individuelle und zeitliche Taktung, sondern können chaotisch verlaufen bzw. v.a. zwischen Erarbeitung und Verarbeitung pendeln. Notwendig ist damit eine Beachtung der individuellen Lernsituation.

Individuelle Situationen

Individuelle Situationen sind im Unterrichtsaufbau zu berücksichtigen. Das zeitliche Aufeinander der Phasen bzw. Elemente handhaben erfahrene Lehrkräfte nicht starr. Vielmehr *rhythmisieren* Sie ihren Unterricht.[312] Sie haben gelernt, dass sich nicht alles den äußeren Gliederungsvorgaben unterwirft: unvorhergesehene Ereignisse, bestimmtes Schülerverhalten (z.B. nicht ruhig, konzentriert sein können) usw. Deshalb erfolgt die *Gliederung des Unterrichts* immer auch in der Unterrichtssituation selbst. Die Lehrpersonen koordinieren das Zusammenspiel der äußeren Vorgaben (Zeit, Phasen bzw. Element und phasen- bzw. strukturelementeübergreifende Prinzipien) mit den individuellen Lernvoraussetzungen und Bedürfnissen der Lernenden (‚innere Uhren') auch situativ, damit ein stimmiges Ganzes entsteht. Dabei dürfen sich die unterschiedlichen Rhythmen gegenseitig nicht zu sehr behindern, besser noch harmonieren sie miteinander, ähnlich wie die Instrumente eines Orchesters.

2.2.8 Tipps zur Unterrichtsplanung

Unter Berücksichtigung der strukturelemente- bzw. phasenübergreifenden Prinzipien und der individuellen Situation sollten die einzelnen die Strukturelemente bzw. Phasen des Unterrichtsaufbaus didaktisch begründet „logisch und vom Schwierigkeitsgrad her *sinnvoll miteinander vernetzt* […] und durch entsprechend klare Impulse über- und eingeleitet werden."[313] Die *Überleitungen* verdeutlichen den roten Faden des Unterrichts.

Die Schülerinnen und Schüler sollten „möglichst aktiv"[314] *sein,* „bis hin zum Idealzustand, dass sie auch Methoden, Medien und Inhalte vorschlagen,

[312] Vgl. Bahr, Planungsschemata, 2015, 513.

[313] Handke, U., Der Mutmacher. Ratgeber für den pädagogischen Berufseinstieg, Berlin Neuauflage 2008, 67 (Hervor. M.R.).

[314] Ebd., und die folgenden Zitate.

selber gestalten und ausprobieren." Immer sollte sich die Lehrperson bei der Vorbereitung fragen:

- „Wie können meine Schüler möglichst viel machen?"
- „Was können sie genau machen?"
- „Welche meiner Aktivitäten kann ich an die Schüler abgeben?"
- „Wie können sich die Schüler einbringen?"
- „Welche Entscheidungen können sie treffen?"

Überlegen Sie sich in wörtlicher Rede, was die Lernenden während der einzelnen Phasen bzw. Elemente denken können und planen sie so die Unterrichtsstunde aus der Sicht der Lernenden vor. Z.B.:

Einstieg
„Was ist denn jetzt los? Ach, das ist ja interessant. Da weiß ich schon etwas. Das macht Spaß. Hier kann ich mitmachen, ohne mich zu blamieren."
Ziele und Kompetenzerwartungen
„Ah, darum geht es heute grundlegend. Ich persönlich möchte (zusätzlich) erreichen, dass … ."
Erarbeitung
„Ach ja, das ist neu, aber ich verstehe das schon. Da habe ich, glaube ich, etwas noch nicht verstanden, da mache ich mir eine Notiz, da muss ich nachfragen. Aha!! So passt das zusammen. Jetzt versteh ich das!"
Verarbeitung
„Ich glaube, ich kann das. Mal sehen, ob ich Recht habe und wie viel ich kann. Jetzt zeige ich den anderen einmal, was ich gelernt habe und helfe anderen. Jetzt weiß ich, wofür das Gelernte im Leben nützlich sein kann."
Ausstieg
„Das war eine coole Stunde. Das hat mir etwas gebracht. Heute habe ich etwas für's Leben gelernt."

> Arbeitshinweis
> Setzen Sie diese Hinweise schrittweise in Ihrer Unterrichtsplanung um. Da Sie vermutlich nicht alle Punkte sofort aufgreifen können, erstellen Sie sich eine Prioritätenliste.

2.3 *Modelle kompetenzorientierten Unterrichtsaufbau*

Ein kompetenzorientierter Unterrichtsaufbau will einen rein inhaltlich orientierten und ausschließlich aus der Sicht der Lehrkraft gestalteten Unterricht überwinden. *Ziel* ist nicht nur ein bestimmtes *Lernergebnis*, sondern auch der *Lernweg* ist kompetenz- und *verständnisorientiert* zu gestalten. Deshalb sind die Lehr-Lernprozesse sichtbar zu machen, v.a. über Feedback und entsprechende Interventionen. Die Lehrperson selbst muss dafür sorgen, dass die Lernenden sie und sie die Lernenden verstehen, weshalb der Lehrer-Schüler-Interaktion größte Aufmerksamkeit geschenkt wird. Die folgenden Modelle entstammen der allgemeinen Didaktik.[315]

Fünf Handlungsfelder-Modell

Dieses Modell stammt vom Amt für Lehrerbildung in Frankfurt a.M.[316] In einer doppelten Spirale werden Lernende und Lehrende mit Hilfe von *fünf Handlungsfeldern* aufeinander bezogen (Abb. 24). Das Modell selbst nimmt Elemente der Hattie-Studie auf.

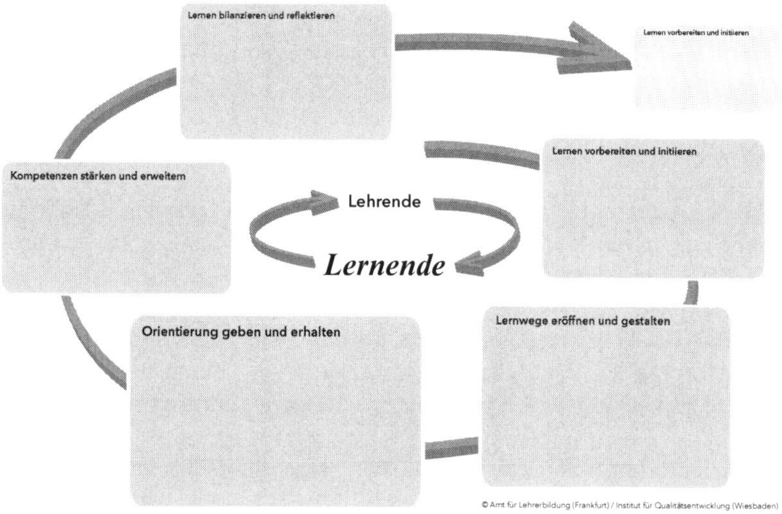

Abb. 24: Fünf Handlungsfeldermodell

- Lernen vorbereiten und initiieren

Mit *Bezug auf Schulcurricula bzw. Lehr- und Bildungspläne* und den *individuellen Lernausgangslagen* vereinbaren Lehrende und Lernende dialogisch Ziele und inhaltliche Schwerpunkte für den Lernprozess. Die Lernenden setzen sich selbst eigene *Ziele* und sie kennen die *Kompetenzerwartung* des

---

[315] Vgl. zur religionsdidaktischen Diskussion z.B. Hahn, M. / Schulte, A., Kompetenzorientiert Religionsunterricht planen – aber wie? In: Theo-Web. Zeitschrift für Religionspädagogik 13 (2014), H.1, 125-139, (http://www.theo-web.de/zeitschrift/ausgabe-2014-01/13.pdf, letzter Zugriff: 30.06.2018).

[316] Vgl. Bauch, W. / Katzenbach, M. / Maitzen, C., Auf dem Weg zum kompetenzorientierten Unterricht – Lehr- und Lernprozesse gestalten. Ein Prozessmodell zur Unterstützung der Unterrichtsentwicklung, Frankfurt a.M. 2011, 9, zur Verfügung gestellt durch das Hessische Kultusministerium und die Rechtsnachnachfolge des Amtes für Lehrerbildung, die Hessische Lehrkräfteakademie.

Lehr-Lernprozesses. Dieses Vorgehen führt zu einer wirklichen *affektiven und kognitiven Aktivierung der Lernenden.*[317]

- Lernwege eröffnen und gestalten

Zentral sind hier für die Lernenden herausfordernde Aufgaben, sogenannte *Lernaufgaben*. Diese müssen einen *Bezug zur Lebenswelt* der Lernenden in Form von Anforderungen sowie von realen Anwendungssituationen enthalten. Um *Anforderungssituationen* zu lösen, benötigt man Oberflächen-, Tiefen- und konzeptuelles Verstehen. Dies kann lehrer- wie schülergesteuert (*Konstruktion und Instruktion*) und prozess- wie ergebnisorientiert erfolgen, erfordert aber immer die *Beobachtung und Dokumentation der individuellen Lernwege.*[318]

- Orientierung geben und erhalten

Der erreichte Lernstand wird selbst, durch Mitschülerinnen und Mitschüler sowie die Lehrkraft beurteilt (formative Lernstandserhebung). Entscheidend ist die *Rückmeldung* in konstruktiver und wertschätzender Form, damit der Lehr-Lernprozess weiterentwickelt werden kann und Lernhindernisse abgebaut werden.[319]

- Kompetenzen stärken und erweitern

Um Wissen und Können nachhaltig verfügbar zu haben, werden *Übungen* sinnhaft (*Vertiefung*), problemorientiert (*Anwendung*) und bewusste (*Transfer*) durchgeführt.[320]

- Lernen bilanzieren und reflektieren

Nicht zuletzt ist zu klären, inwiefern die vereinbarten *Ziele und Kompetenzniveaus erreicht* wurden und zwar i.d.R. auch in Form von Noten (summative Leistungserhebung). Die Transparenz des Zustandekommens von Noten kann mögliche Widersprüche zu vorangegangenen (formativen) Lernstandserhebungen minimieren. In der *Reflexion des gesamten Lehr-Lernprozesses* können *Perspektiven* für das weitere Vorgehen eröffnet werden.[321]
Diese fünf Handlungsfelder können als zeitliches Nacheinander und damit als abgeschlossene Phasen verstanden werden[322], doch sollten immer auch

---

317 Vgl. ebd., 11-15.
318 Vgl. ebd., 15-19.
319 Vgl. ebd., 19-23.
320 Vgl. ebd., 24-26.
321 Vgl. ebd., 26-29.
322 Vgl. ebd., 10.

Rückkopplungsschleifen möglich werden. Ergibt sich beispielsweise bei der Orientierung und damit bei der Beurteilung des Lernstandes, dass die Ziele bzw. Kompetenzen unrealistisch festgesetzt wurden, sind diese anzupassen und der Lehr-Lernprozess wird auf dieser neuen Ebene fortgesetzt.

AVIVA-Prozessmodell

Auch das zweite Modell des Unterrichtsaufbaus versteht sich kompetenzorientiert. Es ist das *AVIVA-Prozessmodell*[323]. AVIVA ist ein Akrostichon und bedeuten:
(*A*) *Ankommen und einstimmen*: Weil für das Lernen die Lehrperson-Lernenden-Lernenden Beziehung wichtig ist, ist zunächst eine lernförderliche Atmosphäre zu gestalten.
(*V*) *Vorwissen aktivieren*: Das Anknüpfen an den Lern- und Leistungsstand der Lernenden ist zentral, denn je besser dies gelingt, umso nachhaltiger wird gelernt.
(*I*) *Informieren*: Über das bereits gewusste Vorwissen hinaus, sind für Lernen weitere Informationen notwendig, die fremdgesteuert durch die Lehrperson oder selbstgesteuert durch die Lernenden in die Lernprozesse eingespeist werden.
(*V*) *Verarbeiten*: Das Gelernte muss – um nachhaltig zu sein – verarbeitet werden.
(*A*) *Auswerten:* Die Reflexion des Lernprozesses ist für einen kompetenzorientierten Unterrichtsaufbau wesentlich.

In Bezug auf Religionsunterricht ist Informieren bzw. Informationsbeschaffung sicher ein wichtiger, aber nicht der allein entscheidende Aspekt des Unterrichts, denn Religion sollte Bezüge zu Erfahrungen aufweisen.

Fünf Komponentenmodell

Ein drittes Modell geht von fünf *Komponenten*[324] des Unterrichtsaufbaus aus. Versteht man *Lernen* als *aktive und konstruktive Tätigkeit des Gehirns*, wird man weniger von einer starren zeitlichen Abfolge von Unterrichtsphasen bzw. -elementen ausgehen, da sich ein chronologischer Ablauf zwar planen und denken lässt, aber *einzelnen Phasen bzw. Elemente des Unterrichts* ineinander übergehen oder während des Lernprozesses *mehrfach* auftreten können. Deshalb können Komponenten die Planung des Unterrichts offener halten, da sie die Einzelschritte der Lehrperson nicht in einer rigiden Chrono-

[323] Vgl. Städeli, C. / Grassi, A. / Rhiner, K. / Obrist, W., Kompetenzorientiert unterrichten – Das AVIVA©-Modell, 2. Aufl. Bern 2013, (z.T. abrufbar unter: http://www.hep-verlag.ch/media/import/preview/kompetenzorientiert unterrichten2013.pdf, letzter Zugriff: 30.06.2018.

[324] Vgl. dazu Retterath, G., Das Lernen vom Schüler aus planen, in: Schulverwaltung Bayern 11, Kronach 2006, 366-368.

logie betonen und das Unterrichtsgeschehen nicht in behavioristischer Manier voraussagbarer Schülerreaktionen auf Inputs von Lehrpersonen reduzieren. Fünf Komponenten (Abb. 25) sind dann in der Planung zu berücksichtigen.

Initiation Ereignisse und Maßnahmen, die die Lernenden auf den Lerngegenstand aufmerksam werden lassen	*Orientierung* Ereignisse, die beim Lernenden ermöglichen, die notwendige Basis für das individuelle oder gemeinsame Lernen zu schaffen
Integration in vorhandene Wissensformen	
Transformation konkrete Tätigkeiten der Lerngruppe oder einzelner im Sinne der Zielperspektive der Unterrichtsstunde	*Reflexion* bewusste Auseinandersetzung mit der eigenen Arbeit bzw. der Arbeit anderer im Sinne einer kritisch-konstruktiven oder auch affirmativen Stellungnahme

Abb. 25: Übersicht zum Fünfkomponentenmodell

Arbeitshinweise
Vergleichen Sie die vorgestellten kompetenzorientierten Modelle des Unterrichtsaufbaus mit den Phasen bzw. Strukturelementen und den phasen- bzw. strukturelementeübergreifenden Prinzipien.

Unterrichtsbeispiele zu: „Die Heilung eines Aussätzigen“ (Mk 1,40-44): Ein Thema – drei Varianten

Variante 1:

Vorbereitung

- Beim ins-Klassenzimmer-Gehen erkundigt sich die Lehrkraft nach dem Wohlergehen eines Schülers, der letzte Woche krank war.
- Dokumenten- bzw. Auflichtkamera oder Tageslichtprojektor und Folien herrichten
- Ritualisierter Stundenbeginn, evtl. Gebet oder meditative Besinnung

Einstieg

- Ausschlag wird realistisch dargestellt: anhand von Bildern (z.B. http:www.heipraxismetn.de/wp-content/uploads/2015/03/Hautflechte.jpg, letzter Zugriff: 30.06.2018)
- freie SÄ, z.B.: Das ist voll schlimm. Igitt.

Ziele /Kompetenzerwartungen

- Bestimmt hast du eine Idee, worum es heute gehen kann.
- mögl. SÄ: Es geht um Menschen mit einem Ausschlag.

Erarbeitung

- mögliche Erschließungsfragen zu den Bildern:

a) Wie wirken die Bilder mit ausschlagbehafteten Menschen auf dich? Mögl. SÄ: Menschen bekommen Mitleid.

b) Wie reagieren wohl Gesunde auf Menschen mit dieser Krankheit? Mögl. SÄ: Andere Menschen ekeln sich, gehen auf Abstand, helfen vielleicht.
c) Was könnten sich die Kranken wünschen? Mögl. SÄ: Sie möchten gesund werden. Wenn das nicht geht, wünschen sie sich eine gute Versorgung durch einen Arzt und unbeschwert mit anderen Menschen zusammen sein zu können.

- *Überleitung L*: In der folgenden Geschichte geht es auch um einen Menschen mit einem Ausschlag.
- Textbegegnung:

> Ein Mensch mit einem schlimmen Ausschlag, ein Aussätziger, kam zu Jesus und bat ihn um Hilfe; er fiel vor ihm auf die Knie und sagte: Wenn du willst, kannst du machen, dass ich rein werde. Jesus hatte Mitleid mit ihm; er streckte die Hand aus, berührte ihm und sagte: Ich will es – werde rein! Im gleichen Augenblick verschwand der Aussatz, und der Mann war rein. (nach Mk 1,40-42)

- *Überleitung L*: Um das Geschehen besser nachvollziehen zu können, stellen wir die Szene in einem Standbild dar.
- Standbildbauen: Zwei Lernende übernehmen die Regie. Sie suchen andere für die einzelnen Szenen aus und modellieren die Szenen. Mögliche Szenen sind z.B.: Bitte um Hilfe, Kniefall, Berührung durch Jesus). Evtl. wird dieses Standbild durch andere Lernende wiederholt.
- mögliche Auswertungsfragen:

a) Was habt ihr in der Rolle gefühlt? Mögl. SÄ: Ich war der Aussätzige. Es war bedrückend.
b) Hat sich im Laufe der Szenen das Empfinden verändert? Mögl. SÄ: Die Berührung war für mich berührend. Trotzdem konnte ich nicht glauben, dass ich jetzt gesund sein sollte.
c) Ist den Mitschülerinnen und Mitschülern etwas aufgefallen? Mögl. SÄ: Der Gesichtsausdruck des Aussätzigen änderte sich: Zuerst …, dann … .

- *Überleitung L*: Die Geschichte geht noch weiter.
- Textbegegnung:

> Jesus schickte den Mann weg und schärfte ihm ein: Nimm dich in Acht! Erzähl niemand etwas davon, sondern geh, zeig dich dem Priester und bring das Reinigungsopfer dar, das Mose angeordnet hat. … Der Mann aber ging weg und erzählte bei jeder Gelegenheit, was geschehen war; er verbreitete die ganze Geschichte, so dass sich Jesus in keine Stadt mehr zeigen konnte. …
> (nach Mk 1,42-45)

- mögl. Eindrücke der Lernenden: Das ist ja typisch! Wenn man jemandem ein Geheimnis anvertraut, dann verbreitet es sich erst recht. Warum geht der Mann zu einem Priester?
- Informationen der Lehrkraft über die damaligen Verhältnisse: Aussatz wurde nicht von einem Arzt behandelt, sondern von einem Priester. Sein Urteil lautete nicht ‚krank' oder ‚gesund', sondern ‚unrein' oder ‚rein'. Unreine wurden aus der (gottesdienstlichen) Gemeinschaft ausgeschlossen.
- Subjektive Interpretationen der Lernenden:

S1: Das kann doch gar nicht sein. Nicht einmal mit unserer heutigen Hochleistungsmedizin wird jemand von einer auf die andere Sekunde gesund.
S2: Zum Glück gibt es heute für jedes Problem Fachärzte.
S3: Ich finde es ungerecht, dass jemand nur wegen einer Krankheit ausgeschlossen wird.
S4: Für Jesus ist alles möglich.
S5: Ich spielte vorher den Aussätzigen. Das Berührt-werden von Jesus tat wirklich gut. Ich kann mir gut vorstellen, dass der Aussätzige beim Weggehen einfach seine Krankheit vergessen hat.

Verarbeitung

- L: Heute gibt es Ärzte, die den Kranken helfen. Warum helfen sie? Mögl. SÄ: Nur des Geldes wegen. Weil sie ihren Beruf aus Liebe machen.
- L: Ekeln sich nicht alle Menschen vor solchen Hautausschlägen? Mögl. SÄ: Ganz ehrlich, ich schon.
- L: Frage dich ganz ehrlich: Was würde ich gegenüber einem Menschen mit Ausschlag, mit Behinderung oder Ähnlichem machen? Mögl. SÄ: Ich würde mich abwenden. Ich wüsste zwar, dass ich das nicht machen sollte, mache es aber trotzdem. Danach habe ich ein schlechtes Gewissen. Eine Ausrede finde ich aber immer.
- L: Jeder Mensch ist irgendwann in der Situation, dass er sich ausgeschlossen und unverstanden fühlt. Überlege für dich:

a) Was wäre dir in einer solchen Situation am Angenehmsten?
b) Zu wem würdest du gehen, wem würdest du davon erzählen?
c) Würdest du überhaupt Hilfe suchen oder würdest du lieber allein sein?
d) Könntest du diese Situation auch Jesus erzählen?
e) In welchen Situationen wünscht du dir Zuwendung oder könntest anderen Zuwendung geben?

- *Überleitung L*: Wir dachten intensiv über die Geschichte und mögliche heutige Verhaltensweisen nach.
- L: Schreibe eine Erzählung oder gestalte ein Bild in deinem Heft. Thema: Jesus und der Aussätzige – damals oder wie es heute sein könnte. Folgende Anregungen können hilfreich sein:

a) Wer könnte heute an die Stelle des Aussätzigen treten?
b) Wem könnte dieser sein Leid klagen – auch Jesus?
c) Von wem könnte Hilfe kommen?

- Besprechung der Produkte. Zusammenfassung und mögliche Ergänzung des Produktes: Jeder Mensch braucht in der Not Zuwendung-von Menschen, bei Gläubigen auch von Jesus.

Ausstieg:

- Verabschiedung

Variante 2:

Abb. 26: „Heilung eines Aussätzigen" von Günter Skrodzki

Einstieg

- Mit Hilfe des Bildes „Heilung eines Aussätzigen" von Günter Skrodzki (© Ulrich Schmied), das Jesus und den Aussätzigen als Hauptakteure zeigt, wird zum biblischen Text hingeleitet.
- Mögliche Impulse:

a) In welcher Beziehung stehen die abgebildeten Personen?
b) Was könnten ihre Gesten bedeuten?
c) Wen könnten die Personen darstellen?

Ziele /Kompetenzerwartung

- Nachdem ein/e Schüler/in ‚ein Mann' und ein anderer ‚Jesus' gesagt hat, teilt L den Bibeltext mit den Worten aus: „Heute geht es um die Heilung des Aussätzigen".

Erarbeitung

- Textbegegnung:

> Ein Aussätziger kam zu Jesus und bat ihn um Hilfe; er fiel vor ihm auf die Knie und sagte: Wenn du willst, kannst du mich rein machen. Jesus hatte Mitleid mit ihm; er streckte die Hand aus, berührte ihn und sagte: Ich will – werde rein! Sogleich verschwand der Aussatz, und der Mann war rein. Jesus schickte ihn weg, wies ihn streng an und sagte zu ihm: Sieh, dass du niemandem etwas sagts, sondern geh, zeig dich dem Priester und bring für deine Reinigung dar, was Mose festgesetzt hat.
>
> (Mk 1,40-45)

- Der Text wird zunächst gemeinsam laut und dann einzeln leise gelesen.
- Eindrücke und Gefühle der Lernenden: Jesus hat ein Wunder gewirkt. Das ist schön. Es wäre schön, wenn es dies heute auch noch gäbe. usw.
- Ein Schüler erzählt den Inhalt nach: Ein Aussätziger bittet Jesus um Hilfe und Jesus wirkt ein Wunder.
- L: „Welche Überschrift könnten wir dem Text geben?" S: „Heilung eines Aussätzigen"
- L: „Worum geht es in dem Text?" S: „Um die Heilung eines Mannes."
- L: „Worin besteht das Zentrum des Textes?" S: „Jesus macht ein Wunder."
- L: Vielleicht fragst du dich immer noch, was Aussatz eigentlich bedeutet. Woran könnte man auf dem Bild erkennen, dass der Mann Aussatz hat? S: Vielleicht an den Flecken? L: Genau, diese Flecken sind Anzeichen der Krankheit Aussatz. Damit ihr besser versteht, worum es sich hierbei handelt, erzähle ich euch kurz etwas darüber.
- L: Aussatz ist eine Krankheit, die heute als Lepra bezeichnet wird. Betroffene werden in fortgeschrittenem Stadium stark entstellt. Haut und Körperteile werden regelrecht zerfressen. Bei uns ist diese Krankheit schon lange ausgerottet. In Indien und anderen Ländern ist sie aber noch weit verbreitet. Zurzeit Jesu galt Aussatz als sehr ansteckend und unheilbar. Deshalb mussten sich die Aussätzigen von ge-

sunden Menschen fernhalten. Wenn Gesunde sich näherten mussten sie schon von weitem rufen: „Unrein, unrein!“. Sie mussten außerdem zerrissene Kleider, das Haar lose und den Bart verhüllt tragen. Solche Kranke wohnten dann außerhalb der Städte und Dörfer, z.B. in Höhlen. Manchen wurde von ihren Verwandten Essen gebracht, doch lebten sie meist einsam und isoliert von den anderen. Es gab weder Trost noch Hoffnung. Es war damals Aufgabe des Priesters, festzustellen und zu bekunden, wenn jemand – egal wie – vom Aussatz geheilt wurde (vgl. Levitikus 13,45f).

- L: „Was ist das Besondere an Jesu Verhalten?“ S: „Jesus wendet sich dem Aussätzigen zu und heilt ihn.“

Verarbeitung

- Das Erarbeitete wird im Heft gesichert:

Die Heilung des Aussätzigen (Mk 1,40-44)	
Die Situation des Aussätzigen Er ist an den .... der Gesellschaft gedrängt. Niemand will mit ihm .... Seine Hoffnung ist zerstört; er ist eigentlich schon wie	*Das Verhalten Jesu* Jesus nimmt den Aussätzigen wieder .... Jesus .... ihn und gibt ihm wieder Hoffnung.

- L Arbeitsauftrag: Ordne folgende Begriffe den Lücken zu: Kontakt, tot, heilt, berührt, Rand, wahr.
- L ergänze: ⇓

Botschaft für uns heute:

Jesus kennt keine Berührungsängste. Er wendet sich Kranken zu, heilt sie und gibt ihnen Hoffnung.

- L: Kennst du das Sprichwort: „Jemanden wie einen Aussätzigen behandeln?“
- L: In welchen Situationen können sich Menschen heute noch wie ‚Aussätzige‘ fühlen? Was kannst du da machen? Schneide den Aussätzigen im Bild von *Günter Skrodzki* aus und ergänze deine Ideen. S gestalten Bild und schreiben darunter: Man soll andere nicht ausgrenzen und ihnen helfen.
- Alternativ L: Vielleicht fallen dir Menschen ein, die sich heute in besonderem Maße für Kranke, Alte, Behinderte etc. einsetzen? S: Mutter Teresa usw.

Ausstieg

- Ende und Verabschiedung

Variante 3:
Vorbereitung

- Beim ins-Klassenzimmer-Gehen erkundigt sich die Lehrkraft nach dem Wohlergehen eines Schülers, der letzte Unterrichtsstunde krank war.
- Dokumenten- bzw. Auflichtkamera oder Tageslichtprojektor und Folien herrichten
- Ritualisierter Stundenbeginn, evtl. Gebet oder meditative Besinnung

Einstieg

- Ausschlag wird realistisch anhand einer Simulation durch die Lehrkraft dargestellt[325]
- Mögl. Reaktionen der Lernenden: Zurückschrecken, Kratzen.

Ziele /Kompetenzerwartung

- Vgl. Variante 1

Arbeitshinweis

- Entdecken Sie die Phasen bzw. Elemente und die phasen- bzw. strukturübergreifenden Prinzipien des Unterrichts?
- Vergleichen Sie die drei Varianten. Was fällt Ihnen auf? Begründen Sie Ihre Meinung.

Bei der ersten Variante ist die Gliederung des Unterrichts weniger starr als bei der zweiten. Mit Hautausschlag wird von Anfang an der Bezug zur konkreten Lebenswelt deutlich. Dies stellt eine religionsdidaktische Konkretisierung der unbestimmten exegetischen Aussage dar, dass mit Aussatz zwar eine Hautkrankheit gemeint sein könne, aber man nicht genau sagen kann welche. Wie die Lernenden auf die Bilder mit Hautausschlag reagieren (mit Ekel oder Hilfsbereitschaft) wird offengelassen. Ebenso mögliche Konsequenzen. Auffallend ist die inhaltliche Auseinandersetzung mit Heilung, die für unterschiedliche nichtreligiöse und religiöse Möglichkeiten des Wunderverständnisses offen ist.

Die zweite Variante entspricht zwar formal den Phasen, bleibt aber an der Oberfläche. Es wird nicht deutlich, ob die Lernenden wissen, was mit Aussatz gemeint sein könnte. Für einen abschließenden Appell benötigt man den biblischen Text im Grunde nicht.

Die dritte Variante bietet einen Einstieg, der nicht nur lebensweltbezogen ist, sondern auch Anforderungen der Lebenswelt enthält. So können Kompetenzen aufgebaut werden.

Arbeitshinweis
Vervollständigen Sie die Planung dieser Unterrichtsstunde

[325] Riegger, Wunder(n) und Wundererzählungen, 2015, 75.

2.4 Lernaufgaben

Zunächst wird geklärt, was Lernaufgaben sind und dann wird ein Beispiel skizziert.

Definition

Lernaufgaben sind allgemein „Aufgabenstellungen samt zugehöriger Lernumgebung [...], mit denen Schülerinnen und Schüler sich neue fachliche Inhalte oder Vorgehensweisen erarbeiten, konsolidieren oder übend festigen können“[326] Spezifischer steuert die Lernaufgabe „den individuellen Lernprozess durch eine Folge von gestuften Aufgabenstellungen mit entsprechenden Lernmaterialien, so dass die Lerner möglichst eigentätig die Problemstellung entdecken, Vorstellungen entwickeln und Informationen auswerten.“ [327] Meist erstellen und diskutieren Lernende kooperativ ein „Lernprodukt, definieren und reflektieren den Lernzugewinn und üben sich abschließend im handelnden Umgang mit Wissen.“[328]

Probleme mit Lernaufgaben im Religionsunterricht

Lernaufgaben im Religionsunterricht sind oft *potenzieller Natur*, nur *mehrperspektivisch* sowie *ansatzweise bearbeitbar*. Beispielsweise überlegt man, was beim Tod eines Menschen zu machen wäre, obwohl dieser Fall gerade nicht aktuell ist. Dabei sind sehr subjektiv geprägte Sichtweisen zu berücksichtigen, wie z.B. die Nähe zum Verstorbenen, die naturgemäß sehr unterschiedlich ausgeprägt sein kann. Und nicht zuletzt ist zu berücksichtigen, dass es eine richtige Handlung, die ideale Lösung (Ein guter Rat, wie „Es wird schon wieder!“, oder: „Sei froh, dem Verstorbenen geht es jetzt im Himmel gut!“) nicht gibt. Selbst wenn eine ideale Lösung, wie beispielsweise bei einem mathematischen Problem, denkbar wäre, müsste in Bezug auf das Leben theologisch der eschatologische Vorbehalt berücksichtigt werden, sodass Lösung, gar *Er*Lösung, zwar nicht ohne Zutun des Menschen gedacht werden kann, aber wesentlich auch göttliches Geschenk ist und bleibt. Theologisch bezeichnet man das mit Gnade. Das Skizzierte ist in Lernaufgaben für den Religionsunterricht zu beachten.

---

[326] Ralle, B. u.a., Einleitung, in: Ders. u.a. (Hg.): Lernaufgaben entwickeln, bearbeiten und überprüfen. Ergebnisse und Perspektiven der fachdidaktischen Forschung, Münster u.a. 2014, 9-11, 9.

[327] Schweitzer, F., Vom Desiderat zur evidenzbasierten Unterrichtsgestaltung? Lernaufgaben in fachdidaktischer Perspektive am Beispiel Religionsdidaktik, in: Ralle, B. u.a., Einleitung, in: Ders. u.a. (Hg.): Lernaufgaben entwickeln, bearbeiten und überprüfen. Ergebnisse und Perspektiven der fachdidaktischen Forschung, Münster u.a. 2014, 23-32, 23.

[328] Ebd., 23f.

Leistungs- versus Lernaufgaben?

Während man mit Leistungsaufgaben klar die zu erbringende Leistung anzielt, will man mit Lernaufgaben selbstständiges und selbstorganisiertes Lernen anregen[329]. Das heißt nicht, dass bei Lernaufgaben keine Leistung herauskommen soll, doch steht hier die Selbsttätigkeit während des Lernprozesses im Zentrum. Vor der Formulierung von Lernaufgaben sind Anforderungssituationen, Lernanlässe und damalige bzw. fremde Glaubens- und Lebenserfahrungen sowie heutige bzw. eigene (Un-)Glaubens- und Lebenserfahrungen zu identifizieren.

Anforderungssituationen

Kompetente Menschen bewältigen konkrete *Anforderungen* in unterschiedlichen Situationen. Diese Anforderungssituationen liegen jenseits des Unterrichtsarrangements in der Lebenswelt der Lernenden. Mit dem Begriff ‚*Anforderungssituation*' wird die allgemeine Erfahrung unterstellt, dass „sich jeder Mensch Zeit seines Lebens unterschiedlichen Aufgaben ausgesetzt sieht, für deren Meisterung er sich ein bestimmtes Wissen sowie spezifische Fähigkeiten und Fertigkeiten angeeignet haben muss. Auch und gerade in religiöser Hinsicht stellen sich solche Anforderungssituationen im Lebensprozess."[330] Die Anforderungen sollten aus Lernendenperspektive auch als wirkliche Herausforderungen wahrgenommen werden, womit Lehrende den Unterschied zwischen strategischem (z.B. mit möglichst wenig Aufwand möglichst gute Noten bekommen) und kommunikativem Handeln (z.B. sich über inhaltliche Aspekte von Glauben auseinandersetzen) wahrnehmen können. Ein bewusstes, sensibles Aufspüren von Anforderungssituationen ist ein erster wichtiger Schritt für eine Neuausrichtung des Lernens im RU.

Lernsituationen

Auf der Grundlage von in den Anforderungssituationen enthaltenen bzw. explizierten Lernanlässen werden Lernaufgaben formuliert, die Lernende „in eine Lernsituation hineinstellen, indem sie von ihnen eine Lernhandlung

---

329 Vgl. Obst, Kompetenzorientiertes Lehren und Lernen, 2010, 181.

330 Obst, G.: Anforderungssituationen als Ausgangspunkt kompetenzorientierten Lehrens und Lernens im Religionsunterricht. Ein Werkstattbericht aus der Praxis des Religionsunterrichts in der Sekundarstufe II, Feindt, A. u.a. (Hg.), Kompetenzorientierung im Religionsunterricht. Befunde und Perspektiven, Münster u.a. 2009, 181-196, 186. Vgl. dazu auch: Obst, G. / Rothgangel, M.: Kompetenzorientierte Religionspädagogik, in: Grümme, B. u.a. (Hg.), Religionsunterricht neu denken. Innovative Ansätze und Perspektiven der Religionsdidaktik. Ein Arbeitsbuch, Stuttgart u.a. 2012, 185-187.

erwarten. Sie können als offene Handlungsimpulse, interessante Arbeitsanregungen oder präzise Aufgabenstellungen […] formuliert sein“[331].

Lernergebnisse, -gegenstände, -gelegenheiten

Lernaufgaben sollen helfen, Lernergebnisse, Lerngegenstände (Inhalten) sowie Lerngelegenheiten (Methoden und Medien) sinnvoll aufeinander zu beziehen. Speziell für den Religionsunterricht sind zusätzlich noch Glaubens- bzw. Unglaubens- und Lebenserfahrungen (damalige bzw. fremde und heutige bzw. eigene) zu berücksichtigen.

Zusammenfassende Bildungsprozessplanung

Lernaufgaben

- *ermöglichen selbst reguliertes Lernen* und Reflektieren des Lernens,
- „setzen bei einer herausfordernden, hinreichend komplexen Problemlage an, die möglichst auf die Erfahrungs- und Vorstellungswelt der Kinder und Jugendlichen bezogen ist“[332] (= *Anforderungssituation*),
- konkretisieren Anforderungssituationen als *Lernsituationen*, in denen mögliche Tätigkeiten der Lernenden mit Inhalten verknüpft sind, womit der Lerngegenstand formulierbar wird,
- enthalten didaktische Entscheidungen im methodischen, medialen, sozialen, aktionalen und inhaltlichen Bereich als *komplexe Lehr-/Lernarrangements*, die differenzierende Teilaufgaben und unterschiedliche Lernwege bzw. Lösungen zur Erreichung unterschiedlicher Leistungsniveaus bieten.

Grad der Offenheit von Religionsunterricht

Der Grad der Offenheit von Unterricht kann sehr verschieden sein und muss, je nach Lerngruppe, sehr unterschiedlich angesetzt werden[333]. Er reicht von
1 „ansatzweise“; („Du kannst dir aus diesen Aufgaben eine aussuchen oder das gestellte Thema auch etwas verändern.“) über
2 „erste Schritte“, („Such dir/sucht euch eines der vorgegebenen Teilthemen zu unserer Einheit … aus und arbeite/arbeitet dazu.“) und
3 „teils – teils“, („Überlege dir/überlegt euch einen eigenen Beitrag zu unse-

---

[331] Michalke-Leicht, W., Lernsequenz, in: Ders. (Hg.), Kompetenzorientiert unterrichten. Das Praxisbuch für den Religionsunterricht, München 2011, 78-83, 82.

[332] Lenhard, H., Kompetenzorientierter Religionsunterricht, in: WiReLex (2015), 4.5, (http://www.bibelwissenschaft.de/stichwort/100016/, letzter Zugriff: 30.06.2018).

[333] Vgl. Michalke-Leicht, W., Didaktischer Perspektivenwechsel, in: Ders. (Hg.): Kompetenzorientiert unterrichten. Das Praxisbuch für den Religionsunterricht, München 2011, 10-22, 15f und die folgenden Zitate.

rer Einheit.“) bis zu
4 „schwerpunktmäßig“, („Du kannst in den Fachstunden frei arbeiten. Nimm dir/nehmt euch selbst etwas im Fach vor.“) und
5 „weitestgehend“, („Was machst du?“).

Lernaufgaben innerhalb einer Unterrichtssequenz

Im Verlauf einer Unterrichtssequenz *(= ca. 8 – 12 Unterrichtsstunden)* können Lernaufgaben zu folgenden Zeiten eingesetzt werden:

- zu *Beginn*, um die Basis für das Lernen zu schaffen (z.B. Lebensrelevanz entdecken, Lernausgangslage erheben, Vorgehensweisen erkunden),
- in der *Mitte* zur Erarbeitung und Verarbeitung von Wissen zur Lösung von Problemen und Anwendung auf neue Situationen,
- am *Ende* zur Evaluierung des Könnens.

Arbeitshinweise
Legen Sie dar, was Lernaufgaben mit Gliederung des Unterrichts zur tun haben.

Lernaufgabenbeispiel zu den Hoheitstiteln Jesu: *Du bist mir ... : Bezeichnungen für Menschen und für Jesus!*
Die folgende Lernaufgabe bezieht sich auf eine Unterrichtssequenz zu den „Hoheitstiteln Jesu“, welche in den bayerischen LehrplänenPLUS für Mittelschule (M 9.3), Realschule (10.3) und Gymnasium (10.4) enthalten ist. Für den gymnasialen Unterricht sollten die Lexikoneinträge (*M5*) komplexer verfasst sein.
Folgende *Kompetenzen*[334] sollen erreicht werden:
Die Lernenden

- nehmen wahr, dass durch Bezeichnungen für Menschen Verhältnisse zwischen diesen ausgedrückt werden.
- analysieren die religiöse Sprachform einer Todesanzeige für Jesus von Nazareth und ausgewählter Hoheitstitel.
- erklären die religiöse Sprachform einer Todesanzeige für Jesus von Nazareth und ausgewählter Hoheitstitel.
- positionieren sich mittels einer eigenen Bezeichnung für Jesus in ihrem Verhältnis zu Jesus.

Selbstredend sind bei der Umsetzung der Lernaufgabe die individuellen Lernvoraussetzungen der konkreten Lernenden zu berücksichtigen und die Materialien entsprechend anzupassen.
Anforderungssituation: Jesusbilder und Aspekte zur Gestalt Jesu, begegnen uns in der bundesdeutschen Lebenswirklichkeit quasi auf Schritt und Tritt[335].

---

[334] Vgl. dazu u.a. Riegger, M., Kompetenz statt träges, theologisches Wissen. Religiöse Kompetenzen für den Religionsunterricht modellieren auf der Basis eines Kompetenzstrukturmodells, in: Münchener Theologische Zeitschrift 63 (2012), 25-36.

Christologische Elemente unterschiedlicher Art finden sich in öffentlichen Debatten oder in der Werbung und als Messiasvorstellungen in Filmen wie Matrix usw. In Todesanzeigen[336] kommen diese Aspekte seltener vor, weshalb dies bei den Lernenden Interesse wecken könnte.

Einstieg:

- Impuls 1 über Tageslichtprojektor, Auflichtkamera oder Beamer: *M1* schrittweise aufdecken
- Arbeitsauftrag (AA) 1: Erzähle deine Assoziationen zu den einzelnen Begriffen!
- AA 2: Überlege, was in der Mitte stehen könnte! Mögliche Antwort: Bezeichnungen für einen Menschen; oder: Thomas (oder beliebiger anderer Name) ist für andere.
- alternativ oder ergänzend Impuls mit *M2* über Tageslichtprojektor, Auflichtkamera oder Beamer: *M2* schrittweise aufdecken!
- AA 1: Erzähle deine Assoziationen zu den einzelnen Begriffen!
- AA 2: Überlege, was in der Mitte stehen könnte! Mögliche Antwort: Bezeichnungen für Cristiano Ronaldo. Was sagen die Bezeichnungen über die Beziehung zu Cristiano Ronaldo aus?
- Impuls 2 über Tageslichtprojektor, Auflichtkamera oder Beamer neben *M1* bzw. *M2*: *M3* schrittweise aufdecken.
- AA 1: Erzähl deine Assoziationen zu den einzelnen Begriffen!
- AA 2: Überlege, was in der Mitte stehen könnte! Mögliche Antwort: Bezeichnungen für Jesus.
- AA 3: Erzähle, was die Bezeichnungen über die Beziehung zu Jesus aussagen! Mögliche Antwort: Jesus ist für andere.
- Impuls 3: Überlegt in Partnerarbeit, wie intensiv jede dieser Bezeichnungen für Jesus die Beziehung zu ihm ausdrückt. Zeichnet jeweils von der Bezeichnung zur Mitte eine Verbindungslinie: je dicker, umso intensiver und je kürzer, umso näher!

Erarbeitung der Lernaufgabe (*M4* mit *M5*):

Zu Teillernaufgabe 5: Sollte kein Internet verfügbar sein, drucken Sie für die Gruppenarbeit folgende Artikel aus:

- www.augsburger-allgemeine.de/panorama/Pfarrer-schaltet-Todesanzeige-fuer-Jesus-Christus-id19503396.html (Zugriff am 30.06.2018)

---

335 Vgl. Orth, G., Annäherung an Jesus Christus, in: Wermke, M. / Rothgangel, M. (Hg.): Religion in der Sekundarstufe II. Ein Kompendium, Göttingen 2006, 228-236.

336 Vgl. Meyer, I., „Todesanzeige Jesu Christi". Eine Anforderungssituation zur kompetenzorientierten Gestaltung des Kursthemas „Glaube an Jesus Christus in der Sekundarstufe II., in: Lokumer Pelikan 3/2013, 127-130, (www.rpi-loccum.de/dms/rpi_loccum/Materialpoo/Pelikan/Pelikanhefte/pelikan3-13.pdf, letzter Zugriff: 30.06.2018).

- www.nwzonline.de/wirtschaft/weser-ems/todesanzeige-fuer-christus-soll-an-leid-in-der-gesellschaft-erinnen_a_1,0,631932052.html (Zugriff am 30.06.2018)
- www.all-in.de/nachrichten/lokales/Todesanzeige-fuer-Jesus-Christus;art26090,189353 (veröffentlicht 16.04.2003), (Zugriff am 30.06.2018)

Mögliche Ergebnisse zu Teillernaufgabe 5:

Wer gab die Anzeige auf?	Pfarrer Grossmann (evangelisch) am 06.04.2012 in Niedersachsen	Pfarrer Schlotmann am 21.04.2011 in Oldenburg	Pfarrer Schindele am 16.04.2003 im Allgäu
Motivation	Er will zeigen: Jesus war bei seinem Tod auch nur ein Mensch. Er will die religiöse Bedeutung des Osterfestes für alle Christen deutlich machen.	Erinnerung an Leiden Jesu Christi, an Leid in der Gesellschaft und die Botschaft von Ostern	Menschen mit dem Tod Jesu konfrontieren
Negative Reaktionen	Für wörtlich Gläubige ist es ein Affront!	keine beschrieben	„Man darf so etwas nicht machen!" Die Leute sagen: Dies ist „sehr befremdend und geschmacklos", pietätlos und gotteslästernd.
Positive Reaktionen	Pfarrer erhofft sich Diskussionen über die Bedeutung des Todes Jesu.	keine beschrieben	„spitze"

Mögliche Lösung zu Teillernaufgabe 7:
Geheimzeichen Fisch: Die griechischen Anfangsbuchstaben von *J*esus = ΙΕΣΟΥΣ, *Ch*ristus = ΧΡΙΣΤΟΣ, *G*ottes = ΘΕΟΣ, *S*ohn = ΥΙΟΣ, *R*etter = ΣΩΤΗΡ

ergeben zusammengesetzt im Griechischen ΙΧΘΥΣ [gesprochen *ichtys*], d.h. im Deutschen Fisch). In Zeiten der Verfolgung war ein an die Haustüre gemalter Fisch für Eingeweihte das Zeichen, dass hier ein Christ wohnt, der einem vielleicht weiterhelfen konnte. Solche Fische sieht man auch heute manchmal, nämlich auf Autos. Hier ist es kein Geheimzeichen, sondern ein Erkennungszeichen: Ich bin Christ!

Materialien:

M1:

Münchner

Kumpel Herr

Freund [ ] Alter

Mausi Bruder

M2:

Idol

Teamkollege Frauenheld

Freund [ ] Messias

Weltfußballer 2017 Zauberer

M3:

Retter Nazoräer

Bruder Herr

Freund [ ] Messias

Christus Sohn Gottes

Sohn des Menschen

M4

Seit einigen Jahren werden vor Ostern immer wieder Todesanzeigen in Zeitungen geschaltet.

> „Vater, in Deine Hände lege ich meinen Geist." (Lk 23,46)
>
> Es verstarb nach qualvollem Leiden durch die Hand
> von Menschen unser Bruder, Freund und Sohn Gottes.
>
> *Jesus von Nazaret*
> * ca. 4 v.Chr. in Betlehem † ca. 30 n.Chr. in Jerusalem
>
> Kirchengemeinde in Sankt Über-All
>
> Alle, die sich mit Jesus von Nazaret verbunden fühlen, sind
> herzlich eingeladen am kommenden Karfreitag um 15 Uhr
> in der Kirche die Liturgie mitzufeiern.

Basisaufgaben für alle:

1. Betrachte die Todesanzeige genau. Notiere in Einzelarbeit, was dir auffällt!
2. Arbeitet dann zu zweit: Vergleicht eure Beobachtungen! Was entdeckt ihr?
3. Welche Bezeichnungen für Jesus werden in der Todesanzeige verwendet? Überlegt, was sie ausdrücken können!
4. Recherchiert und/oder erarbeitet mit Hilfe der Lexikoneinträge (*M7*) weitere Bezeichnungen für Jesus, die in der Bibel verwendet werden.
5. Arbeitet nun in Gruppen: Recherchiert im Internet zu „Todesanzeige für Jesus Christus". Es gibt mindestens drei verschiedene (von Pfarrer Grossmann, Pfarrer Schlotmann und Pfarrer Schindele). Präsentiert in der Klasse eure Erkenntnisse zu

a) den Auftraggebern (Wer gab die Anzeige auf?),
b) der jeweiligen Motivation (Was veranlasst die jeweiligen Auftraggeber eine solche Anzeige in einer Zeitung aufzugeben?),
c) den negativen Reaktionen von Lesern (Wer reagiert wie?), und
d) den positiven Reaktionen von Lesern (Wer reagiert wie?)!

6. Überlege, welche Bezeichnung du Jesus geben möchtest und welches Verhältnis sich darin ausdrückt.
7. Als die ersten Christen verfolgt wurden, überlegten sie sich den Fisch als geheimes Erkennungszeichen.

a) Notiere, wo man auch heute noch solche Fische sieht!
b) Recherchiere nach der Bedeutung solcher Fische!

Zusatzaufgabe (falls Du Zeit dafür hast):

8. Todesanzeige für Jesus – was hältst Du davon? Gebe deine Antwort im Internet ein unter: www.ka-news.de/region/karlsruhe/Umfrage-Todesanzeige-fuer-Jesus-was-halten-Sie-davon;art6066,608393 (Zugriff am 30.06.2018) oder kreuze die Antwort im Folgenden an:

- ☐ Da viele Menschen nicht mehr wissen, warum Ostern gefeiert wird, finde ich diese Idee gut, um die Bedeutung des Festes hervorzuheben.
- ☐ Ich finde diese Anzeige pietätlos. Ein unwürdiger und billiger Werbegag, sonst nichts!
- ☐ Also ich finde die Idee mit der Anzeige gute. Ostern feiere ich jedoch nicht!
- ☐ Das Thema interessiert mich nicht.

9a. Stelle in einem Bild dar, was Jesus dir bedeutet! Es kann eine Grafik, ein Schema, ein Symbol oder eine Szene aus dem Leben Jesu sein. Vielleicht verwendest du auch nur Farben und Formen.

9b. Legt die entstandenen Bilder in der Klasse zusammen. Achtet darauf, dass niemand erfährt, wer welches Bild gemalt hat. Überlege, was die Bilder ausdrücken könnten!

M5

Lexikoneinträge Christlich – Deutsch

Christus ist griechisch. Auf Deutsch heißt es *Gesalbter* und auf Hebräisch *Messias*. Christus ist nicht der Nachname von Jesus, sondern ein Bekenntnis: Jesus ist der Christus, d.h. der Gesalbte, der von Gott Gesandte, der die Menschen rettet.

Herr (griechisch = *kyrios*) ist im Hebräischen keine Anrede für einen Mann, sondern die Bezeichnung für Gott. Gott war für die Juden so heilig, dass sie das Wort ‚Gott' nicht aussprachen. Wenn man also ‚Herr' sagte, wusste jede/r, wer gemeint war, nämlich Gott. Wenn man zu Jesus ‚Herr' sagt, drückt man aus, dass Jesus Gott ist und ein Mensch war, der gekreuzigt wurde.

Jesus ist im Hebräischen ein Vorname und bedeutet: „Gott rettet" oder „Gott erhört". Da Jesus ein sehr häufiger Vorname war und Jesus in Nazaret aufwuchs, sagte man auch: Jesus aus Nazaret. Nazaret war zurzeit Jesu ein Bergdorf mit 100 bis 200 Einwohnern, welche überwiegend Kleinbauern waren und sich selbst versorgen mussten. Jesus sprach Aramäisch, welches Ähnlichkeiten mit Hebräisch hat. Vielleicht könnte man Aramäisch mit einem Dialekt wie Schwäbisch oder Oberbayerisch und Hebräisch mit Hochdeutsch vergleichen.

Menschensohn hört sich sehr rätselhaft an und ist es auch. Da aber Jesus selbst diesen Begriff benutzte, versuchen wir herauszufinden, was er bedeutet haben könnte. Im Griechischen wurde er mit *Sohn des Menschen* übersetzt. Sohn oder Tochter des Michael Meier würden wir verstehen, aber gerade solch ein Name fehlt. Menschensohn meint wahrscheinlich einen konkreten Menschen – im Unterschied zu einem Engel, einem himmlischen Wesen – der das Heil von Gott den Menschen bringt und die Menschen zum Glauben führt.

Sohn Gottes: So wurde Jesus zuerst von dem heidnischen Hauptmann unter dem Kreuz bezeichnet (Mk 15,39). Wer ‚Sohn Gottes' sagt, meint die enge Beziehung von Jesus zu seinem Vater im Himmel. Jesus selbst redete Gott vertrauensvoll mit ‚Papa' (Aramäisch = *abba*) an, oft das erste Wort eines Kindes (neben Mama).

Arbeitshinweise

- Verdeutlichen Sie an diesem Beispiel, inwiefern die Arbeit mit Lernaufgaben im Sinne der Erläuterung umgesetzt wird. Welche Aspekte könnten sich als problematisch erweisen? Begründen Sie Ihre Entscheidungen.

3. Sozialformen im Unterricht: Kooperatives Handeln

Denkanstoß
Erinnern Sie sich an den Frontalunterricht, die Gruppen-, Partner- und Einzelarbeit Ihrer Schulzeit! Welche dieser Sozialformen haben Sie selbst gelegentlich oder öfters als gelungen oder misslungen erlebt?

Arbeitshinweis
These: Für einen erfolgreichen Unterricht ist eher die bewusste Inszenierung der Inhaltsdarbietung durch die Lehrperson entscheidend, als die Wahl der Sozialform. Nehmen Sie dazu begründet Stellung.

Ich – Du – Wir: Alleine und mit anderen zusammen sein. Das Soziale zeichnet Menschen aus. Ob und ggf. wie gern jemand gemeinsam mit anderen lernt, ist auch habituell vorgeprägt.

Zuerst werden Sozialformen grundlegend erläutert (3.1), bevor differenziert auf folgende Sozialformen eingegangen wird: Frontalunterricht (3.2), Gruppenunterricht (3.3), Partnerarbeit (3.4) und Einzelarbeit (3.5).

3.1 Sozialformen im Allgemeinen

Erläutert werden die Verständnisse kooperativen Lernens (3.1.1), Sozialformen (3.1.2) und Differenzierung (3.1.3).

3.1.1 Kooperatives Lernen

Beim kooperativen Lernen sollen sich möglichst viele Lernende aktiv mit den Inhalten und miteinander auseinandersetzen. Das „Herz des Kooperativen Lernens" wird auch in der Abfolge von Einzelarbeit (Besinnung), Partner- sowie Gruppenarbeit (kooperativer Austausch und Frontalunterricht (Präsentation) gesehen. Kooperatives Lernen beinhaltet fünf Grundelemente:

- *Positive Abhängigkeit*: Alle Lernenden sind für das eigene Lernen und das der Anderen verantwortlich. Im Zentrum steht das gegenseitige Verwiesen-Sein beim Lernen, d.h. niemand ist ohne die anderen erfolgreich und die anderen profitieren von meinem Erfolg.
- *Direkte Unterstützung*: Die Gruppenmitglieder stärken und fördern sich gegenseitig durch Informationsaustausch und gegenseitiges Helfen bei Schwierigkeiten.
- *Verbindlichkeit*: Jede und jeder muss die Ergebnisse präsentieren können.
- *Soziale Fähigkeiten* erwirbt man durch den konstruktiven Umgang mit Konflikten.

- *Evaluation*: Hilfreiches und das Lernen Behinderndes wird reflektiert, damit der Lernprozess verbessert wird.

Um kooperatives Lernen umzusetzen, gibt es zwar verschiedenste Methoden (vgl. unten Gruppenpuzzle), aber die folgende ist die Mutter dieser kooperativen Methoden.

Methode: Think – Pair – Share
Es ist die Grundform des kooperativen Lernens.[337]
Intentionen: Die Lernenden werden schrittweise (zuerst EA, dann PA, dann GA bzw. Plenum) darauf vorbereitet, ihre Ergebnisse, Erfahrungen in eine Gruppe oder im Plenum einzubringen.
Kompetenzen: Die Lernenden können Wissen aktiv erwerben, anwenden, überprüfen und kommunizieren bzw. eigene Erfahrungen allein und mit anderen reflektieren und kommunizieren.
Alter: ab 7 Jahren
Zeit: 5 bis 20 Minuten, je nach Austauschintensität
Sozialform: Kombination von EA, PA und GU bzw. Plenum
Material: visualisiert Aufgabenstellung, Stifte
Vorgehen:
Ablauf:
1. Individueller Denkprozess (Konstruktion): Die Lernenden arbeiten eigenständig an der Aufgabenstellung.
2. Austausch mit einem Partner, einer Partnerin (Ko-Konstruktion): Die Arbeitsergebnisse werden verglichen und ggf. diskutiert.
3. Austausch in Gruppen oder im Plenum (weitere Ko-Konstruktion):

Kooperatives Lernen im Unterricht, erfolgt immer innerhalb von Sozialformen, weshalb diese ausführlich dargestellt werden.

3.1.2 Definition von Sozialformen

Die Formen des sozialen Miteinanders im Unterricht werden als „Sozialformen“[338] bezeichnet. Diese „regeln die Beziehungs- und Kommunikationsstruktur“. Unterschieden wird zwischen Frontalunterricht (= FU), Gruppenunterricht (= GU), Partnerarbeit (PA) und Einzelarbeit (= EA). Der Kreis ist hier eine Sonderform, die nicht eindeutig zugeordnet werden kann.

Sozialformen haben *zwei Seiten*, eine sichtbare äußere Seite, *räumlich und personal* (z.B. Sitzordnung und Gruppierung) und eine oft nicht sichtbare in-nere Seite, womit *die tatsächlichen Aktivitäten der Lernenden* gemeint sind. Wenn die Lehrperson eine Sozialform anordnet, bedeutet dies nicht,

---

337 Vgl. z.B. Karsch, M. / O. Arnold, O., Kooperatives Lernen im kompetenzorientierten Religionsunterricht, Göttingen 2014, 13f.

338 Meyer, Unterrichtsmethoden, Bd. 1, 2016, 138 und das folgende Zitat.

dass sich die Lernenden entsprechend verhalten. So kann z.B. ‚äußerlich' Gruppenunterricht stattfinden (Sitzordnung), bei genauerer Betrachtung sieht man jedoch „Einzelarbeit", weil die Lernenden allein arbeiten.

Im Religionsunterricht können Sozialformen auch Ausdruck dafür sein, wie Kirche (die Lernenden sind i.d.R. getauft und damit Teil der Kirche) als Gemeinschaft (lat. *communio*) verstanden und tatsächlich gelebt wird (theologische Dimension).

Ob und wie Lernende miteinander können, ist auch habituell vorbestimmt. Beim Einsatz von Sozialformen ist dies unbedingt zu reflektieren. Zwar kann beispielsweise durch Gruppenunterricht das soziale Miteinander äußerlich beeinflusst werden, aber ob diese äußere Struktur der inneren Sozialstruktur ent- bzw. widerspricht, ist auch vom Habitus der Lernenden abhängig. Allein durch äußere Maßnahmen den mitgebrachten Habitus verändern zu wollen wird kaum möglich sein. Reflexionen sind hier unerlässlich, wenn nachhaltig Veränderungen angestrebt werden sollen.

3.1.3 Differenzierung

Mit Sozialformen kann Differenzierung umgesetzt werden. Differenzierung (lat. *differentia* = Verschiedenheit, Unterschied) bedeutet, dass die biografische, körperliche, psychische, religiöse usw. „Heterogenität der Schülerinnen und Schüler einer Lerngruppe oder Klasse schul- und unterrichtsorganisatorisch berücksichtigt werden soll."[339] *Ziel ist die „individuelle Förderung und soziale Integration"*[340] *aller Lernenden.* Unter der Inklusionsperspektive wird inhaltlich Differenzierung nicht nur unter dem Leistungsaspekt, sondern auch unter dem sozialen Miteinander betrachtet. Differenzierung ist damit nicht nur *leistungsorientiert*, sondern umfassender *inklusionsorientiert* zu verstehen. Zwei Formen der Differenzierung werden unterschieden:

Äußere Differenzierung

Äußere Differenzierung bezieht sich primär auf schulorganisatorische Maßnahmen wie die Bildung möglichst homogener Schularten oder Lerngruppen. Unter inklusionsdidaktischer Perspektive ist diese Art der Differenzierung durchaus umstritten.

Im Katholischen RU können die katholischen Schülerinnen und Schüler einer Jahrgangsstufe aus unterschiedlichen Klassen in einer Religionslerngruppe zusammengefasst werden. In Diasporagebieten werden manchmal sogar mehrere Jahrgangsstufen für den RU zusammengelegt.

---

[339] Wiater, W., Unterrichtsprinzipien: Prüfungswissen – Basiswissen Schulpädagogik, 6., überarb. Aufl. Donauwörth 2014, 28.

[340] Ebd., 30.

Die Wirkung auf die unterrichtliche Kommunikation kann unterschiedlich ausfallen. Beispielsweise könnten Lernende aus unterschiedlichen Klassen oder Jahrgangsstufen untereinander konkurrierende Untergruppen bilden, was die Kommunikation erschwert. Es wäre aber auch möglich, dass sich die Lernenden untereinander unbefangener über bestimmte Themen austauschen, da es im Vergleich zur „Herkunftsklasse" weniger eingespielte Rollen gibt.

Innere Differenzierung

Innere Differenzierung (= Binnendifferenzierung als Intralerngruppendifferenzierung) geht von der Schülerindividualität aus und zielt auf möglichst gute Lernmöglichkeiten für alle Lernenden innerhalb einer Lerngruppe, beispielsweise auch für Lernende mit großem, religiösem Vorwissen. Sie kann umgesetzt werden durch Differenzierung von Zielen/Kompetenzerwartungen, Inhalten, Prozessen, Handlungen oder Sozialstrukturen z.B. durch unterschiedliche Aufgabenverteilung während der Einzel- oder Partnerarbeit, durch die Einteilung in kleinere Lerngruppen oder anderweitige Berücksichtigung unterschiedlicher, individueller Beeinträchtigungen (nicht nur körperliche) der Lernenden.

Beziehungs- und Kommunikationsstruktur

Veranschaulicht werden können die Beziehungs- und Kommunikationsstrukturen zwischen Lernenden und Lehrperson sowie zwischen den Lernenden für die vier Sozialformen durch Muster (Abb. 27).

Zwar gibt es im Schulalltag *typische Kombinationen zwischen bestimmten Sozialformen und Methoden* (z.B. Lehrervortrag im Frontalunterricht), doch sind diese nicht zwingend (Lehrervortrag kann auch in einer Gruppenarbeit stattfinden oder ein Schülervortrag im Frontalunterricht).

> Zusammenfassung
> Spricht man von Sozialformen, meint man das soziale Miteinander des methodischen Handelns im Unterricht, also Beziehung und Kommunikation zwischen Lernenden und Lehrenden. Sozialformen sind Teil des gesamten sozialen Miteinanders. Wenn z.B. Lernende Angst davor haben, dass niemand ‚mit ihnen zusammenarbeiten will', können schon die Worte Partner- oder Gruppenarbeit Angst auslösen und das Gehirn blockieren.

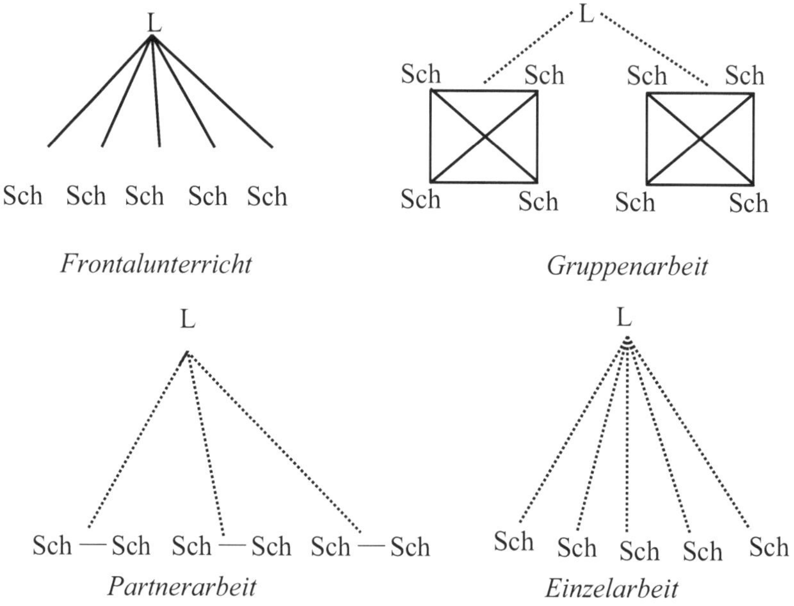

Abb. 27: Beziehungsstrukturen der Sozialformen (durchgezogene Linie = intendierte Kommunikation; gepunktete Linie = mögliche Kommunikation)

3.1.4 Medial vermittelte Sozialformen

Die typischen vier Sozialformen werden durch virtuelle Welten (z.B. World Wide Web) erweitert und verändert. Neben die reale tritt eine medial vermittelte Beziehung und Kommunikation (z.B. sitzen alle Lernenden einzeln vor ihrem Computer bzw. Tablet und treffen sich im virtuellen Klassen- bzw. Seminarraum, in der virtuellen Kapelle). Mediatisierte Sozialformen kann man auch als medial vermittelte Sozialformen bezeichnen. Im Unterschied zur wirklichen, kommt die virtuelle Kommunikation ohne sichtbare Gesprächspartnerinnen und -partner, ohne direktes Gegenüber aus und bietet unendlich viele Kommunikationsmöglichkeiten. Es ist eine neue Art von Kommunikation, die ort-, zeit- und körperlos ist. Und doch sind Virtualität und Wirklichkeit aufeinander zu beziehen, soll Virtualität nicht zur Flucht aus der Wirklichkeit (des Schulalltags) werden. Beim *Blended Learning* (= Verknüpfung von Präsenzlernen und über digitale Medien vermitteltes Lernen) bereichern sich typische Sozialformen und neue Organisationsformen.[341] In Analogie zum wirklichen Schulzimmer ist z.B. das virtuelle Klassenzimmer der zentrale Anlaufpunkt für den Unterricht. Die *Beziehungs-*

[341] Vgl. Reinmann, G., Blended Learning in der Lehrerbildung. Grundlagen für die Konzeption innovativer Lernumgebungen, 3. Aufl. Lengerich u.a. 2008, 11.

struktur ist hier örtlich, zeitlich und körperlich *asynchron*, d.h. die Lernenden befinden sich nicht zur gleichen Zeit in diesem Raum und besuchen ihn auch von unterschiedlichen wirklichen Orten aus (z.B. wenn sie ihre Hausaufgaben vom eigenen Computer aus in das virtuelle Klassenzimmer stellen, mit anderen zusammen verbessern, weiterarbeiten usw.). Innerhalb dieses virtuellen Raumes sind die Sozialformen zu organisieren. Zur Unterstützung gibt es „*synchrone Kommunikationstools*“[342] wie WhatsApp-Gruppe oder „*asynchrone Tools*, wie Forum und E-Mail“. Lehrende beobachten und begleiten das Geschehen und die Beteiligung der Lernenden (z.B. „Würdigung“, „Erinnerungen an Absprachen“, „Unterstützung bei technischen Schwierigkeiten und inhaltlichen Fragestellungen“).

> Zusammenfassung
> Mediale Sozialformen verbinden wirkliches und medial vermitteltes soziales Miteinander in der Lerngruppe und führen zu einer neuen Art von Gemeinschaft (z.B. über Onlinespiele bzw. Sirious Games), deren Bedeutung noch kaum abzusehen ist.

Bis heute konnte empirisch nicht nachgewiesen werden, dass eine Sozialform (z.B. Gruppenunterricht) anderen grundsätzlich überlegen wäre.[343] Es muss immer das gesamte Lehr-Lernarrangement beachtet werden.

---

[342] Wessel, F., Religionsunterricht online unterstützen, in: Baumann, U. (Hg.), Religionsmethodik. Handbuch für die Sekundarstufe I und II, Berlin 2007, 193-207, 202 und die folgenden Zitate.

[343] Vgl. Brieden, N., Sozialformen, in: WiReLex 2015, 3 (http://www.bibelwissenschaft.de/stichwort/100033/, letzter Zugriff: 30.06.2018).

3.2 Frontalunterricht (FU): instruieren

Instruktion meint grundsätzlich die „anleitenden und unterstützenden Aktivitäten der Lehrenden“[344]. So verstanden ist Instruieren eine Strategie, die innerhalb unterschiedlichster Unterrichtsarrangements ihren Platz hat und insofern ein Sammelbegriff ist.[345] Didaktisch ist deshalb mindestens zu differenzieren zwischen Instruieren innerhalb bestimmter Unterrichtsmethoden (z.B. Vortrag, 5.1; Gesprächsführung, 5.3) und als Grundstrategie des FU.

3.2.1 Kritik am FU

FU wird häufig scharf und pauschal kritisiert. Verschiedene Gründe werden angeführt: z.B. die übergroße Dominanz (bis zu 75%), der falsche Einsatz, die Einbahnstraßenkommunikation. Doch der Wert einer Sozialform kann nicht pauschal, sondern nur im Blick auf die didaktische Absicht und auf die zu erreichende Lernqualität bewertet werden. *Deshalb lautet die These: FU ist unverzichtbar!*

Arbeitshinweis
Die Häufigkeit des FU am gesamten Unterricht wird unterschiedlich erforscht. Schätzen die Beteiligten die Anteile des FU aus der Erinnerung ein, liegen die Schätzungen der Lehrpersonen i.d.R. niedriger als die der Lernenden.[346] Wie erklären Sie sich dieses Ergebnis?
Da FU bei Lehrkräften kein hohes Ansehen genießt, könnte es sein, dass diese – bewusst oder unbewusst – die Anteile des FU niedriger einschätzen. Möglich wäre auch, dass unterrichtende Lehrpersonen ihren eigenen Unterricht schlecht beobachten oder dass Lehrende den FU unrealistischer, als ihre Schülerinnen und Schüler einschätzen.

3.2.2 Definition des FU

Im FU werden die Beziehungsstrukturen weitgehend zentral von „vorne („frontal“ von lat. *frons* = Stirn)“[347] i.d.R. durch die Lehrkraft bestimmt. *Von*

---

344 Mandl, H., Lernumgebungen problemorientiert gestalten – Zur Entwicklung einer neuen Lernkultur, in: Jürgens, E. / Standop, J (Hg.), Was ist „guter“ Unterricht? Bad Heilbrunn 2010, 19-38, 22.

345 Vgl. Englert, R., Ein Lehrer, der lehrt – schockierend? In: KatBl 135 (2010), 330-336, 332.

346 Vgl. Nuhn, H.-E., Partnerarbeit als Sozialform des Unterrichts, Weinheim u.a. 1995, 33 und 43 und die möglichen Erklärungen.

347 Gudjons, H., Frontalunterricht neu entdeckt. Integration in offene Unterrichtsformen, 3., akt. Aufl. Bad Heilbrunn 2011, 22 und die folgenden Zitate.

vorne wird also versucht, die „Art und Weise der Interaktion und Kommunikation“ innerhalb der ganzen Lerngruppe zu steuern und zu kontrollieren, wobei alle Lernenden „gleichzeitig angesprochen und beteiligt“ sein sollen. Da die frontale Steuerung auch durch einen Schüler (z.B. bei einem Referat) oder durch einen Film erfolgen kann, wird der Begriff „Plenumsarbeit“ bzw. Plenum gleichbedeutend verwendet. Der Begriff Klassenunterricht ist missverständlich, da der schulische Unterricht hauptsächlich in Klassen erfolgt, gleichgültig mit welchen Sozialformen gearbeitet wird.

3.2.3 FU = Einwegkommunikation?

Oft wird FU mit einer Einwegkommunikation gleichgesetzt (Lehrperson redet, Lernende hören zu oder tun zumindest so). FU muss aber nicht zwangsläufig mit der Methode Lehrervortrag verbunden sein. Vielmehr kann die Lehrkraft auch Fragen stellen oder durch weite Fragen bzw. Impulse Gespräche zwischen Lernenden initiieren, bei denen sie nur korrigierend bzw. weiterführend oder gar nicht eingreift. Sie kann ein Rollenspiel anleiten oder sich gemeinsam mit der Lerngruppe fragend auf die Suche nach dem Sinn eines biblischen Textes machen. Damit wird klar: *FU muss nicht notwendigerweise gängeln!* Wenn es gelingt, eine Geschichte zu erzählen, die „ankommt“, Lernenden komplizierte Sachverhalte so zu erklären, dass sie diese kapieren und gemeinsam Neues entdecken, können Lehrende wie Lernende auch mit traditionellem FU zufrieden sein.

3.2.4 Formen des FU

Im Sinne der angeführten Definition können *zwei Formen des FU*[348] unterschieden werden:

Traditioneller FU: Der FU ist hier auf weiten Strecken die einzige, dominierende oder überwiegende Sozialform des Unterrichts.

Integrierter FU: Hier gibt es einen Zusammenhang zwischen frontalunterrichtlichen Phasen mit eigentätigem, selbstverantwortetem und selbstgesteuertem Lernen der Lernenden, d.h. innerhalb des traditionellen FU werden auch andere Sozialformen integriert.

Vorbereitung und Begrüßung	
L konfrontiert die Lernenden mit einem dem Lerninhalt und Lernziel angepassten Problem: „Wer ist der Größte?“	Frontale Situation

[348] Vgl. ebd., 24.

Die Lernenden bearbeiten die Aufgabe in einer dazu geeigneten Sozialform (Einzel- oder Partnerarbeit). L stellt Fragen (Gibt es andere Worte für der Größte? Wie findet man heraus, wer der Größte ist? Was passiert dabei?). Diese bearbeiten die Lernenden mit Hilfe verschiedener Beispiele (Sportler, Politiker, schulischer Mathematikunterricht, Freundschaft usw.).	EA/PA
Die Lernenden stellen im Plenum ihre Ergebnisse vor (Körpergröße, die beste Leistung, der beste Charakter usw.; durch Vergleiche; Vergleiche führen aber dazu, dass einer verliert, dass es Streit gibt usw.).	Frontale Situation
Lernende lesen still den Bibeltext (Markus 9,33-37) und bearbeiten Aufgaben (Wie geht Jesus mit den streitenden Jünger um? Was sagt er? Wen stellt er als Beispiel hin und warum?).	EA
Im Plenum tragen die Lernenden ihre Ergebnisse vor. Die anderen Lernenden vergleichen und ergänzen ihre Lösungen (Er schimpft sie nicht aus, sondern spricht sie an.). Jeder soll irgendwo auch der Erste sein wollen, sollte aber die Letzten, die Schlechteren nicht vergessen, sollte etwas abgeben, anderen helfen, wie es Lernende untereinander tun können usw. Ein Kind hält sich nicht für den Größten, obwohl es für die Eltern wohl das Größte ist. Ein Mensch hält sich vor Gott nicht für den Größten, obwohl er es für Gott ist.).	Frontale Situation
Nach einigen abschließenden Worten verabschiedet sich L.	

Abb. 28: Integrierter FU in einer achten Klasse

Arbeitshinweis
Nehmen Sie Stellung zu diesem Unterrichtsbeispiel.

- Bewerten Sie die Gestaltung der frontalen Situationen.
- Beurteilen Sie den Wechsel der Sozialformen.

3.2.5 Gefahren und Chancen des FU

Arbeitshinweis
Das Durchnehmen von Inhalten im FU wird in den Köpfen der Mehrzahl der Lehrenden mit Zeitersparnis gleichgesetzt! An die Lern- bzw. Behaltenseffekte in den Köpfen der Lernenden wird weniger gedacht.

- Erklären Sie sich diesen Sachverhalt.
- Wie ließe sich das ändern?

Der FU kann …[349]

- kognitiv anspruchsvollere Unterrichtsziele und entdeckendes, produktives Lernen in den Hintergrund geraten lassen.
- soziale Kompetenzen (Kooperation, Kreativität, Selbstbewusstsein usw.) und selbstgesteuertes Lernen vernachlässigen.
- nachhaltige Unterrichtseffekte verhindern, weil die Lernenden schnell das Gelernte vergessen und die Lehrperson der Unterschiedlichkeit der Lernenden (Lernfähigkeiten, Vorkenntnisse, Wissbegier, Entwicklungsstand) nur schwer gerecht werden kann.
- die Lehrerdominanz verstärken anstatt einen demokratischen Umgang einzuüben. (Da Lenkung und emotionale Zuwendung aber grundsätzlich unabhängig voneinander sind, kann dem durch Wärme und Achtung entgegengewirkt werden.).
- rezeptives (lat. aufnehmendes) Lernen als das „normale" Lernen erscheinen lassen und pragmatisch lernende Schülerinnen und Schüler „belohnen".
- kann die Lehrperson dazu verleiten, dass sie nur mit ein paar Leistungsträgern arbeitet, wobei leistungsschwächere Lernende ‚abgehängt' werden, ohne dass die Lehrperson es merkt.
- Lernende dazu verleiten, sich zu maskieren. Sie heucheln Aufmerksamkeit, Interesse, Verständnis und melden sich zum Schein (Beispiele für strategisches Melden sind[350]: „Zu Beginn der Sunde einmal melden – dann hat man für den Rest der Stunde Ruhe vor plötzlichen Rückfragen des Lehrers." „Wenn sich sehr viele Schüler melden, einfach mitmelden, auch wenn man die gesuchte Antwort nicht weiß – das Risiko reinzufliegen, ist gering" und dann kann ich immer noch sagen, dass ich die Antwort wieder vergessen habe." „Lieber gezielt dort melden, wo man etwas weiß – dann riskierst du nicht, ohne Meldung drangenommen zu werden.").

Diese Gefahren können aber z.B. *durch sorgfältige Planung und einen integrierten FU* (z.B. mit ausreichenden Übungsphasen) *korrigiert werden.*

Positive Wirkungen eines lehrergeleiteten, klar strukturierten FU sind zu erwarten bei

- dem *Erwerb kognitiven Wissens* (Informationen), wenn die Lehrperson geordnete sachliche Zusammenhänge, Probleme und Fragestellungen darstellt und die Lernenden diese aufnehmen;
- der *Vermittlung im reproduktiven Bereich* (Wissen, Können und Anwenden), wenn also eine allgemeine Orientierungsgrundlage hergestellt, ein neues Wissensgebiet eröffnet, Arbeitsergebnisse gesichtet sowie zusammengeführt bzw. vernetzt und Leistungsstände der Lernenden überprüft werden sollen;

---

[349] Vgl. ebd., 27-36.

[350] Mayer, Unterrichtsmethoden, Bd. 2, 1995, 203 und die folgenden Zitate.

- *tendenziell jüngeren, verhaltensoriginellen* (verhaltensauffälligen) *oder leistungsschwächeren Lernenden*, sowie Lernende aus Familien mit sozio-ökonomisch niedrigem Status.[351] Ob und ggf. in welchem Maße dies mit einer geringer ausgeprägten Selbststeuerungsfähigkeit, den jeweils verfolgten Unterrichtszielen oder mit der höheren lernwirksamen Unterrichtszeit verbunden ist, kann nicht eindeutig geklärt werden.

Die angeführten Chancen sind keine Garantie diese auch zu erreichen, weshalb folgende Bedingungen zu beachten sind.

3.2.6 Bedingungen guten FU

Damit die genannten Chancen tatsächlich erreicht werden, muss die Lehrperson folgende Bedingungen[352] berücksichtigen:

- Ziele bzw. Kompetenzerwartungen klären und Arbeitsrahmen präsentieren,
- Ziele bzw. Kompetenzerwartungen und Arbeitsrahmen sorgfältig auf den Kenntnis- und Fähigkeitsstand sowie die Denkvoraussetzungen der Lernenden abstimmen,
- Inhalte in kleine, überschaubare Einheiten zerlegen,
- notwendiges Wissen vermitteln,
- Fragen mit unterschiedlicher Schwierigkeit stellen,
- ausreichend üben, damit die antwortenden Lernenden die richtige Lösung mit großer Wahrscheinlichkeit finden,
- den Lernfortschritt der Lernenden kontrollieren,
- bei Lernschwächen sofort und unauffällig unterstützen und
- für einen Wechsel der Inszenierungstechniken sorgen.

3.2.7 Notwendige Fertigkeiten der Lehrperson

Guter FU ist anspruchsvoll. Die Lehrkraft muss viele Fertigkeiten gleichzeitig umsetzen. Sie muss

- die Raumregie beherrschen. Will sie z.B. alle Lernenden ansprechen, sollte sie auch von allen gut gesehen werden. Dies ist vorn vor der Klasse neben dem Lehrerpult oder vor der Tafel möglich![353] Zudem sollte sie im Raum umhergehen.

---

351 Vgl. zusammenfassend Terhart, Lehr-Lern-Methoden, 2005, 140.

352 Helmke, A. / Weinert, F. E., Bedingungsfaktoren schulischer Leistungen, in: Enzyklopädie der Psychologie. Bd. 3., Göttingen (Hogrefe) 1997, 71-176, 136.

353 Vgl. Gudjons, H., Frontalunterricht, 216-232.

- die Körpersprache kennen (z.B. Blickkontakt, Körperstellung, Mimik und Gestik);
- „Melde- und Drannehmetechniken beherrschen und dafür sorgen, dass alle Lernenden in der Gruppen- oder Stillarbeitsphase wissen, was sie tun sollen“[354];
- „mit Tafel und digitalen Medien umgehen können“;
- „lernen, im richtigen Augenblick die richtige Form der Ergebnissicherung auszuwählen“;
- ein Gespür dafür entwickeln, wann sie ihre Schülerinnen und Schüler „über-„ bzw. „unterfordert“;
- ein „Zeitgefühl entwickeln“ (Bin ich zu schnell, zu langsam?);
- lernen, „sinnvolle Hausaufgaben zu stellen“.

Methode: direkte Instruktion[355]

Die *Methode* direkte Instruktion macht Lernende auf die Fülle möglicher Fragen aufmerksam.

Intention: Vermittlung komplexen Wissens durch Lehrpersonen und Wissensaneignung durch Lernende

Kompetenz: Komplexes religiöses Wissen verstehen, wiedergeben und anwenden können

Themen: systematische Interpretation von Bibelstellen (z.B. Kindheitsevangelien) und komplexes religiöses Wissen. Komplexes religiöses Wissen besteht aus vielfältigen einzelnen Elementen, die systematisch aufeinander aufbauen und miteinander zusammenhängen. Wer über das erforderliche Vorwissen nicht verfügt, kann dann auch das darauf aufbauende Wissen nicht verstehen.

Alter: ab 6 Jahre: Lernende können Erfolgserlebnisse sammeln

Zeit: ca. 45 Minuten. Wiederholungen (z.B. zu Beginn der nächsten Unterrichtsstunde, in Unterrichtspausen, durch direkten Bezug zu nachfolgenden Themen).

Sozialform: integrierter FU

Material: Erklärung und Lösungsbeispiele

Vorgehen:

1. „*Aufmerksamkeit* der Lernenden *gewinnen*“[356]
2. „*über* das *Ziel* der Unterrichtseinheit *informieren*“
3. „relevantes *Vorwissen* re*aktivieren*“
4. *Lehrinhalt* „mit Hinweis auf bedeutsame Eigenschaften *präsentieren*“: ausführliche und gut strukturierte, kleinschrittige Erklärung mit Veranschaulichungen an Lösungsbeispielen und Visualisierungen.
5. „den *Lernprozess anleiten*“: die Lehrperson strukturiert, modelliert Lö-

---

354 Ebd., 194 und folgende Zitate.

355 Vgl. dazu auch Wellenreuther, M., Wie Lehrer Schüler fördern können, in: KatBl 135 (2010), 322-329.

356 Gagné, R.M. zitiert nach Leutner, D., Instruktionspsychologie, in: Rost, Handwörterbuch Pädagogische Psychologie, 2010, 289-298, 293.

sungen, kommentiert diese, gibt Hilfen, die es den Lernenden erlauben, zur richtigen Lösung zu gelangen. Grundsätzlich Hilfen nach dem *Prinzip des Scaffolding* geben, d.h. nur so weit helfen, dass die Lernenden möglichst selbst die Aufgabe lösen können.

6. „*das* im Lehrziel *geforderte Verhalten ausführen lassen*": Die Lehrperson fragt, ob die meisten Dinge verstanden sind. Wenn ja, beginnt das eigenständige Lösen von Aufgaben. Falls eine Gruppe von Lernenden noch Verständnisschwierigkeiten hat, kann sich die Lehrperson mit diesen an einen Gruppentisch zurückziehen, um bei der Lösung der ersten Aufgaben zusätzliche Hilfen zu geben. Es sollten viele Aufgaben gelöst werden, damit ein tieferes Verständnis entwickelt wird und eine Verknüpfung des neuen Wissens mit den schon vorhandenen Konzepten und Prozeduren erfolgt.
7. „den Lernenden *über* die *Richtigkeit* des Verhaltens *informieren* und ggf. die Schritte 4. bis 6. Wiederholen"
8. die *Leistungen* „abschließend *beurteilen*"
9. das Behalten und den „*Transfer* des Gelernten *unterstützen* durch weiteres Üben, insbesondere auch in wechselnden Kontexten".

Bedingungen für Gelingen: Wenn keine Vorkenntnisse vorhanden sind, lernen die Schülerinnen und Schüler durch ‚direkte Instruktion' etwa doppelt so viel wie unter der Bedingung ohne genauere Anleitung und mit geringerer Hilfestellung. Existieren jedoch schon Vorkenntnisse, führen offene Methoden zu etwas besseren Ergebnissen. Deshalb gilt: Wer einiges weiß, sollte die Möglichkeit erhalten, sich nur um die Aspekte zu kümmern, die er noch nicht hinreichend beherrscht.[357]

Beispiel: Sich in der Bibel zurechtfinden

Material: Bibeln für alle Lernenden

1. L: Am Ende der Stunde solltest Du einzelne Stellen in der Bibel finden können.
2. L: Wenn ich in einem gewöhnlichen Buch etwas suche, dann schlage ich die entsprechende Seite auf. Wer weiß, wie man eine Bibelstelle findet?
3. Das Wort ‚Bibel' kommt aus dem Griechischen und bedeutet Bücher. Die Bibel ist also eine Sammlung vieler einzelner Bücher in einem Buch. Sie besteht aus zwei großen Teilen: Dem ersten Teil, dem Alten Testament (= erstes Testament (L zeigt Umfang an Bibel) und dem Neuen Testament (L ist weniger als Altes Testament). Der erste Teil handelt von Dingen, bevor Jesus lebte. Im Neuen Testament wird v.a. über und von Jesus erzählt. Das Alte Testament besteht aus 46 Büchern, das Neue Testament aus 27. Das macht zusammen 73 Bücher. Alle Bücher der Bibel haben einen Namen. Man findet sie im Inhaltsverzeichnis aufgelistet. Dies sieht ungefähr so aus: vorne in der Bibel nachschlagen lassen und mit Folie für alle sichtbar machen. Als Texte noch auf Schriftrollen geschrieben und Bücher noch nicht gedruckt, sondern von Hand abgeschrieben werden mussten, war es nicht so einfach

[357] Vgl. Wellenreuther, Wie Lehrer Schüler fördern, 2012, 324.

einzelne Textstellen schnell zu finden. Deshalb unterteilte der *Mönch Stephen Langton* 1126 die biblischen Bücher in Kapitel. Kapitel kennst Du auch aus heutigen Büchern. Manchmal haben Sie Titel, manchmal nur Nummern. In der Bibel haben sie nur Nummern, fettgedruckte Nummern. Da aber die Kapitel noch relativ lang waren, unterteilte man diese wieder (im 15. bzw. 16. Jahrhundert durch *Isaak Nathan* bzw. *Santes Pagnini*). Das sind die sogenannten Verse (= kleine, hochgestellte Zahl im Text). Hier ein Beispiel (auf Folie). Wenn man aufschreibt, wo sich eine bestimmte Textstelle der Bibel befindet, sieht das folgendermaßen aus: Lukas 14,12 oder Exodus 38, 21-31.
4. Ich habe hier ein Arbeitsblatt, auf dem stehen Bibelstellen untereinander mit leeren Zeilen dahinter. Suche die Bibelstelle und schreibe das erste Wort des Verses und das letzte auf diese Zeilen.
5. Die Lernenden suchen die Bibelstellen in der ihnen vorliegenden Bibel und schreiben ihre Lösungen auf.
6. Vergleichen der Lösungen und ggf. die Schritte 4. bis 6. wiederholen;
7. Mindestens 80 Prozent der Lösungen sind richtig.
8. Weiteres Üben, z.B. anhand eines Bibelkuchens, des Liedes „Das will ich sehen“ von *Sabrina Setlur* vom Album „Die neue S-Klasse“ oder eines selbst entworfenen Quizes (Lernende suchen selbst Bibelstellen und lassen die anderen nach diesen suchen).

Methode: „vier Arbeitsphasen“-Konzept[358]
Die *Methode* „vier Arbeitsphasen“-Konzept macht Lernende auf die Fülle möglicher Fragen aufmerksam.
Intention: komplexes Wissen vermitteln und aneignen
Kompetenz: komplexes religiöses Wissen verstehen, wiedergeben und anwenden können
Themen: komplexes religiöses Wissen, z.B. jeder weiß, dass man nicht lügen soll; Warum macht es aber trotzdem jede/r?
Alter: ab 9 Jahre
Zeit: ca. 45 Minuten
Sozialform: integrierter FU
Material: evtl. Textgrundlage
Vorgehen:
1. „*Darbieten*“ kann problemorientiert oder informierend erfolgen: Effektiv wird das Thema „*in Form eines Problems*“ dargestellt, das die Lerngruppe lösen soll. Das Problem muss für die Lernenden relevant sein und den Sachverhalt durch den Problemlöseprozess nach und nach vermitteln. Empfohlen werden weniger Fragen, als „Feststellungen, Zusammenfassungen, unterstützende Visualisierungen, Hinweise oder Aufforderungen“, also „nondirektive

[358] Wichmann, J., Frontalunterricht, in: Ders., Zwölf Unterrichtsmethoden, 2. Aufl. Weinheim 2000, 20-34, 22 und die folgenden Zitate 23-30.

Impulse". *„Informierendes Darbieten"* erfolgt i.d.R. mittels Vortrag.
2. *„Konstruktives Durcharbeiten"*: Verständnis für das Dargestellte entsteht erst, wenn die dargestellte Sachstruktur (Z.B.: Warum lügen Menschen?) „in die bereits bestehenden kognitiven Strukturen" der Lernenden integriert wird, was nur durch ihre aktive Beteiligung gelingen. Ziel ist es, den Inhalt „immer wieder aus leicht veränderter Perspektive" durchzuarbeiten, z.B. anhand von Fragen.
3. *„Übendes Wiederholen"*: Das neu Gelernte muss „konsolidiert werden, damit es später mühelos in unterschiedlichen Situationen eingesetzt werden kann." Empfehlenswert ist es, den Lernenden Übungsmaterial mit steigenden Schwierigkeitsstufen anzubieten, aus denen sie selbst wählen können.
4. *„Problemorientiertes Anwenden"*: Das bisher Gelernte ist „noch weitgehend an den spezifischen unterrichtlichen Kontext gebunden". Die Übertragung in neue Kontexte soll durch die „Bearbeitung anwendungsorientierter Aufgaben" erfolgen, die über die Übungsaufgaben hinausgehen, weil sie eine „erfolgreiche und selbstständige Problemlösung" erfordern.

Arbeitshinweis 1
Die Sozialform FU ist oft mit der Gesprächsform „Lehrer-Schüler-Gespräch" (LSG) verbunden.

- Erläutern Sie, wie FU noch umgesetzt werden kann.

Arbeitshinweis 2
Schlecht vorbereiteter FU kann besonders im Fall des RU negative Folgen haben.

- Suchen Sie dafür nach Begründungen.

Arbeitshinweis 3
Instruktion klingt für manche nach didaktischer Todsünde.

- Erläutern Sie, warum das so ist.
- Gibt es Formen der Instruktion, auf die man im RU nicht verzichten kann?

3.3 Gruppenunterricht (GU): gemeinsam Lernen

Arbeitshinweis
In der pädagogischen Theorie wurde und wird der GU stark propagiert. In der Praxis haben Lehrpersonen es oft mit der Störanfälligkeit und den fehlenden Voraussetzungen für ein Gelingen des GU zu tun.

- Wo liegen nach Ihrer Erfahrung Chancen, wo Gefahren des GU?

Unterrichtsbeispiel aus einer 3. Klasse
Im Stuhlkreis erzählt die Lehrperson das Gleichnis vom barmherzigen Vater (Lk 15,11-24). Dabei werden nicht nur Personen und Handlungen vorgestellt, sondern es entstehen auch Eindrücke und Emotionen, die einander mitgeteilt werden können. Damit sich die Lernenden nicht nur kognitiv und rezeptiv, sondern leiblich und aktiv mit der Gleichniserzählung auseinander-

setzen, soll das Gleichnis in GA als szenisches Spiel gestaltet werden. Deshalb wird die Erzählung in fünf Sinneinheiten gegliedert und an fünf verschiedene Schülergruppen verteilt. Jede Gruppe bekommt eine kurze schriftliche Beschreibung „ihrer" Szene mit Hilfen und Tipps für die praktische Umsetzung beim szenischen, pantomimischen oder musikalisch untermalten Spiel (die Arbeitsanweisungen werden schriftlich auf Arbeitskarten ausgegeben!). Die Lehrperson teilt die Klasse in Gruppen auf, wobei die – nach Einschätzung der Lehrkraft – stärkste Gruppe die Rückkehrszene bekommt.

Jetzt überlegen sich die Gruppen, wie sie ihre Szenen umsetzen – beispielsweise Gruppe 1 die Szene 1 (Geldauszahlung durch den Vater an den jüngeren Sohn) – wer welche Funktion bei der Präsentation übernimmt (etwa wer den Vater, wer den jüngeren Sohn spielt), welche spontan gewählten oder von der Lehrperson bereitgestellten Requisiten (Decke, Stab, Geld...) man zum Spielen braucht, wie man passend zur Handlung einzelne Elemente mit den bereitgestellten Orff-Instrumenten verklanglichen oder klanglich unterstützen könnte. Bedacht wird auch, ob Lernende bestimmte Objekte (z.B. Haus) darstellen wollen. Darüber sollen die Lernenden miteinander kommunizieren und kooperieren, indem sie das szenische Spiel entwerfen und mehrmals spielen. Wenn nötig, unterstützt die Lehrperson die Lernenden. Überwiegend organisiert und moderiert die Lehrperson die Arbeit der Lernenden, um die initiierte Selbsttätigkeit nicht zu unterbrechen.

Erst wenn in den einzelnen Gruppen überlegt wurde, wer was spielt und wie dies am besten erfolgt, werden die einzelnen Szenen auf einer gedachten Bühne (i.d.R. vor der Tafel) präsentiert, evtl. vertont mit Orff-Instrumenten oder angereichert mit anderen Geräuschen (klopfen, grunzen der Schweine usw.). Der Reihenfolge entsprechend spielen die Lernenden die biblischen Szenen. Dabei koordiniert die Lehrperson die einzelnen Gruppen und gibt ggf. Hilfestellung, ohne aber die Lernenden zu sehr einzuschränken, damit diese genügend Freiraum bei ihren individuellen Umsetzungen bzw. (Nach-)Konstruktionen der Gleichniserzählung haben. Die Präsentation der einzelnen Gruppenergebnisse erfolgt unter den Augen der übrigen Lernenden, den Zusehenden.

Durch das Spielen der einzelnen Szenen lernen die Kleingruppen nicht nur die eigenen, sondern auch die Ergebnisse der anderen kennen, was zur Integration der Teilergebnisse in ein Gesamtergebnis führt. Abschließend werden die Ergebnisse kontrolliert und bewertet.

Arbeitshinweis

Nehmen Sie Stellung zu diesem Beispiel von GU.

- Wie kann die Lehrkraft in vorausgehenden Stunden die Lernenden auf diese Form von GU vorbereiten?
- Bringen Sie die nachfolgenden theoretischen Erläuterungen mit diesem Unterrichtsbeispiel in Verbindung.

3.3.1 Definition des GU

Im GU wird die gesamte *Lerngruppe zeitlich begrenzt in arbeitsfähige Kleingruppen (ca. 3-6 Personen) geteilt*, die *selbständig* mehr oder weniger festgelegte *Themen oder Aufgaben bearbeiten* und deren *Arbeitsergebnisse* im weiteren Unterrichtsverlauf *für die gesamte Lerngruppe nutzbar gemacht* werden können. Die Gruppe im GU ist damit eine spezifische Art von Gruppe.[359]

3.3.2 Phasen des GU

Grob unterteilt gibt es nach der Vorbereitung des GU und der Hinführung zum Thema *drei Haupt- mit drei Übergangsphasen bzw. kritische Schnittstellen*[360], wobei *GA (Gruppenarbeit)* die Aktivitäten der Lernenden in den Kleingruppen beinhaltet und somit eine Teilphase des umfassenderen GU ist:

0. Vorbereitung und Themenhinführung (Plenum)
1. Arbeitsauftrag (AA) festlegen und Verständnis überprüfen (Plenum)
2. Durchführung der Gruppenarbeit (GA) und Beendigung
3. Ergebnisse der GA präsentieren und GU reflektieren (Plenum)

3.3.3 Chancen und Gefahren

Positiv[361] kann sein:

- Direkte Interaktionen in der Kleingruppe führen zu einer hohen Interaktionsdichte (man muss zusammenarbeiten), was gute Voraussetzungen für den *Erwerb kommunikativer Kompetenzen* abgibt.
- Die notwendigen Selbstregulierungen der Interaktionsprozesse innerhalb der Kleingruppen können *soziales Lernen anregen* (sich mit den anderen arrangieren und gegenseitig respektieren).
- Durch den Wegfall der Lehrersteuerung sind die Gruppenmitglieder stark auf sich selbst gestellt (erhöhte Selbstlenkung), was zu mehr *Selbständigkeit und individueller Verantwortung* führen kann (jede/r Lernende ist für den eigenen Beitrag zum Lernen und das Gesamtergebnis verantwortlich, wobei der individuelle Beitrag erkennbar bleiben muss).

---

[359] Ritzer, G., Gruppe / Peergroup, in: WiReLex (2016), 2, (http://www.bibelwissenschaft.de/de/stichwort/100195/, letzter Zugriff: 30.06.2018).

[360] Vgl. Dann, H. D. / Diegritz, Th. / Rosenbusch, H. S., Gruppenunterricht als Prozess interaktiven Handelns, in: Dies., Gruppenunterricht im Schulalltag: Realität und Chancen, Erlangen-Nürnberg 1999, 1-22, 19.

[361] Vgl. Rosenbusch, H. S. / Dann, H. D. / Diegritz, Th., Gruppenunterricht – kooperatives Handeln in einer konkurrierenden Umwelt, in: Dies., Gruppenunterricht, 1999, 357-374, 359.

- Da es keine formalen Rangordnungen innerhalb der Kleingruppen gibt, wird *potentiell symmetrische Kommunikation* möglich (Kommunikation von gleich zu gleich), sodass *demokratisches Handeln* angebahnt werden kann (Inhalte und Gruppenarbeit reflektieren).
- Der Wegfall von durch die Lehrkraft wohl vorbereiteten, kleinschrittigen Strategien des Handelns, ermöglicht *ergebnisoffenere Strategien der Problemerarbeitung* (einzelne Lernende bringt seine Ideen ein und alle suchen gemeinsam nach Lösungen)

Das schöne Wort „TEAM“ wird manchmal übersetzt mit: „Toll, ein anderer macht's!“ Damit sind die Gefahren des GU angesprochen.

- *Trittbrettfahrereffekt* (*free rider effect*),
- das Sich-ausgenutzt-Fühlen der engagierten Lernenden und deren *Anstrengungsreduktion* (*sucker effect*),
- der „statusabhängige Effekt“, der die lernbezogene Interaktion statusniedriger Mitglieder reduziert
- und den *Verbrüderungseffekt* (*ganging up effect*), der bewirkt, dass sich die Gruppe auf Lösungen einpendelt, die mit der geringsten Anstrengung verbunden sind.

Arbeitshinweis
Erläutern sie, wie diesen Gefahren entgegengewirkt werden kann.

3.3.4 Hohe Qualität des GU

Qualitätsvoller GU ist vom Schüler- wie Lehrerhandeln abhängig, weshalb Konsequenzen skizziert werden.

Merkmale des Schülerhandelns

Qualitativ hochwertiger GU erzeugt:[362]

- möglichst geringe Desorientierung nach dem Arbeitsauftrag, d.h. die Lernenden wissen genau, was sie tun sollen,
- möglichst günstige Kommunikationsprozesse in den Gruppen,
- möglichst gute Arbeitsergebnisse der GA und
- möglichst hohe Aufmerksamkeit während der Auswertung.

Grundkonflikt von Lehrerrolle im FU und im GU

Warum werden diese Merkmale bei Lernenden oft nicht erreicht? Oft stehen sich die Lehrkräfte selbst im Wege: Einerseits wird GU für richtig und wich-

[362] Vgl. Haag, L., Integration und Konsequenzen der Untersuchung, in: Dann u.a. Gruppenunterricht 1999, 301-329, 309.

tig gehalten, andererseits erzeugt diese Sozialform bei Lehrkräften Konflikte zwischen ihrer traditionellen Lehrerrolle im FU (Strukturierung, Kontrolle usw.) und dem gänzlich anderen Rollenprofil des GU (Akzeptanz von Unübersichtlichkeit, Zurückhaltung usw.). In Abb. 29 werden widerstreitende Imperative aufgelistet[363].

EINGREIFEN: Ich muss	↔	NICHT-EINGREIFEN: Ich muss
die Gruppen gezielt bilden	↔	die Gruppen sich selbst zusammenraufen lassen
die Aufgaben in den Gruppen verteilen!	↔	die Lernenden die Aufgabenverteilung selbst hinkriegen lassen!
Disziplin, Mitarbeit und Ergebnisse kontrollieren!	↔	die Gruppen selbständig arbeiten lassen!
in Gruppenkonflikte aktiv eingreifen!	↔	den Lernenden Zeit nach Bedarf geben!
den vorgefassten Zeitplan einhalten!	↔	den Lernenden Freiraum geben!
die Auswertung nach meinen Vorstellungen durchführen!	↔	den Lernenden Freiraum lassen!
die Auswertung straff durchziehen!	↔	alle Gruppen drankommen lassen!

Abb. 29: Widersprechende Imperative im Denken der Lehrkräfte (subjektive Theorien)

Konsequenzen

GU „ist problematisch, wenn man als Lehrkraft den Grundkonflikt häufig zugunsten von Eingreifen entscheidet, also z.B. die Ziele der Gruppenarbeit allein festlegt, laufend die Arbeit der Gruppen kontrolliert und inhaltlich lenkt, bei Störungen sofort interveniert und überwiegend nur die Leistungen der Lernenden bewertet, ohne die Vorgänge in den Gruppen zu beachten.“[364]
Hervorragender GU ist v.a. dann möglich,

- „wenn man als Lehrkraft den Grundkonflikt zwischen Eingreifen und Nicht-Eingreifen häufig in Richtung auf Nicht-Eingreifen entscheidet,“
- „wenn man sich während des GU von der traditionellen Rolle der Lehrkraft als wissende Autorität löst und stattdessen mehr als Moderator auftritt“,
- „wenn man über ein reichhaltiges, differenziertes und gut organisiertes didaktisches Wissen verfügt“, das handlungswirksam ist.
- möglichst hohe Aufmerksamkeit während der Auswertung.

363 von Hanffstengel, U., Innere Konflikte der Lehrkräfte im Gruppenunterricht, in: Dann u.a. 1999, 273-300, 296.

364 Nürnberger Projektgruppe, Erfolgreicher Gruppenunterricht. Praktische Anregungen für den Schulalltag, Stuttgart 2007, 22 und die folgenden Zitate.

„Um kein Missverständnis zu erzeugen: Es wäre unsinnig, das Eingreifen generell zu verbieten; im konkreten Einzelfall kann es sogar wohlbegründet und notwendig sein! Vielmehr geht es um die allgemeine Tendenz, so wenig wie möglich einzugreifen“, wenn es das Verhalten der Lernenden zulässt.

3.3.5 Empfehlungen für einen gelingenden GU

Folgende Empfehlungen bringen die Chancen zum Tragen und vermindern die Gefahren des GU:[365]

Vorbereitende Überlegung der Lehrkraft

Vor Einführung des GU müssen Lehrpersonen sich fragen: Haben meine Lernenden für den GU die erforderlichen Lernvoraussetzungen (Vorkenntnisse, notwendige Methodenkompetenzen, richtige Einstellungen zum GU, insbesondere Selbständigkeit und individuelle Verantwortung)? Wenn dies nicht der Fall ist, muss GU in einer Lerngruppe eingeführt werden.

Einführung von GU in einer Lerngruppe

Der Übergang vom FU zum GU sollte in kleinen Schritten erfolgen:[366]

- Anfangs z.B. durch *kurze Phasen von PA* („Besprecht mit eurem Nachbarn kurz, was ihr zu Hause erarbeitet habt.“),
- dann *kurzfristige GA* der gesamten Lerngruppe mit geschlossenen Arbeitsaufträgen, d.h. die Lehrkraft legt konkret fest, was die Lernenden wann und wie tun sollen („Zehn-Minuten-Gruppen“, z.B.: „Schreibt auf, wie die Geschichte zu Ende gehen könnte. Ihr habt zehn Minuten Zeit. Bestimmt ein Gruppenmitglied, das das Ergebnis der Klasse vorträgt.“)
- später regelmäßige Phasen von GU *mit erweiterten Entscheidungs- und Handlungsspielräumen* der Lernenden (z.B. zur Vorbereitung des nächsten Unterrichtsabschnitts).
- Darüber hinaus sind bestimmte arbeitsmethodische Fertigkeiten einzuüben, wie z.B. zuhören und Ergebnisse präsentieren.

Notwendige Begründung des GU/der GA

Es kann bei der Unterrichtsplanung nicht darum gehen, „unbedingt“ GU/GA durchzuführen. Arbeitsaufträge für die GA müssen inhaltlich und von der

---

[365] Ich beziehe mich v.a. auf Dann u.a., Gruppenunterricht 1999 und präzisiere aus methodologischen Gründen.

[366] Gudjons, H., Didaktik zum Anfassen, Bad Heilbrunn 1997, 149f.

Gestaltung her GA auch wirklich erfordern. Arbeitsaufträge, die besser in einer anderen Sozialform umgesetzt werden, sollten auch in jener Sozialform durchgeführt werden. Zu fragen ist also: Ist für den Arbeitsauftrag/die Arbeitsaufträge die Zusammenarbeit in der Gruppe notwendig oder zumindest zweckmäßig? Entsprechend muss die Lehrkraft die Lernenden zur Kooperation in der Gruppe veranlassen, z.B. durch eine Anweisung zur Einigung in der Gruppe.

> Beispiel
> Nach der gemeinsamen Erarbeitung der Tempelreinigung (Joh 2,13-16), sollen die Lernenden in GA mögliche Standbilder entwerfen und vorstellen.

Organisationsformen der GA

Eine wichtige Frage bei der Vorbereitung des GU ist: *Arbeitsgleiche oder -teilige bzw. aufgabengleiche oder -verschiedene* (-differenzierte) GA?

Die Organisationsformen können nach zwei Gesichtspunkten geordnet werden:

- *nach der Aufgaben- bzw. Themenstellung*, und zwar ob diese für alle gebildeten Gruppen „gleich“ oder „verschieden“ ist (= Außensicht: Blick *auf* die Gruppen),
- *nach der Arbeitsweise*, und zwar ob in den einzelnen Gruppen alle Lernenden dasselbe tun, oder ob sie arbeitsteilig vorgehen (= Innensicht: Blick *in* die Gruppen).

Die Kombination beider Kriterien ergibt vier Organisationsformen (Abb. 30):

Zwei Möglichkeiten greife ich heraus:

Aufgaben- und arbeitsgleiche GA (1a) ist sinnvoll, wenn alle Lernenden ein Thema gründlich und gleichmäßig beherrschen sollen. Die Gruppen können konkurrieren, wobei die Ergebnisse gut vergleichbar sind und sich gegenseitig ergänzen können.

Hier sollten die Gruppen die Arbeitsaufträge etwa gleich zügig erledigen. *Deshalb sollten leistungsstärkere und -schwächere Lernende möglichst gleichmäßig verteilt werden.* Damit einzelne Gruppen nicht vorzeitig fertig

	arbeitsgleich (a)	arbeitsteilig (b)
aufgaben-gleich (1)	Alle Gruppen bearbeiten die gleichen Aufgaben und alle Gruppenmitglieder arbeiten gleichberechtigt an diesen (1a).	Alle Gruppen bearbeiten die gleichen Aufgaben und deren Gruppenmitglieder teilen sich die Arbeit auf (1b).
aufgaben-verschie-den (2)	Jede Gruppe erhält unterschiedliche Aufgaben und alle Gruppenmitglieder arbeiten gleichberechtigt an diesen (2a).	Jede Gruppe erhält unterschiedliche Aufgaben und deren Gruppenmitglieder teilen sich die Arbeit auf (2b).

Abb. 30: Organisationsformen der Gruppenarbeit

sind und es unruhig wird, sollten für besonders schnell arbeitende Gruppen *Sonderaufträge* vorbereitet sein.

Aufgabenverschiedene und arbeitsteilige GA (1b) kann das Sozialverhalten stärker fördern, indem selbstständig Lösungen gesucht und jeder seinen Beitrag zum Unterrichtsergebnis leistet. Schwierigkeiten können sich beim Vortragen der Ergebnisse ergeben, da diese nicht immer für alle nachvollziehbar sein können.

Hier sollte die Zusammensetzung der jeweiligen Gruppen auch den gestellten Anforderungen entsprechen. *Es kann leistungsmäßig differenziert werden.* Zudem kann bei großer inhaltlicher Fülle das Plenum entlastet werden.

Arbeitshinweis
Ordnen Sie folgende Beispiele den Organisationsformen des GU zu und formulieren Sie verständliche Arbeitsaufträge:

- Zum Abschluss des Themas Josef in der 2. Klasse wird ein Schattenspiel eingeübt. Für die unterschiedlichen Spielszenen werden unterschiedliche Gruppen eingeteilt, in der jedes Kind eine Person, ein Tier usw. spielt.
- In einer 9. Klasse malen Jungengruppen ihre Traumfrau und Mädchengruppen ihren Traummann.

3.3.6 Arbeitsauftrag/-aufträge präsentieren und Verständnis überprüfen

Die Präzision der Arbeitsaufträge ist nicht mit Enge oder Gängelung zu verwechseln! Wichtig ist, dass Lehrperson und Lernende wissen, wo sie Handlungsspielräume und Entscheidungsfreiheiten nutzen können und wo

nicht, z.B. bei Lerninhalten, Handlungen, Medien, Ergebnissen, Ergebnisdarstellung, Arbeitszeit, Zusatzaufgaben.
Die folgenden Hinweise können bei der Umsetzung helfen:

- Konkrete, anschauliche und genaue Arbeitsaufträge, möglichst schon schriftlich in der häuslichen Vorbereitung formulieren.

Beispiel
„Spielt eine Szene der Geschichte pantomimisch nach."
„Veranschaulicht den Inhalt mit drei Beispielen."

- Mehrteilige Arbeitsaufträge sinnvoll und übersichtlich gliedern.
  Beispiel
  „Wir lernten die biblische Geschichte kennen.
  1. Übertragt die Geschichte in eine graphische Darstellung. Papier und Stifte liegen bereit.
  2. Besprecht in eurer Gruppe, mit welchen Kommentaren jede und jeder die Arbeitsergebnisse im Plenum vorstellt."
- Arbeitsauftrag mündlich und schriftlich präsentieren (Arbeitsblatt, Tafelanschrift, Visualisierung).
- Gruppensprecher bzw. -schreiber und -zeitnehmer bestimmen lassen!
- Dauer der GA ankündigen!
- Klare Anweisungen, wie die Ergebnisse in der Auswertungsphase dargestellt werden sollen, z.B. als Power-Point-Präsentation, Wandzeitung, Rollenspiel oder Collage
- Vor Beginn der GA das Verständnis der Arbeitsaufträge überprüfen z.B. den Arbeitsauftrag von den Lernenden mit eigenen Worten wiederholen lassen!
- Vor der Verständnisüberprüfung konsequent GA unterbinden! Erst danach beginnt die GA!

3.3.7 Durchführung der GA und Beendigung

Zentral sind: Gruppenbildung, Lehrer- und Schülerverhalten sowie die Beendigung.

Gruppenbildung

Grundsätzlich kann die Gruppenbildung nach *vier Kriterien* erfolgen:

- Leistung bzw. spezifische Fähigkeiten: Homogene (= leistungsgleiche) Lerngruppen oder heterogene (= leistungsdifferenzierte) Lerngruppen;
- Soziale Beziehungen (Freundschaftsgruppen): z.B. bei „privateren" Themen wie Freundschaft;
- Interessen: nach Teilthemen o.ä. gegliedert;

- Zufall: Tischgruppen, Losverfahren, verteilen von farbigen Kärtchen, Gummibärchen o.ä.

Die Gruppenbildung sollte abhängig gemacht werden von den Zielen bzw. Kompetenzerwartungen, den Inhalten, der jeweiligen Sozialstruktur der Klasse, der Lernsituation usw.

Methode: Kleingruppenbildung
Intention: zufällige Kleingruppenbildung
Kompetenz: Teamfähigkeit
Alter: beliebig
Zeit: 5-10 Minuten
Sozialform: FU und GU
Material:

a) In Puzzleteile zerschnittene Postkarten
b) Kärtchen mit Tiernamen bzw. Familiennamen (Nummern)
c) bunte Papierstreifen bzw. Gummibärchen oder Bonbons
d) Kartenspiel(e)

Vorgehen:
Zufallsgruppenbildung mit unterschiedlichen Materialien

a) Puzzlespiel: Mehrere Postkarten werden in Einzelteile zerschnitten. Die Anzahl der Einzelteile pro Karte bestimmt die Anzahl der Lernenden in der Kleingruppe.
b) Tierlaute: Jede/r Lernende bekommt ein Kärtchen mit einem Tiernamen (z.B. Hund, Katze, Ente, Schaf, Kuh). Die Anzahl der Tiergruppen entspricht der Anzahl der zu bildenden Kleingruppen. Alle stecken den Zettel ein und versuchen, sich durch Laute zu finden. Variante 1: Statt Tierlaute Tierbewegungen machen lassen. Variante 2: Statt Tiernamen Familiennamen sagen. So viele Familiennamen wie Kleingruppen (z.B. Kuhn, Schmid, Gemmel) und so viele Karten wie Kleingruppenteilnehmer (z.B. Oma, Opa, Vater, Mutter, Kind, Enkelkind). Durch lautes Rufen versucht man seine Familie zu finden.
c) Buntes Papier: Benötigt jede/r Lernende für eine Aufgabe Papier, kann die entsprechende Anzahl in die Mitte gelegt werden. Alle nehmen sich ein Blatt. Die unterschiedlichen Farben sind für die Gruppenbildung maßgebend. Hinweis: Wählen die Lernenden die Farben nach Sympathie, kann man kleine bunte Papierstreifen erstellen und Lernende blind ziehen lassen. Variante: An Stelle von Papier können verschiedenfarbige Gummibärchen oder Bonbons verwendet werden. Hinweis: Sollen die Lernenden aber die gezogenen Süßigkeiten die gesamte Stunde vor sich liegen lassen, wäre das für viele eine Tortur.
d) Kartenspiele: Lernende ziehen Karten: Alle mit den Karten Herz, Karo, Kreuz oder Pik sind in einer Gruppe.
e) Abzählen: Soll eine Klasse von 30 Lernenden in 5 6er-Gruppen aufgeteilt werden, dann lässt man reihum immer neu von 1 bis 5 zählen. Alle Ein-

ser, alle Zweier usw. bilden eine Gruppe. Variante: Kärtchen mit Nummern ziehen lassen.

Hinweis
Auf keinen Fall sollten Lernende in einer Gruppe zusammengezwungen werden, die sich überhaupt nicht leiden können, deren wechselseitige Beziehung eindeutig gestört ist! Besteht nur leichte, gegenseitige Abneigung kann die Lehrkraft nachfragen, ob es in Ordnung ist, wenn die entsprechenden Lernenden zusammenarbeiten.

Lehrerverhalten während der GA[367]

Während der GA sollte die Lehrperson sich möglichst zurückhalten, da jeder „Besuch" einer Gruppe die Kommunikation in der Gruppe unterbricht und einen Eingriff, eine Intervention darstellt, sodass im Extremfall aus dem GU wieder FU werden kann.
Folgende Hinweise[368] können hilfreich sein:

- Vereinbaren Sie vorab, dass Sie während der Gruppenarbeit nur in Notfällen hinzugezogen werden können!
- Ziehen Sie sich zurück und beobachten Sie die Gruppen aus der Ferne oder bereiten Sie einen Tafelanschrieb vor!
- Verweigern Sie die Hilfe, wenn Sie den Eindruck haben, dass die Lernenden auch selbständig zurechtkommen müssten!
- Reagieren Sie erst dann auf Fragen, wenn die Lernenden nach längerem Bemühen offenkundig nicht weiterkommen!
- Gestalten Sie Ihren Eingriff möglichst kurz und helfen Sie nur so viel wie unbedingt nötig (ggf. durch Hilfsimpulse die Eigeninitiative der Gruppe aktivieren, evtl. nochmals auf entsprechende Aspekte des Arbeitsauftrages verweisen)

Schülerverhalten während der GA

Vereinbaren Sie mit den Lernenden gemeinsam Verhaltensregeln, wie z.B.:[369]
„Gruppenarbeit verlangt, dass …

1. man sich wechselseitig unterstützt;
2. andere Meinungen toleriert werden;

---

[367] Vgl. zum Folgenden: Fürst, C., Die Rolle der Lehrkraft im Gruppenunterricht, in: Dann u.a., Gruppenunterricht 1999, 107-146, 122.

[368] Vgl. zum Folgenden: Nürnberger Projektgruppe, Erfolgreicher Gruppenunterricht 2007, 56f.

[369] Zitiert nach Klippert, H., Besser lernen. Kompetenzvermittlung und Schüleraktivierung im Schulalltag, Stuttgart 2008, 110.

3. bei Gesprächen gut zugehört wird;
4. Beleidigungen vermieden werden;
5. keiner links liegen gelassen wird;
6. die Aufgabe zügig erledigt wird;
7. Zeitvorgaben eingehalten werden;
8. Probleme offen benannt werden;
9. alle die Gruppenregeln beachten;
10. jeder am Ende präsentieren kann."

Arbeitshinweis
Planen Sie für eine ausgewählte Jahrgangsstufe, wie Sie konkret mit den Lernenden die Regeln für die GA vereinbaren könnten.

Beendigung der GA

Die Beendigung der Gruppenarbeit sollte tatsächlich erfolgen, d.h. keine Lernenden arbeiten mehr an ihren Präsentationen. Ist eine Gruppe mit ihrer Arbeit noch nicht fertig, muss trotzdem gedanklich bei den Lernenden ein Ende herbeigeführt werden, z.B. „Präsentiert nachher eure Ergebnisse, soweit ihr sie erarbeitet habt. Wenn ihr nicht ganz fertig geworden seid, ergänzen wir es gemeinsam. Wenn ihr jetzt weiterarbeitet, dann bekommt ihr die Ergebnisse der anderen Gruppen nicht mit."

3.3.8 Ergebnisse der GA präsentieren und GU reflektieren

Die Ergebnispräsentation der GA und die Reflektion des gesamten GU sind für den Erfolg des GU von zentraler Bedeutung, weshalb sie sehr konkret geplant und umgesetzt werden sollten. Machen Sie sich eine möglichst klare Vorstellung von der Situation. Stellen Sie sich die Einzelheiten vor, wie es ablaufen könnte. Stehen nur einzelne Gruppenmitglieder vorne oder alle? Wer zeigt oder sagt etwas? Was machen die anderen – Blödsinn oder gelangweilt herumstehen? Welche Aufgaben können diese während der Präsentation übernehmen? Welchen Hörauftrag oder Sehauftrag bekommt die Klasse? Wie reflektieren die den gesamten GU?
Hilfreich können folgende Hinweise sein:

- Eine abwechslungsreiche Auswertung der Ergebnisse sollte bereits in den Arbeitsaufträgen angeregt werden.
- Nutzen Sie die Vielfalt der Formen der Präsentation: mündlich, schriftlich, nonverbal, optisch-bildlich, akustisch-musikalisch, audiovisuell!
- Verschaffen Sie sich gegen Ende der GA durch behutsamen Rundgang einen Überblick über mögliche Teilergebnisse der Gruppen!

- Sichern Sie die Aufmerksamkeit aller Lernenden während der Gruppenpräsentationen.
- Planen Sie ausreichend Zeit ein. Alle Gruppen sollen ihre Ergebnisse vortragen können.
- Rufen Sie die Gruppen als Gruppen auf – nicht als Einzelschüler! Bei jüngeren Lernenden sind Gruppennamen hilfreich.
- Finden Sie eine sinnvolle Reihenfolge der Präsentationen (v.a. bei aufgabenverschiedener GA).
- Nicht eine Gruppe alle Ergebnisse vortragen lassen (v.a. bei aufgabengleicher GA)!
- Bei der Präsentation schwächere Lernende nicht entmutigen!
- Korrigieren Sie falsche Ergebnisse.
- Planen Sie eine mögliche Bewertung oder Benotung der Gruppenergebnisse (Wertschätzung!).
- Streben Sie das Festhalten der Gesamtergebnisse an.
- Reflektieren Sie abschließend die Ergebnisse und die Zusammenarbeit während des GU.

Arbeitshinweis
Nachdem Sie dieses Kapitel durchgearbeitet haben, können Sie das eingangs dargestellte Fallbeispiel aus einer 3. Klasse differenzierter betrachten.

- Wie müssten die Arbeitsanregungen lauten?
- Wie könnte das Verständnis überprüft werden? usw.

3.3.9 Gruppenprozess und -dynamik

Auch wenn schulische Gruppen immer mit einer Aufgabe (*Sachebene*) beschäftigt sind, ist die *Beziehungsebene* für das Gelingen der GA von besonderer Bedeutung.

Drei Dimensionen der Gruppendynamik

Folgende Dimensionen beeinflussen die Dynamik einer Gruppe[370]:

- *Zugehörigkeit*: Das Bedürfnis mit anderen Menschen zusammen zu sein, aber auch sich als von ihnen getrennt erfahren zu können.
- *Macht*: Das Bedürfnis, seinen eigenen Lebensraum mitbestimmen zu können, während man dem Einfluss der anderen ausgesetzt ist.
- *Intimität*: Die Differenzierung der relevanten Beziehungen nach ihrem jeweiligen Grad der Nähe und Distanz.

---

[370] Vgl. König, O. / Schattenhofer, K., Einführung in die Gruppendynamik, 8. Aufl. Heidelberg 2016, 34f.

Jede Gruppe muss auf diese drei Dimensionen eine Antwort finden, wobei oft alle drei Dimensionen gleichzeitig relevant sind.

Denkanstoß
Treten Probleme in einer Gruppe auf, kann folgende Frage klärend wirken: „Worum geht es gerade?“

Gruppendynamische Phasenmodelle

In gruppendynamischen Phasenmodellen werden die drei Dimensionen in eine Abfolge gebracht: zunächst wird die Zugehörigkeit und dann die Machtfrage bearbeitet, schließlich Nähe und Distanz ausdifferenziert:[371] Gewöhnlich werden fünf Phasen unterschieden: Die *Phase*

1. des Anfangs und der *Orientierung*: es geht um gegenseitiges Kennenlernen, Selbstdarstellung und Probeaktionen;
2. der *Positions- und Rollenklärung*: kennzeichnend sind steigende Aggressivität und verdeckte Angriffe untereinander;
3. der *Vertrautheit und Konsolidierung*: die Situation hat sich entspannt, man kann länger an einer Sache arbeiten und unterstützt sich gegenseitig mehr, es herrscht viel Rücksicht und ein vorsichtiger Umgang miteinander;
4. der *Differenzierung*: kennzeichnend sind erhöhte Entscheidungs- und Arbeitsfähigkeit, abweichende Meinungen werden gehört, viele Aspekte werden bei einer Entscheidung berücksichtigt und die Gruppe hat ein großes Selbststeuerungspotential;
5. der *Trennung und* des Abschieds: erneute Krisen.

Arbeitshinweis

- Woran erkennt man in der GA, in welcher Phase sich eine Gruppe befindet?
- Welchen Ertrag bringt dieses Phasenmodell für die Arbeit in der Schule?

Kommen während einer Gruppenbildung Lernende zum ersten Mal in einer Gruppe zusammen, muss man mit einer Phase der Orientierung rechnen, bis die Positionen der Gruppenmitglieder (Gruppenführung, loyal Mitarbeitende, kritisch Reflektierende usw.) abgesteckt sind und die eigentliche Arbeit anfangen kann. Um die Orientierungsphase zu minimieren, tendieren manche Lehrkräfte zu gleichbleibenden Gruppenzusammensetzungen.

Rollen in Gruppen

Alle wollen in der Gruppe führen, aber niemand will Gefolgschaft leisten. Alle warten, dass jemand die Initiative ergreift, aber niemand geht voran.

---

[371] Vgl. ebd., bes. 60-63.

Alle produzieren interessante Ideen zur Lösung der Gruppenaufgabe, aber niemand führt die Entscheidung herbei. Deutlich wird: Eine arbeitsfähige Gruppe benötigt unterschiedliche *Rollen*, nämlich[372]

- *Gruppenführung*, die initiativ wird, neue Ideen anstößt;
- Leute, die *mitmachen*, Gefolgschaft leisten und Initiativen loyal und engagiert unterstützen;
- Leute, die *kritisch* und kompetent die Ideen und Konzepte *hinterfragen* und überprüfen.

Diese sozialen Rollen bilden sich aufgrund der zu bewältigenden Aufgaben situationsspezifisch in Gruppen heraus, weshalb individuelle Eigenschaften der Rollentragenden (Betrachtungsweise der Persönlichkeitspsychologie) die jeweiligen Rollenmuster nur teilweise erklären.

Arbeitshinweis

- Warum verhalten sich Menschen in Gruppen anders als außerhalb?
- Muss es in Gruppen immer Außenseiter geben?
- Was ist mit denen, die schweigen und sich an den Rand stellen?

Wirkung der Gruppenführung auf die Qualität der GA

Drei Arten der Gruppenführung mit unterschiedlicher Qualität der Arbeit wurden identifiziert[373]:

- *Sozio-emotional geführte* Gruppen (= Gruppenführung mit positiver Beziehungsqualität und vergleichsweise geringer Dirigierung und Lenkung) weisen die besten Arbeitsergebnisse und ein gutes Gruppenklima aus.
- Danach folgen die *freundlich-bestimmend geführten Gruppen* (stark dirigierendes lenken der Gruppe mit freundlichem Umgangston).
- Die *autoritäre Gruppenführung* (lenkt stark, übernimmt die Arbeit v.a. selbst und pflegt negativen Umgangston) wirkt sich auf Dauer ungünstig auf die Gruppe aus und kann u.a. ein Auseinanderdriften der Gruppe bewirkten: auf der einen Seite die alles bestimmende Führerfigur, am anderen Ende der Skala evtl. Außenseiter, die nichts zu sagen und zu melden haben.

Hinweis
Autoritär geführte Gruppen sollte die Lehrkraft umstrukturieren, oder, noch besser, diese Problematik mit der Gruppe metakommunikativ reflektieren.

---

[372] Vgl. ebd., 51ff.
[373] Vgl. zu Folgendem: Nürnberger Projektgruppe, Erfolgreicher Gruppenunterricht 2007, 26f.

Gruppenleistung

Denkanstoß
Fragt man Personen, die zuvor an einer Brainstorming-Sitzung in Gruppen oder an einer individuellen Ideengenerierung teilgenommen haben nach der Produktivität der jeweiligen Sitzungen, so fanden sich erstere sehr viel produktiver als letztere, obwohl es sich in Wirklichkeit genau umgekehrt verhielt.[374] Wieso ist das so? Weil man es beispielsweise in Gruppen so angenehm findet und weil man hinterher nicht mehr entschlüsseln kann, wie bestimmte Gruppenergebnisse zu Stande kamen.

Leistungshemmende Aspekte von Gruppenprozessen sind in sozialpsychologisch untersuchten Gesetzmäßigkeiten bei der Ideengenerierung, beim Entscheiden und Problemlösen in Gruppen zu finden, denn

- zu Beginn von Gruppendiskussionen nennen Gruppenmitglieder meist ihre Präferenzen (d.h. die von ihnen anfangs favorisierten Alternativen), auf deren Basis dann ein nur suboptimaler Konsens erfolgt, anstatt mit einem offenen Austausch von Informationen begonnen würde;
- Diskussionen sind systematisch verzerrt, da Gruppen mehr über Informationen, die allen Gruppenmitgliedern schon vorab vorliegen sprechen, als über Spezialwissen der Gruppenmitglieder und über meinungskonträre Informationen;
- die Gruppenmitglieder bewerten erste Informationen systematisch wichtiger und glaubwürdiger im Vergleich zu letzteren.

Positive Gruppenleistung stellen sich also nicht automatisch ein! Im Gegenteil! Man muss diese verzerrenden Aspekte kennen und sie berücksichtigen.

Für neuartige, bessere Entscheidung in Gruppen, zu denen die einzelnen Gruppenmitglieder nicht in der Lage gewesen wären, sind folgende *leistungsförderlichen Aspekte* zu berücksichtigen:

- Die *Gruppenzusammenstellung* erfolgt *nach dem Prinzip der Meinungsvielfalt*, so dass ein produktiver Dissens entstehen kann.
- Es werden *Informationen* berücksichtigt, *die für die meisten Mitglieder neu sind* und ihre anfänglichen (suboptimalen) Präferenzen in Frage stellen.
- Der *Gruppenprozess selbst* wird *reflektiert*, so dass alle wesentlichen Informationen berücksichtigt werden.

Arbeitshinweise
Nachdem Sie dieses Kapitel durchgearbeitet haben, können Sie das eingangs dargestellte Fallbeispiel aus einer 3. Klasse differenzierter betrachten:

---

374 Vgl. Schulz-Hardt, S. / Brodbeck, F. C., Group performance and leadership, in: Hewstone, M. / Stroebe, W. / Jonas, K. (Eds.), An introduction to social psychology, Chichester, UK, 6th, completely revised edition Chichester u.a. 2015. Ein Überblick: Schulz-Hardt, S., Die große Illusion. Zur Synergie in Gruppen, in: Forschung & Lehre 19 (9/2012) 744-745.

- Formulieren Sie die Arbeitsaufträge für die einzelnen Gruppen.
- Überlegen Sie, wie Sie das Verständnis der Arbeitsaufträge überprüfen?
- Wie beobachten Sie die Gruppenprozesse während der GA?

Methode: Gruppenpuzzle
Eine anspruchsvolle Form des GU ist das *Gruppenpuzzle*.[375] Bei dieser Methode vermitteln sich die Lernenden die Inhalte gegenseitig, sie sind also aufeinander angewiesen. Die Effektivität dieser Methode hängt daher von den einzelnen Gruppenteilnehmenden und ihrer Zusammenarbeit als Team ab.
Intention: Wissensaneignung in der Gruppe
Kompetenz: sich im Team Wissen aneignen können
Alter: ab 12 Jahre
Zeit: je nach Themenumfang ca. 2 Unterrichtsstunden
Sozialform: GU mit wechselnden Gruppenzusammensetzungen während der GA
Material: Unterschiedliche Materialien zu einem Thema werden von den Lernenden selbst gesucht oder vom Lehrer vorgegeben.
Vorgehen: Die Klasse wird in mehrere Stammgruppen zu vier Schülern aufgeteilt. An die Mitglieder einer jeden Stammgruppe werden vier unterschiedliche Materialien zu einem Thema verteilt. Nach der Auseinandersetzung mit dem Material in Einzelarbeit finden sich die Stammgruppenmitglieder, die das gleiche Material haben, in aufgabengleichen Expertengruppen zusammen. Hier klären sie ihr Expertenwissen untereinander ab und gehen sodann wieder in ihre Stammgruppen zurück. Dort informieren sich die Stammgruppenmitglieder wechselseitig über ihre unterschiedlichen Expertengebiete. In Abb. 31 werden die Gruppen veranschaulicht.
Ablauf:
1. Einteilung in Stammgruppen (heterogene Zusammensetzung wird empfohlen): Die Klasse i.d.R. in max. 6 Stammgruppen mit je 4 Sch aufteilen (= 24 Sch). Bei einer nicht durch 4 teilbaren Anzahl, wird Stammgruppe 1, 2 oder 3, um eine/n Schüler/in erhöht (je nach Zahl). In diesen Stammgruppen wird eine Aufgabe von 2 Sch bearbeitet.
Bei Klassenstärken größer als 24 Sch gibt es zwei Möglichkeiten:
a) die Stammgruppengröße bei 4 Sch belassen, und dafür mehr Stammgruppen bilden. Sollten dann die Expertengruppen zu groß werden, kann man diese trennen und zweigleisig fahren.
b) Die Stammgruppe auf 5 Sch, d.h. auf 5 Aufgabenbereiche aufteilen.
Zur besseren Orientierung für die Sch werden die Stammgruppen mit Farben versehen, d.h. Stammgruppe rot, grün, gelb, blau, lila, schwarz: Jede/r Sch wählt sich eine der vier unterschiedlichen Expertenaufgabe (1., 2., 3., 4.), die in dieser Stammgruppe liegen und bearbeitet sie in Einzelarbeit.

[375] Nach Peterßen, W. H., Kleines Methoden-Lexikon. München 1999, 127-131.

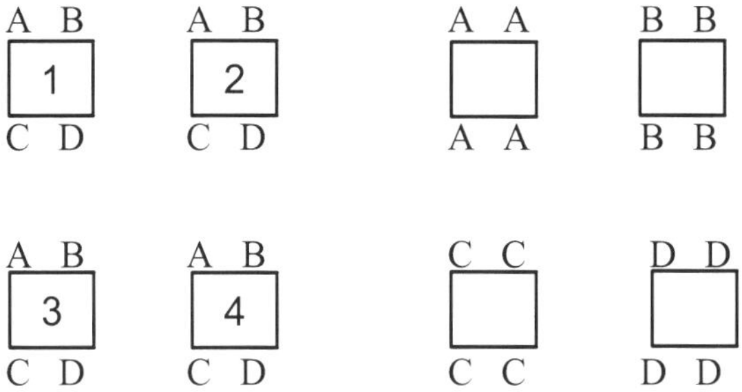

Abb. 31: Stammgruppe 1-4 mit Lernenden A-D; Expertengruppe A-D

2. Arbeit in Expertengruppen: Sch mit den gleichen Aufgaben/Texten setzen sich zusammen und diskutieren ihren Aufgabenbereich (alle Sch mit Aufgabe/Text 1 sind in einer Gruppe). Sie stellen sich gegenseitig Fragen, klären Ungereimtheiten und machen sich Notizen, wie sie den Lernstoff an ihre Stammgruppenmitglieder weitergeben können.
3. In den Stammgruppen wird Expertengruppenwissen vermittelt: Die Experten und -innen gehen in ihre Stammgruppen zurück. Nacheinander berichten sie über ihr Expertenwissen. Sie dürfen dabei nicht einfach die Materialien hinlegen mit dem Hinweis: Lest! Die Sch sollen miteinander diskutieren und offene Fragen sofort klären. Wichtig ist, dass am Ende eines Expertenvortrages jedes Mitglied der Stammgruppe den Zusammenhang verstanden hat.
4. Auswertung: Das Verständnis wird überprüft. Die Experten erfahren, wie sie ihr Wissen vermittelt haben und die Klasse erfährt, wie sie insgesamt zusammengearbeitet hat. Statt einer Auswertung können die Ergebnisse auch in Form einer Wandzeitung o.Ä. vorgestellt werden.
Variante 1: Es kann gleich in den Expertengruppen begonnen werden, ohne dass die Stammgruppen zuerst zusammenkommen.
Variante 2: Die Expertinnen und Experten erledigen ihre Aufgaben ganz oder teilweise zu Hause.
Variante 3: Statt Textmaterial wird eine Literaturliste zur Verfügung gestellt, und die Sch informieren sich in den Expertengruppen über ihre Aufgabenbereiche, erledigen Recherchen, führen Erkundigungen durch usw.

Unterrichtsbeispiel neunte Jahrgangsstufe:
Zum Thema Abtreibung sind folgende Materialien denkbar:

1. Entstehung menschlichen Lebens von der Zeugung bis zur Geburt oder Abtreibung mit Farbprospekten
2. Schülerzeitungsbericht einer Schülerin, die abgetrieben hat
3. Rechtliche Voraussetzungen einer Abtreibung
4. Druck von Eltern oder Freund vor der Abtreibung
5. Statistik von zurückliegenden Schwangerschaftsabbrüchen mit Äußerungen wie es Frauen, Paaren nach den entsprechenden Zeiträumen ging.

Methode: World-Cafè
Eine Form des GU, bei dem die Gruppenzusammenstellung informell erfolgt.
Intention: informeller Austausch in der Gruppe
Kompetenz: sich über Wissen in unterschiedlichen Gruppen austauschen können
Alter: ab 12 Jahre
Zeit: je nach Themenumfang ca. 20 Minuten
Sozialform: GU mit wechselnden Gruppenzusammensetzungen während der GA
Material: Gruppentische als „Cafèhaus-Tische", Handlungsanweisungen als „Speisekarte", Papier zum Festhalten der Ideen als „Tischdecke" und Stifte als „Essbesteck"
Vorgehen: An jedem Tisch steht ein/e Sch als Gastgeber/in. Dazu kommen pro Runde ca. vier bis fünf Sch, die frei entscheiden, an welchen Tisch sie gehen. An jedem Tisch liegt eine Handlungsanleitung, welche die Kommunikation strukturiert. Die Ideen können aufgeschrieben werden.
Ablauf: Fünf bis sechs Sch (inclusive ein/e Gastgeber/in) stehen um Gruppentische, die als Cafèhaus-Tische fungieren. Der Handlungsanleitung entsprechend tauschen Sie sich über Ideen und Perspektiven zu einem Thema aus. Nach ca. fünf Minuten wechseln alle Sch, außer der/dem Gastgeber/in. Es kann noch eine oder zwei weitere Runden geben.

Methode: Open-Space
Eine Form des offenen GU, bei dem die Inhalte und der Ablauf der GA von den Teilnehmenden weitgehend selbst entwickelt und im weiteren Verlauf gestaltet werden.
Intention: Austausch und Diskussion über Inhalte
Kompetenz: sich über Wissen in einer Gruppe austauschen und eigenes Wissen einbringen können
Alter: ab 12 Jahre
Zeit: je nach Themenumfang ca. 20 Minuten pro GA bzw. Session
Sozialform: GU mit Phasen von GA
Material: -
Vorgehen: An jedem Tisch steht ein/e Sch als Gastgeber/in. Dazu kommen pro Runde ca. vier bis fünf Sch, die frei entscheiden, an welchen Tisch sie gehen. An jedem Tisch liegt eine Handlungsanleitung, welche die Kommunikation strukturiert. Die Ideen können aufgeschrieben werden.
Ablauf: Im Plenum werden Gruppen gebildet, welche die Inhalte der GA selbst gestalten. Die Ergebnisse werden im Plenum vorgestellt und gesammelt.
Variante BarCamp: Es gibt mehrere Runden mit unterschiedlichen Möglichkeiten zur GA. Eine Übersicht der Gruppen und Inhalte ist sinnvoll.

3.4 Partnerarbeit (PA): im Tandem lernen

Denkanstoß
„Partnerarbeit ist lockerer, nicht so stressig, bringt mehr Freiheit, ist immer lustig, nicht so langweilig wie normaler Unterricht, bringt Abwechslung und macht Spaß!“ (Schüler)

Arbeitshinweis
Sehen Sie noch einmal die methodischen Hinweise und Empfehlungen zum GU durch und erläutern Sie, welche davon – vielleicht in etwas abgewandelter Form - auf die PA übertragen werden können.

3.4.1 Definition und Eignung der PA

In der PA wird eine Aufgabe von jeweils zwei Lernenden bearbeitet.[376] Partnerin bzw. Partner (abgeleitet vom lat. *pars* = Teil, Anteil, Beziehung, Rolle) ist jemand, die bzw. der mit (jemand) anderem etwas gemeinsam unternimmt, sich mit (jemand) anderem zu einem bestimmten Zweck zusammentut. PA erfolgt also in Zweier-Gruppen, der kleinsten Form einer Gruppe. So wird die Nähe zum GU deutlich, obwohl auch spezifische Aspekte zu berücksichtigen sind.
PA eignet sich besonders zur Bearbeitung von mittelschweren und schwierigen Aufgaben, unter der Voraussetzung, dass die Partner Kontakt zueinander finden und sich aufeinander einstellen können.

3.4.2 Lenkung innerhalb der PA

PA kann gelenkt, teilweise gelenkt und offen sein:

- Bei gelenkter PA nimm die Lehrperson den Lernenden die Entscheidung ab, mit wem gearbeitet soll, an welchem Platz, mit welchem Material, wie lange und zu welchem Zeitpunkt.[377]
- Bei teilweise gelenkter PA können Inhalt, Material und Zeitspanne vorgegeben, die Aufgabenreihung, Partner- und Platzwahl frei sein. Die Vorgaben und Freiräume lassen sich variieren.
- Offene PA wird meist in Kombination mit anderen Sozialformen oder innerhalb von methodischen Großformen wie Wochenplan oder Freiarbeit angeboten.

---

[376] Vgl. Nuhn, Partnerarbeit als Sozialform des Unterrichts, 1995, 10.
[377] Vgl. ebd., 82 und das Folgende.

3.4.3 Vergleich von PA und GU

Anders als beim GU ist PA auch kurzfristig (5-10 Minuten) durchführbar und gruppendynamisch problemloser.

Gemeinsamkeiten von PA und GU

Wie im GU gibt es

- neben der Vorbereitung und Themenhinführung drei Haupt- und drei Nebenphasen

0. Vorbereitung und Themenhinführung (Plenum)
1. Arbeitsauftrag (AA) festlegen und Verständnis überprüfen (Plenum)
2. Durchführung und Beendigung der PA
3. Ergebnisse der PA präsentieren und PA reflektieren (Plenum)

- arbeitsgleiche oder arbeitsteilige bzw. aufgabengleiche oder -verschiedene Arbeitsaufträge,
- schriftlich und mündlich zu formulierende Arbeitsaufträge,
- ein gemeinsames Ergebnis (sonst wird PA zu verkappter EA),
- grundsätzlich vier Kriterien der Paarbildung (Leistung, soziale Beziehungen, Interessen und Zufall).

Methode: Paarbildung
Meist werden nebeneinandersitzende Nachbarn zu Paaren „erklärt". Diese Methode kann helfen, schnell und motivierend Schülerpaare in anderer Weise zu bilden.
Intention: Paarbildung durch Zufall
Kompetenz: Zu zweit miteinander arbeiten können
Alter: beliebig
Zeit: 5 Minuten
Sozialform: Übergang vom FU zur PA
Material: Fäden oder Kärtchen
Vorgehen:

- Fäden: Die Lehrperson hält ein Bündel gleicher Fäden (halb so viele wie Lernende) so in der Hand, dass deren Enden links und rechts heraushängen, ohne dass man sieht, welches Ende zu welchem gehört. Jede/r Schüler/in nimmt ein Fadenende. Jeder muss eines in der Hand haben. Die zwei, die an einem Faden ziehen, bilden ein Paar.
- Kärtchen: Die eine Hälfte der Klasse schreibt ihren Namen jeweils auf ein Kärtchen. Nachdem diese gemischt wurden, zieht die andere Hälfte ein Kärtchen, so dass sich Paare bilden.

3.4.4 Chancen der PA

Gegenüber FU erlaubt PA

- eine größere Selbständigkeit und Eigentätigkeit der Lernenden,
- eine Vervielfachung der Sprechzeit der Lernenden,
- der Lehrperson, das Verhalten einzelner Paare zu beobachten oder
- sich einzelnen Lernenden zu widmen und
- sich zu entlasten.

Gegenüber GU ist PA

- auch *kurzfristig* (5-10 Minuten) durchführbar und
- *gruppendynamisch problemloser.*

Positive Lernerfolge ergeben sich

- gegenüber der EA, wenn *PA im Wechsel mit EA* durchgeführt wird,
- gegenüber der EA bei *mittelschweren und schwierigen Aufgaben*,
- wenn ein oder beide Partner *soziale Verhaltensweisen aufweisen* (Kontakt zum Partner finden, sich auf ihn einstellen usw.).

Insgesamt wünschen sich Lernende überwiegend gleichstarke Partner, jüngere den Freund.

3.4.5 Ziele der PA

PA kann in allen Unterrichtsphasen umgesetzt werden, beispielsweise wenn

- zwei Lernenden mehr einfallen kann, als einem allein,
- schwierige Fragen durch gemeinsames Überlegen gelöst werden sollen,
- erste Ideen ausgefeilt werden sollen,
- einer dem anderen beim Üben und Einprägen helfen kann,
- einer der beiden Lernenden Hilfe braucht (soziales Lernen).

Unterrichtsbeispiele von PA

Zwei Lernende

- tauschen ihre Meinungen zu einer gestellten Frage aus,
- holen durch ein Interview mit muslimischen Mitschülern Erkundigungen ein, die aufgezeichnet werden,
- bereiten Fragen für ein Interview vor und werten später die Antworten aus,
- sprechen einen Konflikt durch und schreiben einen Dialog für ein Rollenspiel, das u.U. der Klasse vorgeführt wird,
- erschließen einen Text, wobei sie Abschnitte zusammenfassen, Überschriften oder Fragen bzw. einen Schluss formulieren,
- erkunden die Kirchengemeinde, den Friedhof, das Altenheim.

3.4.6 Schülerverhalten während der PA

PA ist eine Sozialform, auf die sich Lernende meist gerne einlassen und die deshalb maßvoll und regelmäßig im Unterricht eingesetzt werden sollte. Manchmal wollen einzelne Lernende aber lieber alleine arbeiten. Die Lehrperson kann dann versuchen, die Motive eines solchen Verhaltens herauszufinden. Die Lernenden müssen in der PA bestimmte Arbeitstechniken lernen bzw. beherrschen:

- etwas gemeinsam einteilen, aufteilen,
- sich verabreden, Kompromisse schließen, nachgeben,
- auf den anderen warten,
- dem anderen weiterhelfen oder selbst um Hilfe bitten.

Die Beherrschung von PA ist die Voraussetzung für anspruchsvollere Vorhaben wie Gruppen-, Wochenplan-, Projekt- oder Freiarbeit.

3.4.7 Lehrerverhalten während der PA

Die Lehrperson geht während der PA im Raum herum,[378] um

- individuelle Hilfen zu geben, wo es nötig ist,
- zu sehen, welche Lösungswege die Lernenden einschlagen,
- herauszufinden, wie sie mit der Arbeit vorankommen.

3.4.8 Hinweise zur Durchführung von PA

Folgende Hinweise können für die Durchführung der PA hilfreich sein:

- Berücksichtigen Sie bei der Paarbildung nach Möglichkeit die Wünsche der Lernenden.
- Beginnen Sie mit den leichten Partner-Arbeitsformen (Sammelaufgaben, Kontrollen) und führen Sie die Lernenden langsam zu schweren Aufgaben (Übungen, Erarbeitungen).
- Setzen Sie anfangs nur kurze Zeit (etwa 5-10 Minuten) für die Partnerarbeit an, und geben Sie zunächst den Partnergesprächen den Vorrang vor den schriftlich auszuführenden Partnerarbeiten.
- Beobachten Sie die partnerschaftliche Haltung der Lernenden ebenso wie die Ergebnisse aus der PA.
- Gewöhnen Sie die Lernenden an leises, rücksichtsvolles Sprechen und Flüstern während der PA.

---

[378] Vgl. Adam, G., Sozialformen des Unterrichts, in: Ders. / Lachmann (Hg.), Methodisches Kompendium, Bd. 1, 2010, 41-55, 52 und das Folgende.

- Planen Sie die Auswertung der PA: Welche Partnergruppen werden drangenommen, die „guten“ oder jene, an deren Fehlern offene Fragen besprochen werden können.

Methode: Partnerinterview[379]
Eine intensivere Form von PA ist das Partnerinterview.
Intentionen: genau zuhören; genau formulieren; Eingehen auf Äußerungen des Partners; Probleme bearbeiten; Lerninhalte wiederholen; Vorwissen und Interessen erfragen; sich gegenseitig kennenlernen. In Entscheidungsprozessen kann das Partnerinterview ein klareres Meinungsbild liefern.
Kompetenzen: auf Partner eingehen können
Alter: ab 10 Jahren
Zeit: je nach Themenstellung
Sozialform: sehr strukturierte PA
Material: von der Lehrperson vorgegebene oder mit den Lernenden erarbeitete Fragen (z.B. schriftlich auf einem Blatt)
Vorgehen: Die Partner befragen sich gegenseitig. So kommen alle Lernenden zu Wort und können zur Lösung beitragen.
Ablauf:
1. Paarbildung
2. Fragerunde: Die Partner stellen sich abwechselnd die ausgemachten Fragen. Der jeweils andere Partner muss sie beantworten. Die Antworten können schriftlich festgehalten werden. Beide Partner können sich in ihren Antworten ergänzen. Das Nachschlagen – z.B. im Schulbuch – ist durchaus möglich.
3. Einbringen der Antworten ins Plenum: Im Plenum können die Antworten unterschiedlich eingebracht werden. Sie werden weiter diskutiert oder es werden Unklarheiten beseitigt.

Hinweise: Weil nur je zwei Lernende miteinander arbeiten, minimieren sich Leistungsängste. Die Antworten müssen wenigstens teilweise im weiteren Unterricht aufgegriffen und thematisiert werden.

[379] Nach Peterßen, Kleines Methoden-Lexikon, 1999, 224-226.

3.5 *Einzelarbeit (EA), Still- oder Alleinarbeit: selbstgesteuert Lernen*

Denkanstoß
Was verbinden Sie persönlich mit EA?

- Die Leistung des Einzelnen muss sich (in Noten) auszahlen!
- Einzelkämpferinnen und Einzelkämpfer als Besserwisser gegen den Rest der Lerngruppe!
- Jede/r kann sich selbstverantwortlich, ohne Zeitdruck mit dem Lerngegenstand auseinandersetzen!
- Einzelne können Tagträumen, langweilen sich.
- Als Lehrperson habe ich wenigstens eine Weile Ruhe in der Lerngruppe.
- Arbeitsgleiche Einzelergebnisse werden miteinander überprüft.
- Arbeitsteilige Einzelergebnisse werden zu einem Gesamtergebnis zusammengefügt.

Arbeitshinweise
Schätzen Sie ein, welche Auswirkungen Ihr Vorverständnis auf Ihren Einsatz von EA im Unterricht hat.

3.5.1 Definition der EA

Jeder Schüler bzw. jede Schülerin arbeitet einzeln, für sich allein an einer Aufgabe und zwar möglichst selbständig, selbstverantwortlich und selbstgesteuert. Dabei können Lernende im Klassenraum nebeneinandersitzen oder isoliert sein (i.d.R. bei Hausaufgaben, am Computer).

3.5.2 Zwei Grundformen der EA

In *EA als bloßer Stillbeschäftigung* wird schriftlich zusammengefasst, wiedergegeben, abgeschrieben, geübt. Veranlasst wird sie oft aus organisatorischen Gründen, da die Lehrperson nicht allen Lernenden gleichzeitig zur Verfügung stehen kann.

Produktive EA zielt auf selbständig und aktiv erarbeiteten (Er)Kenntnisgewinn, der den individuellen Fähigkeiten und dem Leistungsstand der einzelnen gerecht wird (Individualisierung), wobei ein Lernfortschritt feststellbar ist. So können z.B. schwächere Lernende gezielt gefördert oder Lernende mit breitem religiösem Wissen weiter vorwärtsgebracht werden.

3.5.3 EA im Unterrichtsprozess

EA kann in verschiedenen Unterrichtsphasen eingesetzt werden:

- *EA als Vorarbeit* vor der Themeneinführung im Plenum aktiviert das individuelle Vor-Wissen, die Vor-Urteile (eigene Konstruktionen zum Lerngegenstand) der Lernenden. Sie erarbeiten Probleme, Lösungsmöglichkeiten oder bestimmte Kenntnisse. Vorbereitende EA regt eigenes Nachdenken und selbstständiges Arbeiten an.

Beispiele

- Erzähle, was du über jüdische Mitmenschen und ihr Schicksal weist, denkst!
- Forsche nach, was deine Großeltern, Eltern, Nachbarn zu diesem Thema erzählen können! (Judentum)!
- Sammle Informationen über die Umweltzerstörung (Schöpfung) usw.

- *EA als Nacharbeit* ist primär Reproduktion des Behandelten und dient v.a. der Wiederholung, Übung und Festigung. Langweiliges Wiederholen wird unterbrochen, wenn die Lernenden ihre eigenen Vorstellungen zum Thema, ihre eigenen Konstruktionen mit dem Gelernten verbinden und überprüfen können.

Beispiel
Stehen für dich die Schöpfungserzählungen der Bibel mit der Urknall- oder Evolutionstheorie in einer Verbindung?

- *EA als Weiterarbeit* schließt sich an den Unterricht an und ergänzt das im Unterricht Erarbeitete.

Beispiel
Einzelne Lernende engagieren sich in oder außerhalb der Schule beim Verkauf von Fairtrade-Produkten.

3.5.4 Fähigkeiten und Fertigkeiten der Lernenden für EA

Grundlegend ist, dass Lernende Fähigkeiten und Fertigkeiten für das selbstständige Aneignen von Wissen lernen bzw. beherrschen. Sich selbst steuernde Lernende

- *setzen sich selbst Ziele*, die sie als persönlich bedeutsam erachten. Deshalb sind sie motiviert und lernbereit. Sie wissen, warum sie lernen und glauben, dass sie die Ziele erreichen.

Hinweis: Für die Lernenden muss der Zusammenhang mit dem übrigen Unterricht einsichtig und sinnvoll sein.

- *wissen, wie sie erfolgreich lernen* (Lernstrategien). Sie haben auch Strategien, um bei Problemen neue Wege zu finden,

Hinweis: Jüngeren Lernenden sollte der Strategiegebrauch vorgemacht werden.

- *beobachten ihre eigenen Lernfortschritte* und vergleichen sie mit den selbst gesetzten Zielen,

Hinweis: Lernende mit geringeren metakognitiven Fähigkeiten wie Selbstbeobachtung und -bewertung sollten bei der Kontrolle des Lernfortschritts unterstützt werden.

- haben ein effektives Zeitmanagement und wählen bzw. gestalten die geeignete Lernumgebung. Sie *nutzen materielle Lernmittel und soziale Ressourcen*, z.B. Lehrpersonen, Eltern, Klassenkameraden, die ihnen weiterhelfen können.

Hinweis: Das Ausmaß, mit dem die Eltern die Autonomie ihrer Kinder unterstützen, wirkt sich entscheidend auf die Entwicklung selbststeuernder Kompetenzen aus.

Arbeitshinweis

- Wie kann der RU dazu beitragen, dass Lernende sich diese Fähigkeiten aneignen?
- Wie können Schule und Familie hier zusammenarbeiten?

3.5.5 Methodische Hinweise: Durchführung der EA

Um Lernenden fruchtbare und ungestörte EA zu ermöglichen, sollten Lehrpersonen

- eindeutige Unterrichtsregeln mit den Lernenden verabreden,
- den Lernenden die Qualität ihrer Arbeit und ihrer Arbeitsweise rückmelden (engl. *mentoring*),
- interessante, lohnende und ausreichende Arbeitsaufträge sowie Hinweise geben, die keinen Leerlauf entstehen lassen,
- motivierende Arbeitsmaterialien auswählen,
- Maßnahmen ergreifen, die erforderlich sind, um den ungestörten Ablauf des Unterrichts zu gewährleisten.

3.6 Überblick zu den Sozialformen

Zusammenfassung
Sozialformen können gleichzeitig ablaufende Prozesse der Beziehungsgestaltung auf der Ebene des Individuums, eines Paares, einer (Klein)Gruppe und einer Klasse strukturieren helfen. Diese Prozesse sind immer mit den übrigen didaktischen Überlegungen zu verbinden.

Sozial-form	**FU**	**GU**	**PA**	**EA**
Kom-munika-tion	*lehrerzentrierte* Kommunikation kann Rezeptivität fördern	hohe Kommunikationsdichte kann *kommunikative Kompetenz* fördern	Überschaubare Zweierkommunikation ermöglicht *erste Kooperationen.*	Von emotionalen Einflüssen befreit kann *hohe Selbstdisziplin* erlernt werden
Steue-rung	hohe Lehrersteuerung und -verantwortung → *Versorgungsdenken*	Durch Schülerselbstregulation in Gruppen wird *soziales Lernen* möglich.	Bedingte Schülerselbstregulation ermöglicht *anfanghaftes soziales Lernen.*	Hohe Selbststeuerung ermöglicht *hohe Individualisierung.*
geeignete Inhalte	*reproduktives Wissens*	Nur über *produktive Prozesse* erschließbare Inhalte.	Inhalte, die *Einzelne überfordern.*	v.a. *üben und wiederholen* von Inhalten.
formelle Rang-ordnung	autoritativ bis autoritär → Gefahr der *Unterordnung* unter Lehrende	Gleichberechtigung ermöglicht *demokratisches Handeln/ Teamfähigkeit*	Zweierbeziehung ermöglicht *relativ wenig soziale Konflikte.*	Frei von sozialen Bindungen, werden *Leistung und Wettbewerb* gestärkt.
Erarbei-tung	durch Lehrperson *kleinschrittig vorgegeben.*	*Ergebnisoffenere Problembearbeitung* ist möglich.	*erweitert EA bereitet auf GU vor*	Abgleich mit *eigenen Konstruktionen* der Inhalte.
Öffent-lichkeit	Handeln vor der gesamten Klasse → *(soziale) Kontrolle*	in GA eher gering → ermöglicht initiatives Handeln im *Experimentierraum*	*Erprobungsraum*	*Schon- oder Leistungsraum* ohne Möglichkeit zum Austausch

Abb. 32: Überblick über Chancen der Sozialformen in Abhängigkeit von den Voraussetzungen

Schluss

In der Schule von heute Religion zu unterrichten, ist meist fordernd. Idealisierende Vorstellungen würden überfordern. Lehrkräfte tun gut daran, sich ein realitätsbezogenes Bild von der Wirklichkeit zu machen: von sich, den Lernenden, dem Unterricht in einer bestimmten Schule. Religion zu unterrichten bringt unterschiedliches mit sich: Freude und Erfüllung ebenso, wie Schwierigkeiten und Belastungen, Erfolge und Chancen ebenso, wie Misserfolge und Gefahren.

‚Läuft' es mal nicht so ‚rund', dann finden Sie in diesem Buch Anregungen, um Abhilfe zu schaffen – zumindest auf der grundlegenden, zeitlichen und kommunikativen Ebene. Auf dieser Basis werden im zweiten Band viele konkrete Unterrichtsmethoden thematisiert, präzisiert und beispielhaft konkretisiert.

Ich wünsche Ihnen viel Freude beim Unterrichten!

Literaturverzeichnis

Adam, G., Sozialformen des Unterrichts, in: Ders. / Lachmann (Hg.), Methodisches Kompendium, Bd. 1, 2010, 41-55.

Adam, G. / Lachmann, R. (Hg.), Methodisches Kompendium für den Religionsunterricht, Bd. 1, 5. Aufl. Göttingen 2010.

Adam, G. / Lachmann, R. (Hg.), Methodisches Kompendium für den Religionsunterricht, Bd. 2, 3. Aufl. Göttingen 2010.

Allemann-Ghionda, C. / Terhart, E. (Hg.), Kompetenzen und Kompetenzentwicklung von Lehrerinnen und Lehrern. Ausbildung und Beruf (51. Beiheft der Zeitschrift für Pädagogik), Weinheim 2006.

Altmeyer, S. / Grümme, B., Unentdeckte Potentiale. Zur Bourdieu-Rezeption in der Religionspädagogik, in: Kreutzer, A. / Sander, H.-J. (Hg.), Religion und soziale Distinktion. Resonanzen Pierre Bourdieus in der Theologie, Freiburg i.B. 2018, 248-267.

Bahr, M., Planungsschemata: Zwischen Gebundenheit und Offenheit, in: Hilger u.a., Religionsdidaktik, 2015, 513-524.

Bauch, W. / Katzenbach, M. / Maitzen, C., Auf dem Weg zum kompetenzorientierten Unterricht – Lehr- und Lernprozesse gestalten. Ein Prozessmodell zur Unterstützung der Unterrichtsentwicklung, Frankfurt a.M. 2011.

Baumann, U. / Englert, R. u.a., Religionsdidaktik. Praxishandbuch für die Sekundarstufe I und II, Berlin 2005.

Baumert, J. / Kunter, M., Das Kompetenzmodell von COACTIV, in: Kunter, M. u.a. (Hgg.), Professionelle Kompetenz von Lehrkräften. Ergebnisse des Forschungsprogramms COACTIV, Münster 2011, 29-53.

Baumert, J. / Kunter, M., Stichwort: Professionelle Kompetenz von Lehrkräften, in: Zeitschrift für Erziehungswissenschaft 9 (4/2006), 469-520.

Beck, K. / Krapp, A., Wissenschaftstheoretische Grundfragen der Pädagogischen Psychologie, in: Krapp, A. / Weidenmann, B. (Hg.), Pädagogische Psychologie. Ein Lehrbuch, 5. vollst. überarb. Aufl., Weinheim 2006, 33-73.

Benner, D. u.a., Ein Modell domänenspezifischer religiöser Kompetenz. Erste Ergebnisse aus dem DFG-Projekt RU-Bi-Qua, in: Ders. (Hg.), Bildungsstandards. Instrumente zur Qualitätssicherung im Bildungswesen. Chancen und Grenzen – Beispiele und Perspektiven, Paderborn u.a. 2007, 141-156.

Blankertz, H., Theorien und Modelle der Didaktik, 4. Aufl. München 1970 (1969).

Blömeke, S., Lehrerausbildung – Lehrerhandeln – Schülerleistungen. Perspektiven nationaler und internationaler empirischer Bildungsforschung, Berlin 2005.

Bloß, W. u.a., Handlungstheorie. Eine Einführung, Bielefeld 2013.

Bönsch, M., Die Grundposition. Demokratische Didaktik, in: Ders., Unterrichtsmethoden, 2006, 4-22.

Boschki, R., Einführung in die Religionspädagogik. 3., komplett überarb. u. kor. Aufl. Darmstadt 2017.

Bourdieu, P., Entwurf einer Theorie der Praxis auf der ethologischen Grundlage der kabylischen Gesellschaft, Frankfurt a.M. 1976.

Brieden, N., Sozialformen, in: WiReLex 2015 (http://www.bibelwissenschaft.de/stichwort/100033/, letzter Zugriff: 30.06.2018).

Brieden, N. / Heger, J., Handlungswissenschaft, in: WiReLex (2018), (https://www.bibelwissenschaft.de/stichwort/200258/, letzter Zugriff 06.02.2018).

Brieden, N. / Reis, O. (Hg.), Glaubensreflexion – Berufsorientierung – theologische Habitusbildung. Der Einstieg ins Theologiestudium als hochschuldidaktische Herausforderung, Berlin u.a. 2018.

Brinkmann, F. T., Religionspädagogik. Ein Studienbuch, Stuttgart 2012.

Bromme, R., Der Lehrer als Experte. Zur Psychologie des professionellen Wissens, Bern 1992.
Bucher, A. A., Überlegungen zu einer Metatheorie der Religionspädagogik, in: Religionspädagogische Beiträge 51/2003, 21-36.
Burrichter, R., In komplexen Unterrichtssituationen handeln – zur theologisch-religionspädagogischen Kompetenz, in: Dies. u.a., Professionell Religion unterrichten. Ein Arbeitsbuch, Stuttgart 2012, 72-89.
Büttner, G. / Dieterich, V.-J., Entwicklungspsychologie in der Religionspädagogik, 2. durchges. u. akt. Aufl. Göttingen 2016.
Büttner, G. / Reis, O., Welche (religiösen) Praktiken erzeugt der RU? In: KatBl 143 (4/2018), 313-317.
Büttner, G. / Dieterich, V.-J. / Roose, H., Einführung in den Religionsunterricht. Eine kompetenzorientierte Didaktik, Stuttgart 2015.
Cortina, K. S.: Psychologie der Lernumwelt, in: Krapp, A. / Weidenmann, B. (Hg.): Pädagogische Psychologie. Ein Lehrbuch, 5. vollst. überarb. Aufl. Weinheim 2006, 477-524.
Dann, H. D. / Diegritz, Th. / Rosenbusch, H. S., Gruppenunterricht als Prozess interaktiven Handelns, in: Dies., Gruppenunterricht im Schulalltag: Realität und Chancen, Erlangen-Nürnberg 1999, 1-22.
Die deutschen Bischöfe, Der Religionsunterricht vor neuen Herausforderungen, Bonn 2005.
Dieterich, J. (Hg.), Tony Rinaudo – der Waldmacher, Zürich 2018.
Dieterich, V.-J., Die Entwicklung domänenspezifischer religiöser Stile, in: Religionspädagogische Beiträge 73/2015, 5-14.
Dörpinghaus, A. / Poenitsch, A. / Wigger, L., Einführung in die Theorie der Bildung, 5. Aufl. Darmstadt 2013.
Drehsen, V. / Mette, N., Sozialisation (religiöse), in: Mette, N. / Rieckers, F. (Hg.), Lexikon der Religionspädagogik. Bd. 2, Neukirchen-Vluyn 2001, Sp. 2007-2015.
Dressel, B., Bildungstheorie, in: WiReLex 2017 (https://www.bibelwissenschaft.de/stichwort/100224/, letzter Zugriff 30.06.2018).
Eder, F., Schul- und Klassenklima, in: Rost, D. H. (Hg.), Handwörterbuch Pädagogische Psychologie, 4. überarb. u. erw. Aufl. Weinheim 2010, 694-703.
Englert, R., Religion gibt zu Denken. Eine Religionsdidaktik in 19 Lehrstücken, München 2013.
Englert, R., Ein Lehrer, der lehrt – schockierend? In: KatBl 135 (2010), 330-336.
Englert, R., Religionspädagogische Grundfragen. Anstöße zur Urteilsbildung, Stuttgart u.a. 2007.
Englert, R., Wissenschaftstheorie der Religionspädagogik, in: Ziebertz, H.-G. / Simon, W. (Hg.), Bilanz der Religionspädagogik, Düsseldorf 1995, 147-174.
Englert, R. / Hennecke, E. / Kämmerling, M., Innenansichten des Religionsunterrichts. Fallbeispiele – Analysen – Konsequenzen, München 2014.
Feige, A., Die religionskulturelle Vermittlungssituation des schulischen Religionsunterrichts, in: Ders. u.a., ‚Religion' bei ReligionslehrerInnen. Religionspädagogische Zielvorstellungen und religiöses Selbstverständnis in empirisch-soziologischen Zugängen, Münster u.a. 2000, 15-32.
Feiter, R., Antwortendes Handeln. Praktische Theologie als kontextuelle Theologie (Theorie und Praxis 14), Münster u.a. 2002.
Forschungsgruppe „Religion und Gesellschaft": Werte – Religion – Glaubenskommunikation. Eine Evaluationsstudie zur Erstkommunionkatechese, Wiesbaden 2015.
Fried, L., Polyvalenz und Professionalität, in: Blömeke, S. u.a. (Hg.), Handbuch Lehrerbildung, Bad Heilbrunn u.a. 2004, 232-242.
Fried, L., Pädagogisches Professionswissen und Schulentwicklung, Weinheim 2002.

Frisch, M., Tagebuch 1946 – 1949, Frankfurt a.M. 1985.
Fürst, C., Die Rolle der Lehrkraft im Gruppenunterricht, in: Dann u.a., Gruppenunterricht 1999, 107-146.
Fürst, W., Praktisch-theologische Urteilskraft. Auf dem Weg zu einer symbolisch-kritischen Methode der Praktischen Theologie, Zürich u. a. 1986.
Gadamer, H.-G., Wahrheit und Methode, Tübingen 1960.
Gärtner, C. (Hg.), Religionspädagogische Entwicklungsforschung. Lehr-Lernprozesse im Religionsunterricht initiieren und erforschen, Stuttgart 2018.
Gärtner, C., Religionsunterricht – ein Auslaufmodell? Begründungen und Grundlagen religiöser Bildung in der Schule, Paderborn 2015.
Gennerich, C. / Riegel, U., Wissenschaftstheorie, in: WiReLex (2015) (https://www.bibelwissenschaft.de/stichwort/100001/, letzter Zugriff 30.06.2018).
Giesecke, H., Pädagogik als Beruf. Grundformen pädagogischen Handelns. 7. Aufl. Weinheim / München 2000.
Gogolin, I. / Hannover, B. / Scheunpflug, A. (Hg.), Evidenzbasierung in der Lehrkräftebildung (Edition der Zeitschrift für Erziehungswissenschaft), Wiesbaden 2018.
Grell, J. / Grell, M., Unterrichtsrezepte, 12. Aufl. Weinheim, Basel 2010.
Grethlein, C., Fachdidaktik Religion, Göttingen 2005.
Greving, J. / Paradies, L., Unterrichts-Einstiege. Ein Studien- und Praxisbuch, Berlin 1997.
Groeben, N. u.a., Forschungsprogramm Subjektive Theorien. Eine Einführung in die Psychologie des reflexiven Subjektes, Tübingen 1988.
Grümme, B., Heterogenität in der Religionspädagogik. Grundlagen und konkrete Bausteine, Freiburg i.B. 2017.
Grümme, B., Ein Desiderat der Religionslehrerforschung, in: Katechetische Blätter 141 (2016), 136-142.
Grümme, B., Welche Theologie brauchen Religionslehrkräfte? Zur Frage guter Theologie, in: Burrichter, R. u.a., Professionell Religion unterrichten. Ein Arbeitsbuch, Stuttgart 2012, 90-106.
Grunder, H.-U., Das Bild der Lehrkraft und dessen Impulse für die Professionalisierung von Lehrerinnen und Lehrern. In: Zeitschrift für Pädagogik und Theologie 68 (2016), 178-190.
Gudjons, H., Didaktik zum Anfassen, Bad Heilbrunn 1997.
Gudjons, H., Frontalunterricht neu entdeckt. Integration in offene Unterrichtsformen, 3., akt. Aufl. Bad Heilbrunn 2011.
Haag, L., Integration und Konsequenzen der Untersuchung, in: Dann u.a. Gruppenunterricht 1999, 301-329.
Hahn, M. / Schulte, A., Kompetenzorientiert Religionsunterricht planen – aber wie? In: Theo-Web. Zeitschrift für Religionspädagogik 13 (1/2014), 125-139, (http://www.theo-web.de/zeitschrift/ausgabe-2014-01/13.pdf, letzter Zugriff: 30.06.2018).
Handke, U., Der Mutmacher. Ratgeber für den pädagogischen Berufseinstieg, Berlin Neuauflage 2008.
Hanisch, H., Unterrichtsplanung im Fach Religion, 2. Aufl. Göttingen 2011.
Hartmann, U. / Decristan, J. / Klimme, W., Unterricht als Feld evidenzbasierter Bildungspraxis? In: Baumert, J. / Tillmann, K.-J. (Hg.), Empirische Bildungsforschung. Der kritische Blick und die Antwort auf die Kritiker (ZfE Sonderheft 31), Wiesbaden 2016, 179-199.
Hattie, J., Lernen sichtbar machen für Lehrpersonen, Baltmannsweiler 2014.
Hattie, J., Lernen sichtbar machen. Überarbeitete deutschsprachige Ausgabe von Visible Learning besorgt von W. Beywl und K. Zierer, Baltmannsweiler 2013.
Hattie, J. / Zierer, K., Kenne deinen Einfluss! Baltmannsweiler 2016.

Heil, S., Der professionelle religionspädagogische Habitus, in: Ders. / Riegger, Der religionspädagogische Habitus. Professionalität und Kompetenzen entwickeln – mit innovativen Konzepten für Studium, Seminar und Beruf, Würzburg 2017, 9-32.
Heil, S., Professionelle Simulation. Ein neues Konzept zur Professionalisierung des religionspädagogischen Habitus, in: Riegger, M. / Ders. (Hg.), Professionelle Simulation. Habitusbildung in religionspädagogischen Handlungsfeldern. Konzept – Diskurs – Praxis, Würzburg 2017.
Heil, S., Korrelation, in: WiReLex 2015 (https://www.bibelwissenschaft.de/stichwort/100015/, letzter Zugriff: 13.06.2018).
Heil, S., Religionsunterricht professionell planen, durchführen und reflektieren, Stuttgart 2013.
Heil, S. / Riegger, M., Der religionspädagogische Habitus. Professionalität und Kompetenzen entwickeln – mit innovativen Konzepten für Studium, Seminar und Beruf, Würzburg 2017.
Heindel, C. / Paintner, A. (Hg.), Katholische Religion. Didaktik für die Grundschule, Berlin 2015.
Heller, T. / Käbisch, D. / Wermke, M., Repetitorium Religionspädagogik, Tübingen 2012.
Helmke, A., Unterrichtsqualität erfassen, bewerten, verbessern, Seelze 2003.
Helmke, A. / Weinert, F. E., Bedingungsfaktoren schulischer Leistungen, in: Enzyklopädie der Psychologie. Bd. 3., Göttingen (Hogrefe) 1997, 71-176.
Helsper, W., Eine Antwort auf Jürgen Baumerts und Mareike Kunters Kritik am strukturtheoretischen Professionsansatz, in: Zeitschrift für Erziehungswissenschaft 10 (4/2007), 567-579.
Hilger, G., Korrelationen entdecken und deuten, in: Ders. u.a., Religionsdidaktik, 2015, 344-354.
Hilger, G. / Ritter, W. u.a., Religionsdidaktik Grundschule. Handbuch für die Praxis des evangelischen und katholischen Religionsunterrichts, Neuausgabe München / Stuttgart 2014.
Juen, M., Die ersten Minuten des Unterrichts. Skizzen einer Kairologie des Anfangs aus kommunikativ-theologischer Perspektive. Münster u.a. 2013.
Kaiser, A., Der Überblick. Vielfältige Methoden für zukünftigen Unterricht, in: Bönsch, M., Unterrichtsmethoden – kreativ und vielfältig, 2. Aufl. Baltmannsweiler 2006 (Bd. 1 der Reihe Basiswissen Pädagogik: Unterrichtskonzepte und -techniken. Hg. v. Bönsch, M. / Kaiser, A.), 23-59.
Kalloch, C. / Leimgruber, S. / Schwab, U., Lehrbuch der Religionsdidaktik. Für Studium und Praxis in ökumenischer Perspektive, 3., vollst. überarb. u. akt. Aufl. 2014.
Kant, I., Kritik der reinen Vernunft (KrV), hg. v. Jens Timmermann, Hamburg 2003.
Kant, I., Kritik der Urteilskraft (KdU), hg. v. Heiner F. Klemme, Hamburg 2003.
Karsch, M. / O. Arnold, O., Kooperatives Lernen im kompetenzorientierten Religionsunterricht, Göttingen 2014.
Kaspari, T., Das Eigene und das Fremde. Phänomenologische Grundlegung evangelischer Religionsdidaktik, Leipzig 2010.
Keller, J. M., Motivational Design für Learning and Performance. The ARCS Model Approach, New York 2010.
Kiehl, J., Der schriftliche Unterrichtsentwurf, in: Noormann, H. / Becker, U. / Trocholepczy, B. (Hg.), Ökumenisches Arbeitsbuch Religionspädagogik, 3., akt. u. erw. Aufl. Stuttgart 2007, 247-261.
Kindermann, K. / Riegel, U., Subjektive Theorien von Lehrpersonen. Variationen und methodische Modifikationen eines Forschungsprogramms, in: Forum: Qualitative Sozialforschung 17 (2/2016), Art. 1 (http://www.qualitative-research.net/index.php/fqs/article/view/2486/3970, letzter Zugriff: 30.06.2018).
Klafki, W., Studien zur Bildungstheorie und Didaktik, Weinheim / Berlin / Basel 1963 (erstmals 1958).

Klafki, W., Zum Verhältnis von Didaktik und Methodik, in: ders. / Otto, G. / Schulz, W. (Hg.), Didaktik und Praxis, Weinheim und Basel 1977, 13-39.
Klafki, W., Von der bildungstheoretischen Didaktik zu einem kritisch-konstruktiven Bildungsbegriff – Dialog mit W. Klafki, in: Born, W. / Otto, G. (Hg.), Didaktische Trends, München 1978, 49-83.
Klieme, E. u.a., Zur Entwicklung nationaler Bildungsstandards, Bonn, Berlin 2007, 72 (https://www.bmbf.de/pub/Bildungsforschung_Band_1.pdf, letzter Zugriff: 30.06.2018).
Klippert, H., Besser lernen. Kompetenzvermittlung und Schüleraktivierung im Schulalltag, Stuttgart 2008.
Knoblauch, C., Erziehung, in WiReLex (2017) (http://www.bibelwissenschaft.de/stichwort/100306/, letzter Zugriff: 30.06.2018).
Koehler, M. J. / Mishra, P. u.a., The Technological Pedagogical Content Knowledge Framework, in: Spector, J. M. et. Al. (Eds), Handbook of Research on Educational Communications and Technology, 5ed New York 2014, 101-111.
Könemann, J. / Sajak, C. P. / Lechner, S., Einflussfaktoren religiöser Bildung. Eine explorative Studie, Wiesbaden 2017.
König, O. / Schattenhofer, K., Einführung in die Gruppendynamik, 8. Aufl. Heidelberg 2016.
Kostka, M. / Köster, P., Kompetent unterrichten. Ein Praxisbuch für das Referendariat, Stuttgart 2005.
Kropač, U., Biblisches Lernen, in: Hilger u.a., Religionsdidaktik, 2015, 416-433.
Kunstmann, J., Subjektorientierte Religionspädagogik. Plädoyer für eine zeitgemäße religiöse Bildung, Stuttgart 2018.
Ders., Religionspädagogik. Eine Einführung, 2., überarb. Aufl. Tübingen 2010.
Lachmann, R. / Rothgangel, M., Verständnis und Aufgaben religionsunterrichtlicher Fachdidaktik, in: Rothgangel, M. / Adam, G. / Lachmann, R. (Hg.), Religionspädagogisches Kompendium, 8., grundl. neu bearb. u. erg. Aufl. Göttingen 2013, 35-52.
Lämmermann, G., Religionsdidaktik. Bildungstheologische Grundlegung und konstruktiv-kritische Elementarisierung, Stuttgart 2005.
Lämmermann, G., Grundriss der Religionsdidaktik. 2., durchges. u. erg. Aufl. Stuttgart 1998.
Lämmermann, G. / Naurath, E. / Pohl-Patalong, U., Arbeitsbuch Religionspädagogik, Gütersloh 2005.
Lämmermann, G. / Platow, B. (Hg.), Evangelische Religion. Didaktik für die Grundschule, Berlin 2014.
Langenhorst, G., Kinder brauchen Religion. Orientierung für Erziehung und Bildung, Freiburg i.B. 2014.
Lehner-Hartmann, A., Religiöses Lernen. Subjektive Theorien von ReligionslehrerInnen (Praktische Theologie heute, Bd. 133), Stuttgart 2014.
Lehnhart, H., Unterrichtsentwurf (http://www.bibelwissenschaft.de/stichwort/100036/, letzter Zugriff: 30.06.2018)
Leimgruber, S. / Ziebertz, H.-G., Religionsdidaktik als Wissenschaft, in: Hilger / Dies., Religionsdidaktik, München 2015, 29-40.
Lenhard, H., Unterrichtsplanung, in: WiReLex 2016 (https://www.bibelwissenschaft.de/stichwort/100131/, letzter Zugriff: 30.06.2018).
Lenhard, H., Kompetenzorientierter Religionsunterricht, in: WiReLex (2015) (http://www.bibelwissenschaft.de/stichwort/100016/, letzter Zugriff: 30.06.2018).
Leutner, D., Instruktionspsychologie, in: Rost, D. H. (Hg.), Handwörterbuch Pädagogische Psychologie, 4. erw. u. überarb. Aufl. Weinheim 2010, 289-298.
Lindner, H., Kompetenzorientierte Fachdidaktik Religion, Göttingen 2012.
Lipowsky, F., Auf den Lehrer kommt es an. Empirische Evidenzen für Zusammenhänge zwischen Lehrerkompetenzen, Lehrerhandeln und dem Lernen der Schüler, in: Allemann-Ghionda, C. / Terhart, E. (Hg.), Kompetenzen und Kompetenzentwicklung von

Lehrerinnen und Lehrern. Ausbildung und Beruf (51. Beiheft der Zeitschrift für Pädagogik), Weinheim 2006, 47-70.
Mandl, H., Lernumgebungen problemorientiert gestalten – Zur Entwicklung einer neuen Lernkultur, in: Jürgens, E. / Standop, J (Hg.), Was ist „guter“ Unterricht? Bad Heilbrunn 2010, 19-38.
Mendl, H., Religionsdidaktik kompakt. Für Studium, Prüfung und Beruf, 6., überarb. u. erw. Aufl. München 2018.
Mendl, H., Schlusssequenzen, in: KatBl 142 (2016), 172-177.
Mendl, H., Kompetenzen, religionspädagogische, in: WiReLex 2015 (https://www.bibelwissenschaft.de/stichwort/100086/, letzter Zugriff: 30.06.2018).
Mendl, H., Lehr- und Lernprozesse analysieren und bewerten – zur Evaluationskompetenz, in: Burrichter, R. u.a., Professionell Religion unterrichten. Ein Arbeitsbuch, Stuttgart 2012, 173-187.
Mendl, H., Praxis – Gegenstand, Ort und Ziel religionspädagogischer Theorie. Einige Klärungen zur Bedeutung von Praxis für die Religionspädagogik, in: Katechetische Blätter 132 (3/2007), 208-215.
Mette, N., Einführung in die katholische Praktische Theologie, Darmstadt 2005.
Mette, N., Zwischen Handlungs- und Wahrnehmungswissenschaft – zum handlungstheoretischen Ansatz der Praktischen Theologie. Pastoraltheologische Informationen 22 (2002), 28-31.
Meyer, H., Unterrichtsmethoden. Bd. 1: Theorieband, 16. Aufl. Berlin 2016.
Meyer, H., Schulpädagogik. Bd. 1, Berlin 1997.
Meyer, I., „Todesanzeige Jesu Christi“. Eine Anforderungssituation zur kompetenzorientierten Gestaltung des Kursthemas „Glaube an Jesus Christus in der Sekundarstufe II., in: Lokumer Pelikan 3/2013, 127-130, (www.rpi-loccum.de/dms/rpi_loccum/Materialpoo/Pelikan/Pelikanhefte/pelikan3-13.pdf, letzter Zugriff: 30.06.2018).
Michalke-Leicht, W., Didaktischer Perspektivenwechsel, in: Ders. (Hg.): Kompetenzorientiert unterrichten. Das Praxisbuch für den Religionsunterricht, München 2011, 10-22.
Michalke-Leicht, W., Lernsequenz, in: Ders. (Hg.), Kompetenzorientiert unterrichten. Das Praxisbuch für den Religionsunterricht, München 2011, 78-83.
Niehl, F. W. / Thömmes, A., 212 Methoden für den Religionsunterricht, Neuausgabe München 2014.
Noormann, H. / Becker, U. / Trocholepcz, B. (Hg.), Ökumenisches Arbeitsbuch Religionspädagogik, 3. Aufl. Stuttgart 2000.
Nuhn, H.-E., Partnerarbeit als Sozialform des Unterrichts, Weinheim u.a. 1995.
Nürnberger Projektgruppe, Erfolgreicher Gruppenunterricht. Praktische Anregungen für den Schulalltag, Stuttgart 2007.
Obst, G.: Kompetenzorientiertes Lehren und Lernen im Religionsunterricht, 3. Aufl. Göttingen 2010.
Obst, G.: Anforderungssituationen als Ausgangspunkt kompetenzorientierten Lehrens und Lernens im Religionsunterricht. Ein Werkstattbericht aus der Praxis des Religionsunterrichts in der Sekundarstufe II, Feindt, A. u.a. (Hg.), Kompetenzorientierung im Religionsunterricht. Befunde und Perspektiven, Münster u.a. 2009, 181-196
Obst, G. / Rothgangel, M.: Kompetenzorientierte Religionspädagogik, in: Grümme, B. u.a. (Hg.), Religionsunterricht neu denken. Innovative Ansätze und Perspektiven der Religionsdidaktik. Ein Arbeitsbuch, Stuttgart u.a. 2012, 185-187.
Oelkers, J., Theorie und Praxis? Eine Analyse grundlegender Modellvorstellungen pädagogischer Wirksamkeit, in: Neue Sammlung 24 (1984), 19-39.
Op’T Eynde, P. / de Corte, E. / Verschaffel, L., Framing students’ mathematics-related beliefs: A quest for conceptual clarity and a comprehensive categorization, in: Leder,

G. / Pehkonen, E. / Toerner, G. (Hg.), Beliefs – a hidden variable in mathematics education? Dordrecht 2002, 13-38.
Orth, G., Annäherung an Jesus Christus, in: Wermke, M. / Rothgangel, M. (Hg.): Religion in der Sekundarstufe II. Ein Kompendium, Göttingen 2006, 228-236.
Orth, P., Formen der Stundeneröffnung, in: KatBl 126 (2001), 52-61.
Papst Franziskus: Apostolische Konstitution. Veritatis gaudium. Über die kirchlichen Universitäten und Fakultäten, Rom 27.12.2018.
Paradies, L., Stufung des Unterrichts, in: Arnold, K.-H. / Sandfuchs, U. / Wiechmann, J. (Hg.), Handbuch Unterricht, 2. Aufl. Bad Heilbrunn 2009, 197-200.
Peterßen, W. H., Lehrbuch Allgemeine Didaktik, 6., völlig veränderte, aktualisierte und stark erweiterte Aufl. München 2001.
Peterßen, W. H., Kleines Methoden-Lexikon. München 1999.
Peukert, H., Erziehungswissenschaft – Religionswissenschaft – Theologie – Religionspädagogik. Eine spannungsgeladene Konstellation unter den Herausforderungen einer geschichtlich neuartigen Situation, in: Groß, E. (Hg.), Erziehungswissenschaft, Religion und Religionspädagogik, Münster 2004, 51-91.
Pirner, M. L., Religiosität und Lehrerprofessionalität. Ein Literaturbericht zu einem vernachlässigten Forschungsfeld, in: Zeitschrift für Pädagogik 59 (2/2013), 201-218.
Pirner, M. L. / Scheunpflug, A. / Kröner, S., Religiosität und Professionalität von (Religions-)Lehrerinnen und Lehrern. Einblicke in eine Forschungswerkstatt, in: Religionspädagogische Beiträge 74/2016, 81-92.
Porzelt, B., Grundlegung religiöses Lernen. Eine problemorientierte Einführung in die Religionspädagogik, 2., durchges. Aufl. Bad Heilbrunn 2013.
Prenzel, M. / Gogolin, I. / Krüger, H.-H. (Hg.), Kompetenzdiagnostik (Sonderband 8/2007 der Zeitschrift für Erziehungswissenschaft), Wiesbaden 2008.
Proske, M., Das soziale Gedächtnis des Unterrichts. Eine Antwort auf das Wirkungsproblem der Erziehung? In: ZfP 55 (5/2009), 796-814.
Ralle, B. u.a., Einleitung, in: Ders. u.a. (Hg.): Lernaufgaben entwickeln, bearbeiten und überprüfen. Ergebnisse und Perspektiven der fachdidaktischen Forschung, Münster u.a. 2014, 9-11.
Rambow, R. / Bromme, R., Was Schöns „reflective practitioner" durch die Kommunikation mit Laien lernen könnte, in: Neuweg, G. H. (Hg.). Wissen, Können, Reflexion. Ausgewählte Verhältnisbestimmungen, Innsbruck 2000, 245-263.
Reinmann, G., Blended Learning in der Lehrerbildung. Grundlagen für die Konzeption innovativer Lernumgebungen, 3. Aufl. Lengerich u.a. 2008.
Reis, O. / Schwarzkopf, T. (Hg.), Diagnose im Religionsunterricht. Konzeptionelle Grundlagen und Praxiserprobungen, Berlin u.a. 2015.
Rendle, L. (Hg.), Ganzheitliche Methoden im Religionsunterricht, Neuausgabe, 5. Aufl. München 2012.
Retterath, G., Das Lernen vom Schüler aus planen, in: Schulverwaltung Bayern 11, Kronach 2006, 366-368.
Reuber, E., Praxiswissen Religionsunterricht. Ein Leitfaden für die Ausbildung in Praktikum und Referendariat, Donauwörth 2004.
Reusser, K. / Pauli, C. / Elmer, A., Berufsbezogene Überzeugungen von Lehrerinnen und Lehrern, in: Terhart, E. / Bennewitz, H. / Rothland, M. (Hg.), Handbuch der Forschung zum Lehrerberuf, Münster 2011, 478-495.
Reuter, A., Praxeologie: Struktur und Handeln (Pierre Bourdieu), in: Pollack, D. u.a. (Hg.), Handbuch Religionssoziologie, Wiesbaden 2018, 171-202, 184.
Rheinberg, F., Motivation, 5. Aufl. Stuttgart u.a. 2004.
Riegel, U., Religionsunterricht planen. Ein didaktisch-methodischer Leitfaden für die Planung einer Unterrichtsstunde, 2., akt. Aufl. Stuttgart u.a. 2014.
Riegel, U. / Kindermann, K. Why leave the classroom? How field trips to the church affect cognitive learning outcomes, in: Learning & Instruction 41 (2016), 106-114.

Riegger, M., Resilienzsensible Bildung. Resilienz als Response-Strategie durch Professionelle Simulation (ProfiS) entwickeln, in: Karidi, M. / Schneider, M. / Gutwald, R. (Hg.), Resilienz: Interdisziplinäre Perspektiven zu Wandel und Transformation. Wiesbaden 2018.

Riegger, M., Bildung von Flüchtlingen. Interdisziplinäre Zusammenarbeit zwischen Praktischer Theologie und Sozialer Arbeit, in: ET-Studies (Journal of the European Society for Catholic Theology), 8 (1/2017), 139-159, bes. 140-144.

Riegger, M., Der professionalisierte religionspädagogische Habitus, in: Heil, / Ders., Der religionspädagogische Habitus, 2017, 33-62.

Riegger, M., Erfahrung, in: WiReLex (2016), 4.1 (https://www.bibel wissenschaft.de/stichwort/100193/, letzter Zugriff: 25.06.2018).

Riegger, M., Wunder(n) und Wundererzählungen, in: Religionspädagogische Beiträge 73/2015, 68-79.

Riegger, M., Kompetenz statt träges, theologisches Wissen. Religiöse Kompetenzen für den Religionsunterricht modellieren auf der Basis eines Kompetenzstrukturmodells, in: Münchener Theologische Zeitschrift 63 (2012), 25-36.

Riegger, M., Qualität religiöser Bildungsprozesse an der öffentlichen Schule. Zwölf Merkmale zum besseren Gelingen, in: Kropač, U. / Langenhorst, G. (Hg.), Religionsunterricht und der Bildungsauftrag der öffentlichen Schulen. Begründung und Perspektiven des Schulfachs Religion, Babenhausen 2012, 160-176.

Riegger, M., Was ist gute Unterrichtsvorbereitung? Zur Qualitätsdiskussion aus Sicht didaktischer Positionen, in: PR 65 (4/2011), 427-443

Riegger, M., Kommunikation des Glaubens. Interreligiöser Lernprozess Christen – Muslime, München 2008.

Riegger, M., Planung und Gestaltung von Religionsunterricht konkret. Elementarisierung umgesetzt anhand der Gleichniserzählung vom barmherzigen Vater und seinen zwei Söhnen für die 3. und 7. Jahrgangsstufe, Donauwörth 2005.

Riegger, M./ Heil, S., Religionslehrerinnen- und Religionslehrerbildung als Habitusbildung, in: Dies.: Der religionspädagogische Habitus. Professionalität und Kompetenzen entwickeln – mit innovativen Konzepten für Studium, Seminar und Beruf, Würzburg 2017, 63-83.

Ritter, W. H. / Hilger, G. / Simojoki, H., Korrelation und Elementarisierung als religionsdidaktische Grundkategorien, in: Hilger, G. u.a., Religionsdidaktik Grundschule, München / Stuttgart 2014, 152-168.

Ritzer, G., Gruppe / Peergroup, in: WiReLex (2016) (http://www.bibelwissenschaft.de/de/stichwort/100195/, letzter Zugriff: 30.06.2018).

Rombach, H., Wissenschaft und Wissenschaftstheorie, in: Ders. (Hg.), Wissenschaftstheorie. Bd. 1. Probleme und Positionen der Wissenschaftstheorie, 2. Aufl., Freiburg i. B. 1979, 9-11.

Rosenbusch, H. S. / Dann, H. D. / Diegritz, Th., Gruppenunterricht – kooperatives Handeln in einer konkurrierenden Umwelt, in: Dies., Gruppenunterricht, 1999, 357-374.

Rothgangel, M., Was ist Religionspädagogik? Eine wissenschaftstheoretische Orientierung, in: Ders. / Adam, G. / Lachmann, R. (Hg.), Religionspädagogisches Kompendium, Göttingen, 8., grundl. neu bearb. u. erg. Aufl. 2013, 17-34.

Rothgangel, M., Schülerinnen und Schüler wahrnehmen – zur diagnostischen Wahrnehmungskompetenz, in: Burrichter, R. u.a., Professionell Religion unterrichten. Ein Arbeitsbuch, Stuttgart 2012, 157-172.

Rothgangel, M. / Adam, G. / Lachmann, R. (Hg.), Religionspädagogisches Kompendium, 8., grundl. neu bearb. u. erg. Aufl. Göttingen 2013.

Rothgangel, M. / Pirner, M. L. (Hg.), Empirisch forschen in der Religionspädagogik. Ein Studienbuch für Studierende und Lehrkräfte, Stuttgart 2018.

Sajak, C. P. (Hg.), Praktische Theologie, Paderborn 2012.

Sajak, C. P., Einführung in die Religionspädagogik, in: Ders. (Hg.), Praktische Theologie, Theologie studieren – Modul 4, Paderborn 2012, 65-119.

Sajak, C. P. / Michalke-Leicht, W., Religion unterrichten. Voraussetzungen, Prinzipien, Kompetenzen, Seelze 2013.
Schäffter, O., Weiterbildung in der Transformationsgesellschaft. Zur Grundlegung einer Theorie der Institutionalisierung, Hohengehren 2001.
Schambeck, M., Zum Verständnis und Geschäft der Religionspädagogik. Wissenschaftstheoretische Anmerkungen. Religionspädagogische Beiträge 70/2013, 91-103.
Schiefele, U. / Köller, O., Intrinsische und extrinsische Motivation, in: Rost, D. H. (Hg.), Handwörterbuch Pädagogische Psychologie, 4. überarb. u. erw. Weinheim u.a. 2010, 336-344.
Schmid, H., Die Kunst des Unterrichtens. Ein praktischer Leitfaden für den Religionsunterricht, Neuausgabe München 2012.
Schmid, H., Unterrichtsvorbereitung – eine Kunst. Ein Leitfaden für den Religionsunterricht, München 2008.
Schmid, H., Religiosität der Schüler und Religionsunterricht. Empirischer Zugang und religionspädagogische Konsequenzen für die Berufsschule. Bad Heilbrunn 1989.
Schulz, W., Anstiftung zum didaktischen Denken. Unterricht – Didaktik – Bildung (hg. v. Otto, G. / Luscher-Schulz, G.), Weinheim u.a. 1996.
Schulz, W., Unterricht. Analyse und Planung, in: Heimann, P. / Otto, G. / Ders., Unterricht. Analyse und Planung, Braunschweig 1970, 13-47.
Schulz-Hardt, S. / Brodbeck, F. C., Group performance and leadership, in: Hewstone, M. / Stroebe, W. / Jonas, K. (Eds.), An introduction to social psychology, Chichester, UK, 6th, completely revised edition Chichester u.a. 2015.
Schulz-Hardt, S., Die große Illusion. Zur Synergie in Gruppen, in: Forschung & Lehre 19 (9/2012) 744-745.
Schurz, G., Einführung in die Wissenschaftstheorie, Darmstadt 2006.
Schwarzkopf, T., Diagnose, in: WiReLex (2018) (https://www.bibelwissenschaft.de/stichwort/200281/ letzter Zugriff: 25.06.2018).
Schweitzer, F., Religionspädagogik, in: WiReLex (2015) (https://www.bibelwissenschaft.de/stichwort/100099/, letzter Zugriff: 14.10.2015).
Schweitzer, F., Vom Desiderat zur evidenzbasierten Unterrichtsgestaltung? Lernaufgaben in fachdidaktischer Perspektive am Beispiel Religionsdidaktik, in: Ralle, B. u.a., Einleitung, in: Ders. u.a. (Hg.): Lernaufgaben entwickeln, bearbeiten und überprüfen. Ergebnisse und Perspektiven der fachdidaktischen Forschung, Münster u.a. 2014, 23-32.
Schweitzer, F., Religionspädagogik. Lehrbuch Praktische Theologie, Bd. 1, Gütersloh 2006.
Schweitzer, F., Religionspädagogik – Begriff und wissenschaftstheoretische Grundlagen, in: Bitter, G. u.a. (Hg.), Neues Handbuch religionspädagogischer Grundbegriffe, München 2002, 46-49, 47.
Schwillus, H., Religionspädagogik. Einführung in eine theologische Disziplin mit Bildungsbezug, Berlin 2015.
Schweitzer, F. / Boschki, R. (Hg.), Researching Religious Education: Classroom Processes and Outcomes (Glaube – Wertebildung – Interreligiosität, Bd. 12), Münster 2018.
Schweitzer, F. / Boschki, R., Zur Bedeutung der Befunde – Konsequenzen für religionsdidaktische Forschung und religionspädagogische Theoriebildung, in: Schweitzer, F. / Bräuer, M. / Boschki, R. (Hg.), Interreligiöses Lernen durch Perspektivenübernahme. Eine empirische Untersuchung religionsdidaktischer Ansätze, Münster u.a. 2017, 133-138.
Seiffert, H., Einführung in die Wissenschaftstheorie. Bd. 3, 3. Aufl. München 2001.
Shulman, L. S., Those who understand. Knowledge growth in teaching, in: Educational Research 15 (2/1986), 4-14.

Simojoki, H. u.a., Die Professionalisierung des Religionslehrerberufs als Aufgabe und Gegenstand religionspädagogischer Forschung. Historische und systematische Perspektiven, in: Zeitschrift für Pädagogik und Theologie 68 (2016), 135-152.
Simon, W., Religionsunterricht im Prozeß der Individualisierung. Entwicklungen in der westdeutschen katholischen Religionspädagogik seit 1945, in: Ders., Im Horizont der Geschichte. Religionspädagogische Studien zur Geschichte der religiösen Bildung und Erziehung, Münster 2001, 221-237.
Städeli, C. / Grassi, A. / Rhiner, K. / Obrist, W., Kompetenzorientiert unterrichten – Das AVIVA©-Modell, 2. Aufl. Bern 2013.
Stichweh, R., Zur Entstehung des modernen Systems wissenschaftlicher Disziplinen, in: Ders. (Hg.), Zur Entstehung des modernen Systems wissenschaftlicher Disziplinen, Frankfurt a.M. 1984, 7-93.
Stögbauer, E., Religionsunterricht – ein Fach, das Kinder mögen: Empirische Befunde, in: Hilger, G. u.a., Religionsdidaktik Grundschule, 2014, 53-66.
Strunz, K., Intuition, in: Horney, W. u.a. (Hg.), Pädagogisches Lexikon, Bd. 1, Gütersloh u.a. 1970, 1345.
Tausch, R. / Tausch, A.-M., Erziehungspsychologie, 11. kor. Aufl. Göttingen u.a. 1998.
Tenorth, H.-E., Professionalität im Lehrerberuf. Ratlosigkeit der Theorie, gelingende Praxis, in: Zeitschrift für Erziehungswissenschaft 9 (4/2006), 580-597.
Terhart, E., Wie wirkt Lehrerbildung? Forschungsprobleme und Gestaltungsfragen, in: Zeitschrift für Bildungsforschung 2 (1/2012), 3-21.
Terhart, E., Didaktik. Eine Einführung, Stuttgart 2009.
Tschamler, H., Wissenschaftstheorie. Eine Einführung für Pädagogen, 3. erweit. u. überarb. Aufl., Bad Heilbrunn 1996.
Tulodziecki, G. / Herzig, B. / Blömeke, S., Gestaltung von Unterricht, 3., überarb. u. erw. Aufl. Bad Heilbrunn 2017.
Von Hanffstengel, U., Innere Konflikte der Lehrkräfte im Gruppenunterricht, in: Dann u.a. 1999, 273-300.
Von Martial, I., Unterrichtsbeobachtung, in: Ders., Einführung in schulpraktische Studien. Vorbereitung auf Schule und Unterricht, 6. überarb. Aufl. Hohengehren 2000, 235-240.
Waldenfels, B., Grundmotive einer Phänomenologie des Fremden, 5. Aufl. Frankfurt a.M. 2016.
Waldenfels, B., Sozialität und Alterität. Modi sozialer Erfahrung, Frankfurt a.M. 2015.
Weder, H., Die Gleichnisse Jesu als Metaphern, Göttingen 1978.
Weinert, F. E. (Hg.), Leistungsmessung in Schulen, Weinheim u.a. 2001.
Weinert, F. E., Concept of Competence: A Conceptual Clarification, in: Rychen, S. / Salganik, L. H. (Hg.), Defining and Selecting Key Competencies, Seattle u.a. 2001, 43-65.
Wellenreuther, M., Wie Lehrer Schüler fördern können, in: KatBl 135 (2010), 322-329.
Weniger, E., Theorie und Praxis in der Erziehung (Erstveröffentlichung 1929), in: ders., Ausgewählte Schriften zur geisteswissenschaftlichen Pädagogik, Bd. 6., Weinheim 1990, 29-44.
Wessel, F., Religionsunterricht online unterstützen, in: Baumann, U. (Hg.), Religionsmethodik. Handbuch für die Sekundarstufe I und II, Berlin 2007, 193-207.
Wiater, W., Unterrichtsprinzipien: Prüfungswissen – Basiswissen Schulpädagogik. 6., überarb. Aufl. Donauwörth 2014.
Wiater, W., Theorie der Schule, 5. Aufl., Donauwörth 2012.
Wichmann, J., Frontalunterricht, in: Ders., Zwölf Unterrichtsmethoden, 2. Aufl. Weinheim 2000, 20-34.
Woppowa, J., Religionsdidaktik, Paderborn u.a. 2018.
Woppowa, J., Unterrichtsmethoden, in: WiReLex (2015) (http://www.bibelwissenschaft.de/stichwort/100110/, letzter Zugriff: 30.06.2018).

Ziebertz, H.-G., Gegenstand der Religionsdidaktik, in: Hilger, G. / Leimgruber, S. / Ders. Religionsdidaktik. Ein Leitfaden für Studium, Ausbildung und Beruf, 4. Aufl. München 2015, 18-28.

Ziebertz H.-G., Woraufhin geschieht religiöse Erziehung? Aufgaben und Ziele religiösen Lernens, in: Hilger u.a., Religionsdidaktik, 2015, 155-173.

Abbildungsverzeichnis

Methodenverzeichnis

Themenverzeichnis